Monnaie et Structures d'exploitations en pays Mossi

Haute-Volta

**EDITIONS
L'HARMATTAN**
— DIFFUSION —
7, rue de l'Ecole Polytechnique
75005 PARIS

© O.R.S.T.O.M. 1983

I.S.B.N.: 2-7099-0671-6

Monnaie et Structures d'exploitations en pays Mossi

Haute-Volta

Gérard ANCEY

Éditions de l'Office de la Recherche Scientifique et Technique d'Outre-Mer

Collection Initiations - Documentations Techniques N° 57

PARIS 1983

Avertissement

Cet ouvrage, établi dans le cadre de la convention d'étude passée entre le Ministère du Travail et de la Fonction Publique de la République de Haute-Volta et l'ORSTOM sur les migrations mossi, comprend une première partie consacrée à quelques éléments économiques de nature monétaire, et une seconde, portant sur les structures de production.

L'intérêt et l'objectif de ce travail étaient de compléter par des observations conduites sur un échantillon d'exploitations agricoles relativement restreint, environ 200 unités, et selon les méthodes de l'investigation anthropologique, les informations recueillies parallèlement sur un échantillon statistique beaucoup plus vaste. Les enquêtes de terrain qui se sont poursuivies de décembre 1972 à janvier 1974 ont pu être menées grâce à la diligence et la totale disponibilité de:

MM. Nikiema Ragnagnewende, strate de KOUDOUGOU
Nikiema Seni Pierre, strate de YAKO
Ouedraogo Abel, strate de TOUGAN
Ouedraogo Tanoaga, strate de ZORGHO
Tapsoba Ousmane Etienne, strate de DEDOUGOU.

et de:

MM. Ouedraogo Ranini Robert
Sermé Rémi

qui ont participé au dépouillement.

Que tous trouvent ici l'expression de notre gratitude.

Préface

Publiée 9 ans après la réalisation de l'enquête de terrain conduite de décembre 1972 à janvier 1974 en parallèle à une enquête statistique extensive de l'ORSTOM sur « Les mouvements de population à partir du pays Mossi (Haute-Volta) » la présente étude qui avait fait l'objet d'une simple diffusion sous forme multigraphiée en 1974 et 1975 a sans doute perdu toute actualité quant à certaines de ses données chiffrées.

Nous pensons néanmoins qu'elle peut, encore aujourd'hui, intéresser le lecteur qui, par delà des valeurs absolues vite dépassées comme les montants nominaux de revenus et de dépenses, s'attachera aux aspects méthodologiques de la recherche et à l'analyse compréhensive de structures et comportements d'une société dont les « règles du jeu » semblent fermement établies, y compris en matière monétaire.

C'est la raison pour laquelle si nous n'avons pas jugé utile d'apporter des retouches au texte initial, sinon de détail, assumant la pleine responsabilité des interprétations, et peut-être des erreurs, qui s'y trouvent, nous lui avons adjoint en annexe l'ensemble des questionnaire d'enquêtes.

Gérard Ancey — 1983

« *Une fois qu'ils ont fait fortune ou une fois qu'ils ont jeté leur gourme, ils reviennent achever leurs jours au milieu des leurs, respectueux de leurs us et coutumes...* »

ALBERT SALFO BALIMA.
Genèse de la Haute-Volta.

1re partie

La monnaie mossi, un pouvoir non libératoire de règlement

Avant-propos

Vue sous son aspect monétaire, la zaka mossi peut se définir comme une juxtaposition de cellules élémentaires autonomes, même dans le cas le plus courant où elle constitue une réelle unité de production. Ce qui signifie que chacune des cellules composantes qu'il est possible d'identifier au sein de la zaka-exploitation (1) noue plus de relations, échange une plus grande quantité de valeurs, au sens monétaire entre ses propres éléments qu'elle ne fait avec les éléments qui lui sont « extérieurs ».

Pour aboutir à cette conclusion et à bien d'autres que nous nous proposons d'exposer ici il nous a fallu observer systématiquement durant une année complète, 1973, les budgets familiaux de quelque 200 exploitants et donc analyser une à une plusieurs dizaines de milliers d'opérations de dépenses sous l'angle des relations de parenté qu'elles médiatisent.

---

(1) On peut distinguer les groupes élémentaires suivants:
   G1, groupe ou cellule du chef d'exploitation, ses épouses et enfants célibataires, abrév.: CE, EpCE, EC.
   G2, groupe des enfants mariés, leurs épouses et enfants, abrév.: EM, EpEM, EEM.
   G3, groupe des frères cadets mariés..., abrév.: FM, EpF, EF.
   G4, groupe des frères cadets célibataires et autres individus reliés au CE par divers liens de parenté (ascendants, sœurs, marâtres) ou même de commensalité.

1
L'étude structurelle des budgets familiaux par matrices et graphes

Aspects méthodologiques

Si l'on considère la population étudiée comme un double espace vectoriel (E) et (F), (E) étant l'ensemble payeur de marchandises, (F) l'ensemble bénéficiaire de ces mêmes marchandises, tout acte de dépense peut être interprété comme une application de (E) dans (F) ; (E) et (F) pouvant être soit de même dimension auquel cas l'application sera représentée par une matrice carrée de dimension n, soit de dimensions différentes (dim F> dim E), l'application étant alors représentée par une matrice dont le nombre de lignes sera égal à la dimension de (E) et le nombre de colonnes à la dimension de (F).

En affectant chaque élément de la matrice d'un double indice : a_{ij} le premier indice étant l'indice de la ligne i et le second celui de la colonne j, a_{ij} correspond à la somme de valeurs-marchandises traduite en signes monétaires que l'élément i offre à l'élément j, a_{ji} la relation réciproque ou symétrique par rapport à la diagonale principale et a_{ii} la somme « auto-fournie » entre éléments identiques.

A la condition que l'observation se prolonge sur une période de temps suffisante on conçoit que l'ensemble de ces relations puissent être détaillées de manière extrêmement fine, et chiffrées soit en valeurs absolues, soit sous forme de « coefficients unitaires » (selon le système adopté par les comptables nationaux lorsqu'ils procèdent à l'analyse des relations inter-industrielles entre branches d'activités). Cette seconde formulation est de loin la plus intéressante puisqu'elle permettra notamment de mesurer l'intensité de la relation monétaire, ramenée à une unité de temps donnée (le mois par exemple) entre chaque élément (i) et (j) pris deux à deux.

La matrice recueillant l'information peut être, selon l'objectif que l'on poursuit, plus ou moins « agrégée ».

A l'échelon d'un village entier les éléments choisis pourraient être le « budu » (lignage mossi), à un niveau inférieur « la zaka » (groupe de résidence) scindée parfois elle-même en « exploitations ».

Dans notre étude où l'objectif visait à déterminer les relations économiques entre agents d'une même exploitation, les éléments retenus dans la matrice correspondent aux onze statuts sociaux (CE, EpCE, EC, EM, EpEM, EEM, FM, EpF, EF, FC, A) définis par la relation de parenté existant entre chacun des onze types d'agents susceptibles de composer l'exploitation et le chef de cette exploitation.

Soit le modèle suivant :

Receveurs Payeurs	G1			G2			G3			G4			
	CE	EpCE	EC	EM	EpEM	EEM	FM	EpF	EF	FC	A	D	Dm
CE													
G1-EpCE													
EC													
EM				a_{ii}		a_{ij}					a_{in}		
G2-EpEM													
EEM													
FM				a_{ji}		a_{jj}							
G3-EpF													
EF													
G4- FC													
A													

Deux colonnes supplémentaires s'adjoignent afin de comptabiliser les flux trouvant leur origine dans l'exploitation mais bénéficiant en dernier ressort à des membres extra-familiaux :

D = « Divers », poste correspondant aux marchandises financées par un membre de la zaka et offertes à l'extérieur.

Dm = « Divers monétaire », poste correspondant à des transferts purement monétaires à destination d'un bénéficiaire également extérieur, étant entendu que lorsque le flux trouve son origine à l'intérieur d'une exploitation (par exemple le CE de l'exploitation n° 1) et bénéficie à un membre quelconque relevant d'une autre exploitation de *la même zaka* (par exemple

EpCE de l'exploitation n° 2) l'opération est enregistrée au croisement des deux cases : CE × EpCE (1re ligne, 2e colonne) ni plus ni moins que si elle avait concerné un CE et une EpCE appartenant à la même exploitation.

En effet, nous aurions pu en théorie doubler la taille de la matrice en retenant à la fois le critère de parenté par rapport au chef de zaka et le critère de parenté par rapport au chef d'exploitation. Cependant comme près de 90% des zakse ne comportent qu'une exploitation l'avantage eût été mince et la complexité du schéma bien supérieure. En outre nous nous serions trouvé dans certains cas fort embarrassé pour le classement de telle ou telle opération. Par exemple si le chef de zaka a un frère cadet marié, chef de sa propre exploitation, où inscrire les opérations du frère ? au niveau « frère marié de CZ » ou au niveau « CE » ? d'où de nouvelles sous-divisions de la matrice qui se traduiraient par une réduction corrélative des effectifs propres à chaque statut et donc rendraient en fin de compte plus aléatoire la validité des chiffres obtenus.

En reprenant notre comparaison avec la procédure suivie en comptabilité nationale où les matrices inter-industrielles sont décontractées par « branches » homogènes nous pouvons dire de manière identique que la population se trouve décomposée en fonction de « statuts » supposés aussi homogènes que possible. Pas plus que l'homogénéité n'est parfaite entre les branches elle ne peut être absolue entre nos « statuts ». Ainsi dans la branche « bâtiments et T.P. » il existe de grosses et petites entreprises, dans le statut « CE » de puissants et misérables chefs d'exploitations.

Précisons encore que notre matrice ne tient pas compte directement des transferts purement monétaires *entre agents d'une même exploitation*. Au cas où CE offre, par exemple, 100 F. CFA à EpCE, ce transfert intra-exploitation n'est pas comptabilisé en tant que tel puisqu'il ne correspond pas à une dépense nette pour l'exploitation. Il se trouve par contre normalement enregistré lorsque EpCE convertit cet argent en biens réels et transmet ces biens à elle-même ou à autrui. Dès cet instant l'opération de dépense est attribuée non pas à EpCE, qui n'aura servi que d'intermédiaire entre l'élément payeur et l'élément bénéficiaire, mais à CE qui est bien la source originelle de la dépense.

Un élément (i) quelconque de la matrice peut donc être monétairement défini à la lecture de trois séries de chiffres, ce que l'on appellera son « tièdre de consommation » :

S a_{ii} = la part auto-fournie (similaire aux consommations intra-branches en matière d'industrie).

S a_{ij} = la part de ses ressources qu'il consacre à l'entretien d'autres éléments.

S a_{ji} = la part de ses consommations dont il est redevable aux autres éléments.

Nous dirons que l'élément (i) est *autonome* lorsque la fraction auto-fournie est supérieure à la somme nette des flux offerts et reçus.

S a_{ii} > (S a_{ij} + S a_{ji}), i ≠ j.

Son degré d'autonomie peut se mesurer immédiatement par le ratio :

$$\frac{S\ a_{ii}}{S\ a_{ij} + S\ a_{ji}}, i \neq j.$$

L'élément (i) est *dominant* lorsqu'il offre plus de valeurs qu'il n'en reçoit :
S a_{ij} > S a_{ji}, i ≠ j.
L'élément (i) est *dominé* si l'on observe la relation inverse :
S a_{ij} < S a_{ji}, i ≠ j.
A noter qu'*un dominant peut ne pas être autonome mais qu'un dominé peut l'être.*

Entre 100% d'autonomie, 100% de dominance, 100% de dépendance, les variantes sont multiples et de ce jeu entre les trois situations extrêmes résulte le plus ou moins fort *degré d'intégration* de l'élément (i) à la zaka dans laquelle il se trouve.

A 100% d'autonomie correspondra évidemment le degré d'intégration zéro.

A 50% d'autonomie l'élément sera intégré pour 50%, cette intégration étant à son tour imputable pour partie à la somme des effets nets de dominance qu'il exerce à l'égard d'autres éléments (par exemple 20%) et pour la partie restante (soit 30%) à la somme des effets nets de dépendance qu'il subit. En clair cela signifie que l'élément (i) s'est auto-fourni 50% de ses consommations monétaires, a utilisé 20% de l'argent qu'il a manipulé à offrir « net » des biens de consommation aux éléments qu'il a dominés et a reçu « net » 30% de sa consommation de la part d'éléments qui l'ont dominé, ceci non compte tenu des flux extra-familiaux (D + Dm) qu'il importe peu de retenir dans le cadre de notre matrice carrée.

Par « offre » nette de l'élément (i) à l'élément (j) il faut entendre la différence enregistrée entre S a_{ij} — S a_{ji}. Si cette différence est positive (i) exerce un effet de dominance sur (j) et subit au contraire un effet de dépendance si la différence est négative.

En d'autres termes nous pouvons passer d'une première matrice établie en *brut* à une seconde matrice ne comportant plus que les *soldes nets* entre chaque élément. La diagonale restant inchangée.

Parvenu à ce stade le problème se résume à une opération de *triangulation de la matrice nette*, c'est-à-dire une modification de l'ordonnancement, purement arbitraire au départ, des différentes lignes-colonnes afin de ramener tous les soldes, si possible, au-dessus de la diagonale principale.

En théorie la triangulation peut s'avérer impraticable, puisqu'il suffit qu'apparaisse un « circuit » quelque part dans la hiérarchie des effets de domination pour que l'élément créateur du circuit demeure au-dessous de la diagonale (1).

Pratiquement le cas s'est présenté dans une seule de nos cinq strates enquêtées, pour une somme minime (10 F CFA), tout à fait négligeable devant la masse brute monétaire analysée (près de 3,5 millions CFA). On peut donc avancer que dans la société mossi 999.997/1.000.000e des flux monétaires sont parfaitement triangulables. A elle seule cette constatation est déjà significative puisqu'elle tend à montrer que les hiérarchies monétaires établies entre agents à statuts socio-économiques divers, bien qu'elles puissent varier d'une région à l'autre, sont *de type linéaire*, ou encore que la

---

(1) *Dans la théorie des graphes on appelle « circuit » la relation du type :* $A{\rightarrow}B{\rightarrow}C{\rightarrow}A$.

société mossi se comporte dans son ensemble comme si chacun des éléments composants se voyait attribuer une place et assigner une fonction aussi clairement définies que le sont les degrés d'une échelle. Dans une pareille structure il sera fort difficile de permuter les rôles, sinon impossible. *Une permutation n'est réalisable qu'en changeant carrément de milieu d'insertion* (puisqu'on observe des variantes pyramidales d'une strate à l'autre). Il sera par contre toujours loisible de se retirer en quelque sorte du jeu, d'en fausser les règles, d'en refuser les contraintes, ce qui est aussi une forme de contraintes, en s'effaçant du système, en adoptant un comportement d'autonomie maximale. Ce que fait le migrant à peine de retour. Ce que fait le « frère » à longueur d'années lorsqu'il se trouve sous la coupe d'un chef d'exploitation. En somme « migrer de l'intérieur »...

Pour grand que soit son intérêt, la méthode d'analyse monétaire que nous avons employée, implique plusieurs conditions qu'il n'est pas toujours aisé de réunir :

1° Une longue période d'observation sur un échantillon suffisamment étendu qui fournira une image valable du microcosme social investi. En effet il faut que les données s'accumulent, peu à peu, dans le plus grand nombre possible de cases de la matrice afin de cerner un maximum de relations monétaires, mais aussi pour que les « coefficients unitaires » demeurent significatifs. Les coefficients unitaires s'obtenant à partir des coefficients bruts déjà ramenés à une période mensuelle, divisés par le produit des effectifs moyens (i) et (j) participant à la relation. Si l'effectif (i) est important (ex : pour les enfants célibataires) le coefficient unitaire risque de devenir très faible.

Une seconde raison contraignant à prolonger durant un cycle annuel complet l'observation, est que l'on a souvent constaté, d'un mois à l'autre, des renversements de domination. Ainsi en octobre, après les récoltes d'arachides, il n'est pas rare de voir les épouses exercer une emprise nette sur tous les autres éléments familiaux, y compris leur mari chef d'exploitation, alors que la réalité sur une année entière est assez différente. En saison sèche, on ferait au contraire la part trop belle aux migrants de retour...

2° Avoir une connaissance très exacte des relations de parenté, puisque tout le système repose sur leurs articulations monétaires. Ceci implique en général la constitution d'une « fiche familiale » complète et régulièrement tenue à jour, c'est-à-dire enregistrant les nouvelles naissances, les décès, les allées et venues de migrants, y compris les déplacements de très courte durée, les arrivées de nouvelles épouses ou tout événement matrimonial survenant en cours d'observation et donc modifiant le statut social de l'élément intéressé.

(Dans bien des cas, l'observation est notée trop tard, ce qui oblige à corriger toutes les relations antérieures). Un autre risque est que lorsque les effectifs d'un statut déterminé sont faibles la moindre oscillation se répercute très sensiblement sur le « coefficient unitaire ». (ex. : si 4 FC sont présents au lieu de 2, leurs relations croisées sont divisées par 16 au lieu de 4, et s'ils sont entrés en relation avec un groupe comptant 10 agents, la relation unitaire est divisée par 40 au lieu de 20).

La conséquence est que la codification des résultats doit se faire au fur et à mesure de leur collecte, procédure qu'il n'est pas non plus toujours facile de respecter. En ce qui nous concerne les résultats n'ont jamais été dépouillés plus d'une semaine après avoir été recueillis sur le terrain.

3° Le dépouillement qui doit être minutieux et plus encore la phase de calcul sont longs et fastidieux, même si la collecte d'information ne complique guère en soi le questionnaire-budget.

Par rapport à un questionnaire classique seulement deux colonnes supplémentaires ont été ajoutées :

— Avec l'argent de qui ? (désignation du payeur).

— Pour qui le produit ? (désignation du bénéficiaire), payeur(s) et receveur(s) étant désignés par leur(s) nom(s) et numéro(s) d'ordre reporté(s) sur la « fiche familiale ».

Il convient ici de signaler un problème pratique auquel nous nous sommes heurtés. Il arrive que le bénéficiaire soit désigné anonymement par le mot « zaka » ou par le mot « exploitation ». Tel est le cas assez général lorsque les épouses (EpCE) achètent du sel et divers condiments consommés collectivement, ou lorsque le CE achète un morceau de viande. Il a fallu trancher au risque de biaiser quelque peu la réalité. En ce cas nous avons affecté une fraction de la consommation à chaque résident présent, en pondérant par 1 les adultes de 15 ans et plus et par 0,5 les moins de 15 ans, sans distinction de sexe.

Dans le même ordre d'idée, chaque fois qu'un agent procède à une dépense destinée ni à la consommation finale du groupe, ni à quelque autre individu extérieur à la zaka, mais à son propre commerce, l'agent bénéficiaire final a toujours été considéré comme étant le même que l'agent payeur (sauf indication expresse contraire notée par l'enquêteur), pratique correspondant en fait à la réalité.

L'impôt ne pose pas de problème particulier puisque le chef de famille sait parfaitement pour qui il paye la capitation, qui est « en règle » et qui « ne l'est pas ».

Enfin les salaires versés à des manœuvres extérieurs à la zaka ont été également inscrits à l'intérieur de la matrice carrée bien qu'il eût été possible (comme pour les dons ou l'impôt) de les faire figurer hors-matrice dans la colonne « Dm ». La raison de ce choix est la même que celle qui nous a fait inclure l'impôt. Deux cas sont en effet envisageables :

— Le salaire rémunère les services d'un travailleur œuvrant pour la « communauté » (ex. : les façons culturales salariées sur le « grand champ » — « poukasinga ». La rétribution de ce service est alors censée se faire au profit de tous, selon le même principe de pondération (1 et 0,5) que pour les biens réels consommés collectivement (le service acquis n'est d'ailleurs qu'un achat de biens réels différé).

— Le salaire rémunère les services d'un travailleur recruté à des fins personnelles (le champ « beolga » individuel par opposition au champ commun) et le bénéficiaire final du service est alors nommément désigné.

Compte tenu de ces diverses contraintes tout porte à penser qu'il serait assez facile d'appliquer cette méthode d'analyse à bien d'autres sociétés où continuent à fonctionner des unités socio-économiques à base familiale étendue, sans perdre pour autant de vue les aspects plus classiques des « enquêtes-budgets » dont elle n'est, en un sens, qu'un sous-produit.

Ces préliminaires méthodologiques étant posés nous pouvons passer à l'examen, d'abord des résultats d'ensemble puis de ceux propres à chaque strate, mais auparavant il convient de préciser d'une part quelle a été la structure de notre échantillon d'autre part comment s'est pratiquement exécutée l'observation.

Les strates échantillon

Nous avons retenu cinq strates déterminées en fonction d'un choix raisonné, dont les trois premières situées à l'intérieur du périmètre juridique mossi (cf. Annexe V a, carte) :

a. une strate dans la région de KOUDOUGOU (cantons Ramongo et Sourgou), composée des villages de Ramongo, Kabinou et Namaneguema ;

b. une strate dans la région de YAKO (canton Darigma), formée de Bibiou, Siguinonguin et Nyonyogo ;

c. une strate dans la région de ZORGHO (cantons Zongo et Boudry) comprenant Sankouinssin, Gandaogo et Nedogo ;

a et b représentant des strates que l'on supposait fortement touchées par le phénomène migratoire, alors que c l'était, pensait-on, à un moindre degré.

d. une strate dans la région de TOUGAN (canton Dâ), formée de Namassa, Bompela et Sissilé ;

e. une strate dans la région de DEDOUGOU (canton Dédougou) formée de Souri, Kamandéna, Kary.

d et e illustrant respectivement le cas d'une ancienne aire de peuplement de colons mossi en pays Samo, originaires le plus souvent de la région de Gourcy (Yatenga) et celui d'une aire d'accueil récente ou actuelle, en pays Bobo, alimentée précisément (pour une bonne partie) par des colons émigrants venus des environs de YAKO.

Le projet initial avait fixé à trois par strate le nombre de villages à observer. En définitive le programme prévu a été respecté à l'exception de la strate de Zorgho où par suite de difficultés multiples l'un des trois villages (Sankouinssin) a dû être supprimé de l'échantillon.

Dans chaque village 12 « zakse » étaient tirées au hasard à partir d'une liste de recensement et une 13e, celle du chef de village, était systématiquement sélectionnée tant dans un but scientifique que « politique ».

Statistiquement cette relative sur-représentation de chefferies peut modifier sensiblement les niveaux monétaires ; nous en avons tenu compte dans nos estimations de revenus par strate. Par contre l'étude « matricielle » peut s'en accommoder sans dommage car les structures de domination à l'intérieur d'une zaka de chef ne diffèrent pas fondamentalement de celles que l'on observe au sein des familles ordinaires.

A Ramongo, l'un des trois villages de la strate de Koudougou, le chef a été néanmoins écarté en raison de son statut de chef de canton.

L'échantillon aura donc regroupé 181 zakse réparties entre 14 villages.

	Nombre de zakse	Nombre d'exploitations
KOUDOUGOU	38	39
YAKO	39	41
ZORGHO	26	26
TOUGAN	39	51
DEDOUGOU	39	46
	181	203

Le système d'observation

Compte tenu de l'importance de cet effectif totalisant environ 1 850 résidents présents (moyenne annuelle) et des moyens tout de même limités dont nous disposions (5 enquêteurs permanents + 1 dépouilleur) il était hors de question de suivre l'intégralité de l'échantillon durant 365 jours consécutifs, aussi avons-nous adopté un système de rotation d'observation entre villages selon le schéma suivant appliqué de manière identique dans chaque strate, par exemple :

Mois	J	F	M	A	M	J	J	A	S	O	N	D
Strate 1												
Village 1	×		×		×		×					
Village 2		×		×		×		×				
Village 3			×		×		×		×			

Les familles d'un même village étaient ainsi observées intensément à quatre reprises dans l'année, chaque fois durant trente jours consécutifs (pratiquement un peu moins longtemps, la dernière semaine du mois étant consacrée à divers relevés dits « rétrospectifs mensuels », effectués non seulement dans les 13 zakse où venait de se dérouler l'enquête quotidienne mais aussi dans les 26 autres zakse momentanément délaissées).

Dans la plupart des cas les budgets familiaux quotidiens ont donc couvert une période totale de 96 jours (taux de sondage : 96/365).

A l'intérieur d'un village un roulement s'effectuait également entre les familles observées. L'enquête « quotidienne » était ainsi rétrospective sur 3 jours :

lundi soir, visite des familles n° 1, 2, 3, 4, 5 ; interrogation sur les dépenses et recettes du lundi, du dimanche et du samedi.

mardi soir, visite des familles n° 6, 7, 8, 9 ; interrogation sur les dépenses et recettes du mardi, du lundi et du dimanche.

mercredi soir, visite des familles n° 10, 11, 12, 13 ; interrogation sur les dépenses et recettes du mercredi, du mardi et du lundi.

jeudi soir, retour dans les familles n° 1, 2, 3, 4, 5 ; interrogation sur les dépenses et recettes du jeudi, du mercredi et du mardi, etc.

Ce rythme ternaire offrait l'avantage de coïncider avec la périodicité des marchés en pays Mossi.

A Zorgho où l'échantillon s'est trouvé réduit à deux villages à partir d'août-septembre et où les mois de février-mars et juin-juillet ont dû être éliminés du dépouillement par suite du caractère « fantaisiste » des renseignements reportés il a fallu improviser un système différent qui a présenté malheureusement l'inconvénient de concentrer plus des 2/3 des journées statistiquement observées sur le second semestre mais a en définitive fortement accru le taux de sondage. Nous avons toutefois préféré cette solution à l'abandon pur et simple de la strate.

RÉSULTATS D'ENSEMBLE (1)

Afin de restituer toute la démarche méthodologique, depuis le recueil brut de l'information jusqu'à l'établissement de la matrice nette triangulée et du graphe complet des relations monétaires, nous allons en suivre les diverses phases, ce qui nous permettra d'aller ensuite à l'essentiel lorsque nous examinerons les résultats spécifiques à chacune des zones.

La matrice globale des relations monétaires établie en brut

Nous savons que, mathématiquement, la matrice (C) est dite matrice somme de (A) et (B), c_{ij} élément de (C) étant égal à $a_{ij} + b_{ij}$ pour tout i et pour tout j, si (A) et (B) ont même nombre de lignes et même nombre de colonnes. Il est donc parfaitement licite non seulement d'additionner les résultats obtenus mois après mois dans chaque strate mais encore de réunir dans une matrice unique les résultats des cinq strates confondues. La matrice brute, globale, résume ainsi l'ensemble des flux monétaires ayant relié au cours de l'année la totalité des agents recensés. Nous lisons par exemple, que les différents chefs d'exploitations ont fourni pour 219 718 F de valeurs à leurs enfants célibataires, 12 833 F à leurs frères célibataires, que ces derniers leur ont en retour offert pour 2 602 F de valeurs-services ou marchandises.

Cette masse monétaire représente le total de 18 022 « journées-zaka » observations (un peu moins de 100 jours en moyenne par zaka).

La totalisation par ligne, que nous n'avons pas reportée en marge de la matrice, indique la part de la masse monétaire globale manipulée par chaque catégorie d'agents : celle-ci doit évidemment être mise en rapport avec les effectifs.

---

(1) *On trouvera en fin d'ouvrage dans l'annexe V la carte de localisation de l'échantillon ainsi que le jeu de questionnaires utilisés.*

	CE	EpCE	EC	EM	EpEM	EEM	FM	EpF	EF	FC	A	D	Dm
CE	945122	161677	219718	15116	14625	14732	4582	6764	10085	12833	40131	172436	73835
EpCE	9332	186587	33598	1264	1740	3513	320	505	1060	567	2936	4435	4380
EC	9173	8616	323815	526	970	1515	264	346	423	199	1493	5765	4225
EM	15438	15862	15579	335085	40781	16551	571	820	1776	1115	3088	10860	9385
EpEM	662	1170	1456	544	20509	2393	35	25	75	10	151	175	570
EEM	70	45	65	13	732	1160				5	50	50	
FM	2674	3439	4576	145	215	285	125238	4631	2184	425	1407	2180	1600
EpF	276	570	748	30	30	95	85	5312	389	10	162	30	
EF	554	527	678	20	25	25	25	40	18599	20	1845	135	325
FC	2602	2562	4566	720	750	190	190	314	345	422421	2608	2410	12235
A	228	513	831	32	49	96	8	8	54	81	14807	830	850

FIG. 1. — *Matrice brute globale (F CFA)* — *Observations sur 18 022 jours-zakse*

Soit (en %) :

	Proportion des effectifs (présents)		Proportion de l'argent manipulé	
CE	10,9		49,1	
G1-EpCE	18,5	70,5	7,3	G1 = 66,8
EC	41,1		10,4	
EM	2,6		13,5	
G2-EpEM	3,9	16,8	0,8	G2 = 14,4
EEM	10,3		0,06	
FM	1,0		4,3	
G3-EpF	1,5	6,4	0,2	G3 = 5,2
EF	3,9		0,7	
FC	1,1		13,1	
G4-		6,3		G4 = 13,6
A	5,2		0,5	
	100		100	

La constatation immédiate, fondamentale, est que les chefs d'exploitation contrôlent moins de la moitié de la masse monétaire. On voit la gravité du biais qui se serait introduit dans une étude des budgets familiaux en pays Mossi si nous nous étions limité à l'interrogation des seuls chefs d'exploitation et a fortiori des seuls chefs de zaka. Dans une très large mesure les chefs d'exploitation se démettent donc de leur fonction de trésoriers pour l'ensemble du groupe qu'ils dirigent, sinon au profit de tous du moins à celui des hommes adultes vivant auprès d'eux (EM, FM, FC).

A noter également qu'environ 9% des dépenses sont consacrées à des transferts vers l'extérieur de la zaka, dont environ 3,5% sous forme de transferts purement monétaires (dons, prêts, remboursements), La part du chef d'exploitation s'accroît d'ailleurs sensiblement (80% du total D + Dm) par rapport aux autres types de dépenses.

Le passage à la matrice nette

Il se fait, avons-nous dit, par le calcul des soldes de part et d'autre de la diagonale principale entre les éléments symétriques.

Ce solde se trouve disposé dans la matrice sur la ligne de l'élément dominant. L'élément dont toute la ligne comporte des valeurs domine ainsi l'ensemble des autres éléments, inversement celui dont toute la colonne est occupée se trouve dominé par l'ensemble des autres éléments.

On remarquera que les deux colonnes « hors-matrice » D et Dm restent inchangées. En effet il n'est pas possible d'évaluer ces postes en « net ». Si

	CE	EpCE	EC	EM	EpEM	EEM	FM	EpF	EF	FC	A	D	Dm
CE	945122	151745	210545		13963	14662	1908	6488	9531	10231	39303	172436	73635
EpCE		186587	24982		570	3468			533		2483	4435	4380
EC			323815			1450					662	5765	4225
EM	322	14598	15053	335075	40237	16538	426	790	1756	395	3056	10860	9385
EpEM			486		20509	1661			50		55	175	570
EEM						1160						50	50
FM		3119	4312	180	285		125238	4546	2159	235	1399	2180	1600
EpF		65	402	5	95			5312	349		154	30	
EF			255		25				18599		1791	135	325
FC		1395	4367	740	190		304	325		42241	2527	2410	12235
A						91					14807	830	850

FIG. 2. — *Matrice nette globale (F CFA)*

nous pouvions déterminer assez précisément le solde net de la colonne Dm (en se référant aux transferts d'argent reçus de l'extérieur par chaque élément) la même estimation était impossible pour la colonne D, car nous ne savons pas lorsqu'un membre résident reçoit de l'extérieur une certaine quantité de produits en nature si ceux-ci proviennent d'une transaction en monnaie ou non, puisqu'il aurait fallu pour le savoir interroger également l'offreur « extérieur ».

La triangulation

Elle ne se fait pas toujours sans quelque tâtonnement, surtout quand des relations deux à deux font défaut. Nous verrons le cas se présenter au niveau de certaines strates (notamment à Dedougou). Dans ce cas la théorie des graphes qui permet d'ordonner selon un axe orienté, numéroté du rang o au rang n, les éléments de la relation, résout le problème en attribuant un rang identique à plusieurs « sommets ». Dans une matrice triangulée cela signifie que les éléments dont le rang est litigieux et peut se prêter à plusieurs combinaisons, sans entraîner pour autant un passage quelconque au-dessous de la diagonale, doivent néanmoins être dans un voisinage immédiat. Le cas échéant nous avons décidé d'accorder systématiquement le rang prioritaire à l'élément ayant exercé, en pourcentage relatif, le taux le plus élevé d'effets « nets » de domination par rapport aux effets « nets » de dépendance subis.

	EM	CE	FM	FC	EpF	EpCE	EpEM	EF	EC	A	EEM	D	Dm
EM	335075	322	426	395	790	14598	40237	1756	15053	3056	16538	10860	9385
CE		945122	1908	10231	6488	151745	13963	9531	210545	39903	14662	172436	73835
FM			125238	235	4546	3119	180	2153	4312	1399	285	2180	1600
FC				422421	304	1995	740	325	4367	2527	190	2410	12295
EpF					5312	65	5	349	402	154	95	30	
EpCE						186587	570	533	24982	2483	3468	4435	4380
EpEM							20509	50	486	55	1661	175	570
EF								18599	255	1791	25	135	325
EC									323815	662	1450	5765	4225
A										14807	91	830	850
EEM											1160	50	50

Fig. 3. — *Matrice globale triangulée (F CFA)*

(D'autres conventions auraient pu être adoptées, par exemple la masse globale d'argent manipulée per capita, ou encore la seule prise en compte de la part relative des effets de domination...).

L'ordre de la matrice initiale apparaît profondément modifié. Plusieurs points sont à relever.

1. *La prééminence générale des classes aînées*

Fait surprenant, le tout premier rang dévolu non aux chefs d'exploitation mais à leurs enfants mariés. Il aurait certes été passionnant de disposer d'une telle matrice voici trois quarts de siècle, à l'époque où commençait à circuler la monnaie fiduciaire. A défaut nous sommes réduits à formuler une hypothèse sur le rôle que la société mossi a conféré à la monnaie, de son introduction à nos jours, du point de vue à la fois de sa valeur marchande et sociale.

Nous sommes enclin à penser que les fonctions sociale et marchande sont disjointes (ou disfonctionnelles) (1) sans doute plus profondément de nos jours que naguère, en ce sens que probablement une part bien supérieure de cet argent provient actuellement d'activités productives sur lesquelles le détenteur de l'autorité familiale traditionnelle n'exerce plus une emprise absolue.

Aujourd'hui la fonction marchande se trouve le plus souvent remplie par des cadets, notamment des jeunes migrants rentrés de Côte d'Ivoire. Il se développe ainsi un circuit monétaire parallèle, plus ou moins clos (2), reposant sur le jeu réciproque des revenus migratoires et commerciaux qui échappent dans une assez large mesure au droit de regard des anciens. Jadis les produits de l'exploitation intervenaient certainement pour une proportion très supérieure dans la circulation monétaire. (Sur l'ensemble de notre échantillon, les « ventes finales » des exploitations ont contribué en 1973 pour *moins de 43% des rentrées brutes d'argent*).

L'autorité familiale coutumière s'expose ainsi au risque de se voir dépossédée de sa fonction sociale en laissant progressivement se rétrécir la base économique sur laquelle elle s'appuyait à l'origine.

En fait nous sommes forcés de constater une remarquable résistance du social à l'économique. Tout se passe actuellement comme si ce pouvoir qu'ont développé les uns ne s'était pas accompagné des fonctions sociales correspondantes, que continuent à exercer les autres et par suite comme s'il s'était établi entre les deux champs d'influence une sorte de consensus tacite destiné à geler (provisoirement ?), ou à mettre entre parenthèses cette masse monétaire circulante. Jusqu'où peut se maintenir ce consensus ? Il nous paraît clair que l'une des conditions nécessaires à son maintien est que la terre n'acquière pas de valeur marchande. En effet posons-nous la question sui-

---

(1) *Nous conviendrons de parler du « disfonctionnement » d'une structure sociale lorsqu'apparaît une contradiction interne entre l'importance du pouvoir monétaire détenu par les classes cadettes et la faiblesse de l'usage social qu'elles peuvent en retirer.*

(2) *Au sens donné à ce terme par* M. BYÉ *dans son analyse des « circuits de financement clos ».*

vante : pourquoi à un certain moment de son histoire y-a-t-il eu un disfonctionnement du système ? Comment les anciens détenteurs du pouvoir social coïncidant initialement avec le réel pouvoir économique ont-ils pu se laisser en partie dessaisir de ce dernier sans perdre par le fait même leur fonction sociale ? C'est que la terre n'avait pas de valeur marchande. Pourquoi n'en avait-elle pas ? Certainement pas uniquement du fait des lois, ni même des coutumes. Elle n'en avait pas et n'en a pas eu parce que l'introduction de la monnaie a soudainement rentabilisé, en *Haute-Volta*, davantage les activités de redistribution que de production, le commerce que l'agriculture.

Le système productif s'est bien entendu trouvé radicalement modifié par la pénétration de l'économie marchande mais celle-ci n'a pas eu pour effet de monétiser le capital foncier mossi (trop peu rentable), elle a simplement monétisé le capital foncier des pays côtiers, aux riches plantations forestières. De ce fait les différences économiques quantitatives entre Mossi ont été gommées par la différence « qualitative » entre zones de savanes et zones forestières. En conséquence bien que ne contrôlant plus qu'une partie de la masse monétaire en circulation les détenteurs de la fonction sociale n'ont pas été exposés à devoir défendre par une surenchère monétaire leurs prérogatives foncières et le disfonctionnement du système n'a pas eu d'écho en profondeur. De ce point de vue les courants migratoires suractivant encore la rentabilisation des zones forestières confortent plutôt qu'ils n'amoindrissent le pouvoir social des autorités coutumières en repoussant toujours plus loin le jour où il deviendrait rentable d'investir dans l'agriculture locale et donc payant d'acquérir des terres.

Ils aggravent également le caractère disfonctionnel de la structure sociale en conférant toujours plus d'importance aux flux monétaires « parallèles » au regard des « ventes finales » d'exploitations.

2. *Le regroupement des diverses épouses en milieu de matrice*

Comme on pouvait s'y attendre elles occupent un juste milieu, à mi-chemin de la domination et de la dépendance.

A remarquer le curieux renversement de l'ordre hiérarchique des épouses par rapport à celui des hommes mariés : EM, CE, FM d'un côté, EpF, EpCE, EpEM de l'autre, qui se retrouve également plus bas dans la matrice à l'intérieur du groupe des jeunes (EF, EC, EEM).

Le passage de la matrice globale à la matrice « mensuelle »

Sachant que l'observation correspond à un sondage de 18 022 jours pour 181 zakse, soit un taux de $18\ 022/181 \times 365 = 27,3\%$ pour une année civile, le coefficient multiplicateur qu'il convient d'appliquer pour ramener l'ensemble des données à une durée mensuelle est de $\dfrac{1}{0,273 \times 12}$ soit 0,3053 pour l'ensemble de nos 14 villages et 0,0218 pour 1 mois-village.

L'opération consiste donc à multiplier la matrice par un coefficient scalaire de 0,0218.

Parallèlement à cette opération il convient de ramener à un chiffre moyen mensuel l'effectif de chaque catégorie d'agents intervenant dans les relations.

Tous calculs faits, nous obtenons en bref un quinzième village qui serait le village « ensemble » synthèse exacte des quatorze autres observés sur des périodes mensuelles.

	EM	CE	FM	FC	EpF	EpCE	EpEM	EF	EC	A	EEM	D	Dm
EM	7305	7	9,3	8,6	17	318	877	38	328	67	361	237	205
CE		20604	42	223	141	3308	304	208	4590	870	320	3763	1611
FM			2730	5,1	99	68	3,9	47	94	30	6,2	48	35
FC				9209	6,6	43	16	7,1	95	55	4,1	53	268
EpF						116	1,42	0,11	7,6	8,76	3,36	2,07	0,7
EpCE						4068	12	12	545	54	76	97	96
EpEM							447	1,1	11	2,2	36	3,8	12
EF								405	5,56	3,9	0,55	2,9	7,1
EC									7059	14	32	126	92
A										323	2	18	19
EEM											25	1,1	1,1

Fig. 4. — *Village moyen — Matrice triangulée mensuelle (F CFA)*

Ce « village » moyen est composé de :

14,29	CE	
24,31	EpCE	92,68 éléments du groupe G1.
54,08	EC	
3,48	EM	
5,06	EpEM	23,02 éléments du groupe G2.
13,48	EEM	
1,30	FM	
1,97	EpF	8,37 éléments du groupe G3.
5,10	EF	
1,40	FC	
6,915	A	8,315 éléments du groupe G4.

Total : 132,385

Total correspondant à l'effectif moyen de résidents présents comptés mensuellement sur chaque strate enquêtée au cours des différents cycles d'observation.

Bien que ces effectifs ne soient pas reportés en marge de la matrice nette mensuelle, eux seuls nous permettront dans la phase ultime de passer à la matrice des « coefficients unitaires ».

Telle qu'elle se présente la matrice mensuelle nette signifie, par exemple, que les 3,48 enfants mariés (EM) statistiquement présents dans le village moyen se sont offert pour 7,305 F CFA de valeurs monétaires-marchandises au cours de la période de référence, qu'ils ont offert net 7 F CFA aux 14,29 chefs d'exploitation durant le même intervalle de temps, 877 F CFA à leurs 5,06 épouses, etc.

Ces chiffres en valeurs absolues ne prennent leur sens qu'après une pondération par les effectifs considérés, d'où la nécessité d'une matrice finale établissant les coefficients nets de relations unitaires.

La matrice des cœfficients mensuels nets unitaires

Chaque valeur reportée dans la matrice précédente doit être divisée par le produit des effectifs participant à la relation si l'on veut exprimer en F CFA la *valeur nette absolue reliant des individus pris deux à deux, pour une période de référence de un mois*. En ligne diagonale la valeur est ainsi calculée en divisant le chiffre global par le carré de l'effectif intéressé. Les deux colonnes de transferts extérieurs ne sont évidemment divisées que par les effectifs de ligne. Elles signifient donc simplement que chaque chef d'exploitation réalise au cours du mois pour 376 F CFA de transferts, chaque frère marié 64 F CFA, etc.

Considérons en premier lieu le cas des enfants mariés (EM). La lecture de la matrice indique que leur domination la plus nette s'est effectuée *sur leurs épouses* (50), *puis leurs enfants* (7,7) mais qu'ils se sont servi bien davantage de valeurs à eux-mêmes (603). Leur domination sur les chefs d'exploitation est quasiment négligeable (14 centimes par mois. A ce taux-là il faudrait trois ans pour réunir la valeur d'une noix de cola !).

Les frères mariés (FM) obéissent à un schéma identique (FM, EpF, EF, dans l'ordre) mais notons l'importance de leur coefficient personnel (1615).

Les chefs d'exploitation (CE) exercent des dominations plus diffuses, mieux réparties entre leurs différents dépendants. Ils ne se limitent pas, comme leurs fils et cadets mariés à pourvoir à leurs propres besoins ou à ceux de leurs dépendants immédiats (EpCE, EC).

En ce sens nous pouvons dire qu'ils restent le véritable lien monétaire du groupe familial, alors que d'autres (EM, FM et plus encore FC) apparaissent comme des noyaux durs plus ou moins autonomes.

L'emprise des épouses s'exerce de préférence sur leurs enfants respectifs. Une lecture par colonnes montre d'ailleurs qu'un enfant reçoit toujours plus

	EM	CE	FM	FC	EpF	EpCE	EpEM	EF	EC	A	EEM	+ rappel D	Dm
EM	603	0,14	2,06	1,77	2,48	3,76	50	2,14	1,74	2,78	7,7	68	59
CE		101	2,26	11	5,01	9,52	4,2	2,85	5,94	8,8	1,66	263	113
FM			1615	2,8	39	2,15	0,59	7,09	1,34	3,34	0,35	37	27
FC				4698	2,39	1,26	2,26	0,99	1,25	5,68	0,22	38	191
EpF					30	0,03	0,01	0,76	0,08	0,25	0,08	0,4	
EpCE						6,9	0,1	0,1	0,41	0,32	0,23	4	3,9
EpEM							17	0,04	0,04	0,06	0,53	0,8	2,4
EF								16	0,02	1,11	0,01	0,6	1,4
EC									2,4	0,04	0,04	2,3	1,7
A										6,75	0,02	2,6	2,7
EEM											0,14	0,1	0,1

Fig. 5. — *Ensemble* — *Matrice carrée des coefficients mensuels unitaires nets (F CFA)*

de valeurs de sa propre mère (au sens classificatoire) que d'une épouse relevant d'un autre groupe de statuts.

Cette hiérarchie « verticale » se retrouve dans la relation entre épouses et maris. Jamais un EM n'entretient davantage une EpCE que ne fera le CE, une EpF que ne fera le FM, et réciproquement.

Elle se retrouve encore dans les relations « père-enfant ».

En résumé les jeunes sont toujours dominés en premier lieu par leurs pères, puis leurs mères respectifs ; les épouses par leurs maris ; et les catégories diverses (FC et A) d'abord par le chef d'exploitation.

Notons aussi que plus l'âge moyen d'un couple augmente (le plus âgé étant le couple CE-EpCE, précédant le couple FM-EpF puis le couple EM-EpEM) moins nette est la domination du mari sur l'épouse, autrement dit plus l'épouse acquiert de relative autonomie à l'intérieur du couple ; d'où l'explication du phénomène relevé précédemment sur le renversement des hiérarchies entre le groupe des femmes d'une part et celui des hommes mariés d'autre part.

Le tableau I répartit l'ensemble de ces coefficients entre trois colonnes, correspondant pour chaque catégorie d'agents :

1. à la somme des valeurs auto-fournies (diagonale de la matrice),

2. à la somme des offres nettes aux éléments dominés (lignes de la matrice),

3. à la somme des valeurs nettes reçues (colonnes de la matrice).

TABLEAU I

Les trièdres de consommation individuels

Statut	Auto-fourniture	Effets de domination	Effets de dépendance	en %			Total
				(1)	(2)	(3)	
EM	603	74,57	0	89,0	11,0	0	100
CE	101	51,24	0,14	66,3	33,6	0,1	100
FM	1 615	56,66	4,32	96,4	3,4	0,2	100
FC	4 698	14,05	15,57	99,4	0,3	0,3	100
EpF	30	1,21	48,88	37,5	1,5	61,0	100
EpCE	6,9	1,16	16,72	27,8	4,7	67,5	100
EpEM	17	0,67	57,16	22,7	0,9	76,4	100
EF	16	1,14	13,97	51,4	3,7	44,9	100
EC	2,4	0,08	10,82	18,1	0,6	81,3	100
A	6,75	0,02	22,38	23,2	ε	76,8	100
EEM	0,14	0	10,84	1,3	0	98,7	100

La première colonne, exprimée en % dans la partie droite du tableau I traduit la capacité d'autonomie monétaire propre à chaque élément.

Il est possible de visualiser le phénomène à l'aide d'un diagramme où sont disposés, suivant l'ordre de hiérarchie, les différents statuts. A gauche de l'axe vertical sont reportés sous forme de traits plus ou moins allongés les coefficients d'intégration à la zaka par des effets de domination et à droite, par des effets de dépendance. Un élément complètement intégré à la zaka aura ainsi un trait de longueur maximale égale à 100. Inversement un élément totalement autonome n'apparaîtra ni en demandeur (dépendance) ni en offreur (domination) et se réduira à un point. Monétairement, sinon physiquement, il « s'efface » de la zaka. On constate qu'en général les éléments les moins autonomes sont dominés, et que les moins intégrés sont dominants.

La catégorie des frères (FM et surtout FC) disparaît pour ainsi dire du graphique, ce que nous avons qualifié de « migration par l'intérieur ». De toute évidence le comportement monétaire de la parenté collatérale amène, au plan sociologique, à se poser une série de questions à la fois sur son rôle économique au sein de la zaka et son statut social relativement à la branche « aînée » représentée par le chef d'exploitation et ses enfants mariés.

Selon nous, il faut trouver l'explication de ce phénomène particulièrement éclairant dans le mode de transmission de la chefferie de zaka (1). En règle générale le frère cadet est le successeur désigné d'un chef de zaka défunt, avec des modalités plus ou moins diverses selon les zones, quand ce n'est selon les villages d'une même zone. Cependant s'il accède assez largement au rang, l'accession « aux biens réels » constituant le patrimoine fait

---

(1) Cf. 2ᵉ partie, chapitre 1, § L'impact des migrations.

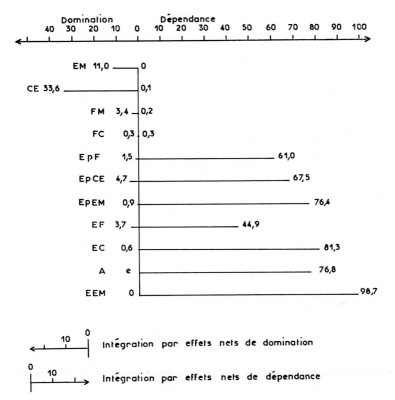

FIG. 6. — *Selon le rang hiérarchique les niveaux
d'intégration monétaire des éléments à la zaka*

souvent l'objet d'un partage entre les deux rameaux patrilatéraux et collatéraux (avec préférence patrilatérale) de sorte que le frère cadet en situation
de tutelle se trouve pratiquement dans l'obligation ou bien de vivre en
autarcie monétaire afin de constituer un patrimoine qui lui permettra d'ho-
norer son rang, (après l'avoir amputé en organisant des funérailles dignes
autant de lui que du défunt), ou bien, ce deuxième aspect venant encore
appuyer notre analyse précédente sur le « disfonctionnement » du système,
de consommer à des fins personnelles la masse monétaire qu'il contrôle afin
de ne pas infléchir à son profit les règles du jeu avant que l'heure de l'échéance
n'ait sonné. On comprend dès lors pourquoi le frère cadet célibataire dont
les perspectives successorales sont plus lointaines que celles du frère marié,
a un comportement encore plus autarcique, et pourquoi également, enfants
mariés (EM), frères mariés (FM) et frères célibataires (FC), tous trois beaucoup plus autonomes que le chef d'exploitation, ont des coefficients d'autarcie
monétaire respectivement décroissants, l'enfant marié recevant en général
une fraction supérieure de l'héritage patrimonial que les ayants droit
collatéraux.

En bref les deux facteurs « stratégie successorale » d'une part, « disfonctionnement du système » d'autre part, se conjuguent en un dosage subtil, (le premier facteur variant d'une zone à l'autre) pour renforcer l'autonomie de certains éléments. Considérant les sommes proprement gigantesques, relativement aux autres, que manipulent les collatéraux, nous avons bien affaire à un véritable circuit parallèle de financement clos.

En conclusion nous pouvons définir les trois ensembles suivants :

1. *L'ensemble des agents « autonomes-dominants »*, regroupant les individus dont le coefficient d'autonomie est supérieur à 50% (critère d'autonomie) et dont l'effet net de domination est supérieur à celui de dépendance (déséquilibre du diagramme sur son côté gauche).

Dans l'ordre :
— EM — CE — FM.

2. *L'ensemble « autonome-dominé »*

— FC (dominé de très peu et très autonome) — EF (peu autonome et très dominé).

3. *L'ensemble « non autonome-dominé »*

— EpF — EpCE — EpEM — EC — A — EEM.

L'autonomie des sous-groupes (G1-G2-G3-G4)

Si, au lieu de décomposer la matrice entre les onze niveaux statutaires, on agrège les flux par sous-groupes familiaux, il est aisé sans refaire toute la démonstration de mettre en lumière premièrement la hiérarchie entre groupes, deuxièmement leur parfaite autonomie respective. Ce que nous montrons par le tableau II donnant les coefficients mensuels nets unitaires.

TABLEAU II

Les trièdres de consommation des groupes de parenté élémentaire

Ordre hiérarchique	(1) Auto-fourniture	(2) Effets de domination	(3) Effets de dépendance	en % (1)	(2)	(3)	Total
G1	4,8	1,65	0	74,4	25,6	0	100
G2	19	0,59	0,04	96,8	3,0	0,2	100
G3	49	0,93	0,58	97,0	1,8	1,2	100
G4	139	0	2,55	98,2	0	1,8	100

Le tableau II signifie que chaque élément appartenant au groupe G1 s'est auto-fourni pour 4,8 F CFA de valeur mensuelle et a dominé chaque élément des trois autres groupes de 1,65 F CFA, etc.

Monnaie et structures d'exploitations en pays Mossi

Le groupe G1 a donc collectivement usé environ 1/4 de son pouvoir d'achat (25,6%) à dominer les autres groupes. C'est le seul groupe pour lequel le coefficient d'extraversion soit relativement important. Tous les autres sont autonomes à plus de 95% de leur structure monétaire.

La constitution du graphe des relations monétaires

Un graphe orienté est un système de représentation des relations asymétriques entre les différents éléments d'un ensemble. Chaque élément occupe un rang numéroté de o à n tel que tous les éléments qui le précèdent exercent sur lui un effet net de domination. Le rang o est donc attribué à celui qui n'a aucun précédent, le rang 1 à tous ceux dont les précédents sont de rang o, puis le rang 2 à tous ceux dont les précédents sont au plus de rang 1, etc.

Si la matrice triangulée ne montre aucun blanc le rang est donc automatiquement défini par l'ordre de la matrice, sinon deux ou plusieurs éléments

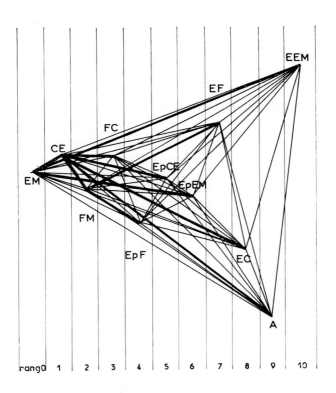

Pour le rang ni, relation de dépendance la plus intense avec les no à ni - 1 rangs précédents

FIG. 7. — *Ensemble échantillon* — *Graphe orienté*

peuvent occuper un rang commun, les éléments appartenant au même rang n'exerçant alors aucune relation de domination les uns à l'égard des autres. On a figuré par un trait gras la relation de dépendance la plus intense entre deux éléments. On retrouve le triangle EM — EpEM — EEM, le triangle FM — EpF — EF, et la polyvalence du chef d'exploitation dont l'influence prééminente rayonne en cinq directions (FM, FC, EpCE, EC, A). Aucune domination majeure ne trouve son origine au-delà du rang d'ordre 2.

La matrice globale des cœfficients bruts unitaires; sa transcription graphique

La matrice des coefficients nets unitaires, procédant par solde entre valeurs symétriquement disposées de part et d'autre de la diagonale, doit être de nouveau établie en « brut » si l'on veut obtenir l'image exhaustive des relations réciproques entre agents considérés deux à deux. Pour ce faire il y a intérêt à restituer à la matrice l'ordre arbitraire des groupes G1 — G2 — G3 — G4, surtout si l'on opte pour une représentation graphique qui, à l'aide d'un système de trames d'intensités variables, s'échelonnant par exemple du noir absolu lorsque la relation dépasse 5 000 F CFA de valeur mensuelle au blanc pour une relation vide, en se donnant une raison géométriquement dégressive d'ordre 10, permet aussitôt de repérer quoique d'une manière schématique les plages de relations intenses et celles où les liaisons tendent vers des valeurs infimes.

	CE	EpCE	EC	EM	EpEM	EEM	FM	EpF	EF	FC	A
CE	101	10,14	6,2	6,64	4,4	1,67	5,38	5,21	3,02	14	8,85
EpCE	0,62	6,9	0,55	0,33	0,3	0,23	0,23	0,22	0,19	0,35	0,39
EC	0,26	0,14	2,4	0,06	0,08	0,04	0,08	0,07	0,03	0,06	0,08
EM	6,78	4,09	1,8	603	51	7,7	2,76	2,58	2,17	4,97	2,81
EpEM	0,2	0,2	0,12	0,7	17	0,76	0,1	0,06	0,06	0,03	0,09
EEM	0,01	∅	∅	∅	0,23	0,14					∅
FM	3,12	2,38	1,42	0,7	0,69	0,35	1615	40	7,17	5,1	3,43
EpF	0,2	0,25	0,15	0,1	0,07	0,08	0,7	30	0,84	0,08	0,26
EF	0,17	0,09	0,05	0,03	0,02	0,01	0,08	0,08	16	0,06	1,14
FC	2,85	1,61	1,31	3,2	2,29	0,22	2,3	2,47	1,05	4698	5,88
A	0,05	0,07	0,04	0,03	0,03	0,02	0,09	0,01	0,03	0,2	6,75

Fig. 8. — *Village moyen* — *Matrice globale des coefficients bruts unitaires (F CFA)*

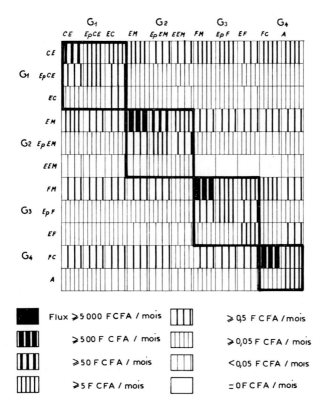

FIG. 9. — *Ensemble* — *Intensité des relations monétaires entre agents pris deux à deux*

On peut remarquer ainsi la concentration des zones les plus sombres tout au long de la diagonale en même temps qu'à l'intérieur des sous-ensembles familiaux. A cet égard les cellules G2 — G3 — G4 apparaissent bien comme des isolats monétaires, étroitement contrôlés par le chef de groupe (au moins pour les ensembles G2 et G3 car le groupe G4 ne constitue pas une cellule homogène).

RÉSULTATS PAR STRATE

Ayant ainsi décomposé notre démarche en ses différentes phases il nous suffira désormais de présenter la matrice des coefficients unitaires accompagnée du graphique d'intégration, du graphe orienté et du graphique d'intensité de relations monétaires entre éléments pris deux à deux.

Les strates intérieures
au pays Mossi ────────────────────────────────

LA STRATE DE KOUDOUGOU

Les trois villages formant la strate de Koudougou étaient :
— Ramongo, chef-lieu de canton, observé en janvier, avril, juillet et octobre ;
— Kabinou, observé en février, mai, août et novembre ;
— Namaneguema, observé en mars, juin, septembre et décembre.

Du fait de l'élimination du chef de Ramongo, l'échantillon se réduisait à 38 zakse. Au cours de chaque mois d'observation la strate moyenne a porté sur l'effectif suivant : (individus statistiquement présents) (tabl. III).

TABLEAU III

Moyenne mensuelle de la strate de Koudougou

Statut	Nombre absolu	%	Somme brute manipulée (F CFA)	%	Somme brute per capita (F CFA)
CE	13,0	10,2	22 845	26,6	1 757
G1 - EpCE	26,58	20,8	7 157	8,3	269
EC	40,75	31,9	3 532	4,1	87
EM	5,17	4,0	5 179	6,0	1 002
G2 - EpEM	7,42	5,8	1 552	1,8	209
EEM	20,0	15,6	206	0,2	10
FM	0,71	0,6	711	0,8	1 001
G3 - EpF	0,96	0,7	56	0,1	58
EF	2,58	2,0	23	e	8,9
FC	1,04	0,8	44 290	51,6	42 587
G4 - A	9,67	7,6	407	0,5	42
	127,88	100	85 957	100	672

Un fait attire l'attention : la relative importance numérique du groupe G2 représentant plus de 1/4 des membres présents alors que pour l'ensemble des strates sa proportion n'est que de 16,8 % ; corrélativement la régression du groupe G3 inférieur de moitié à la moyenne générale.

Un autre fait est la *fraction dérisoire de la masse monétaire en circulation contrôlée par les chefs d'exploitation* (26,6 %), dont la signification est évidente lorsque l'on songe à l'importance des revenus migratoires à l'intérieur de la zone.

Enfin le cas du frère célibataire confirmant jusqu'à en devenir caricatural l'existence d'un circuit monétaire parallèle à financement clos.

La matrice des cœfficients mensuels nets unitaires

Le signe = dans la relation FC × FM indique un équilibre de leurs relations et le signe — entre le FC et le EF une absence de relation. L'ordre hiérarchique diffère légèrement de celui observé pour l'ensemble des strates, bien que dans ses grandes masses (aînés puis épouses et cadets) on retrouve la même succession.

	CE	FC	EM	FM	EpCE	EpEM	EpF	A	EF	EC	EEM	D	Dm
CE	55	16	1,7	1,8	5,2	3,1	4,2	3,9	1,7	3,4	2,2	424	122
FC		39088	12	=	3,5	8,7	0,6	12	—	6,2	0,08	154	996
EM			92	1,7	2,6	12	1,35	0,8	0,4	0,67	4,55	87	44
FM				444	3,44	0,1	179	6	22	4,53	0,4	48	
EpCE					8,3	0,03	0,07	0,32	0,3	0,28	0,37	1,1	2,3
EpEM						21	0,08	0,1	0,1	0,04	0,4	0,7	1,5
EpF							20	0,32	1,94	0,2	0,15		
A								3,5	0,11	∅	0,03	0,8	
EF									2,1	0,01	0,01		
EC										1,7	0,03	1,9	1,3
EEM											0,3		

FIG. 10. — *Koudougou* — *Matrice carrée des coefficients mensuels unitaires nets (F CFA)*

Toutefois les hiérarchies apparaissent moins « linéaires », particulièrement dans la filière du chef d'exploitation, qui se trouve dépassé par ses frères, célibataires ou mariés, dans l'entretien de ses enfants mineurs (EC) et des autres dépendants (A).

Dans le tableau IV n'apparaissent que deux groupes :

— *Dominants-autonomes* : CE, FC, EM, FM.

— *Dominés-non autonomes :* pour tous les autres.

Nous pouvons remarquer une différence de comportement entre les frères célibataires (FC) hyper-autonomes, au point de s'effacer du graphique et les frères mariés (FM) sensiblement plus intégrés au groupe que dans l'ensemble des autres strates. Ce que nous disions antérieurement sur le jeu combiné de deux facteurs, le facteur « stratégie successorale » d'une part, variable d'une région à l'autre, le facteur « disfonctionnement du système »

TABLEAU IV

Koudougou. Les trièdres de consommation

Statut	(1) Auto- fourniture	(2) Effets de domination	(3) Effets de dépendance	(1)	(2)	(3)	Total
CE	55	43,2	0	56,0	44,0	0	100
FC	39 088	43,08	16	99,9	0,1	0	100
EM	92	24,07	13,7	70,9	18,6	10,5	100
FM	444	215,47	3,5	67,0	32,5	0,5	100
EpCE	8,3	1,37	14,74	34	5,6	60,4	100
EpEM	21	0,72	23,93	46	1,6	52,4	100
EpF	20	2,61	185,3	9,6	1,3	89,1	100
A	3,5	0,14	23,44	12,9	0,5	86,6	100
EF	2,1	0,02	26,55	7,3	0,1	92,6	100
EC	1,7	0,03	15,23	9,9	0,2	89,9	100
EEM	0,3	0	8,22	3,5	0	96,5	100

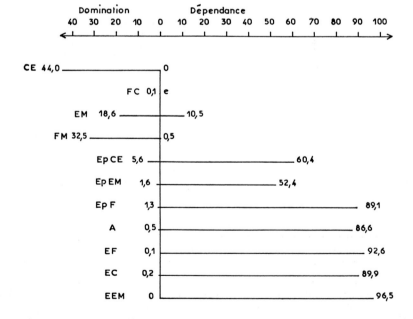

FIG. 11. — *Koudougou — Hiérarchie et niveaux d'intégration monétaire*

d'autre part qui se retrouve partout dans la société mossi, prend ici tout son sens. En effet à Koudougou la lignée collatérale des frères mariés bénéficie d'avantages certains, comparativement au statut qui lui est généralement accordé ailleurs (1).

Cela implique pour le frère une position délicate à soutenir puisqu'il est pris en permanence dans la contradiction de devoir plus ou moins ouvrir son circuit de financement clos, dès le vivant de son aîné, sans prendre pour

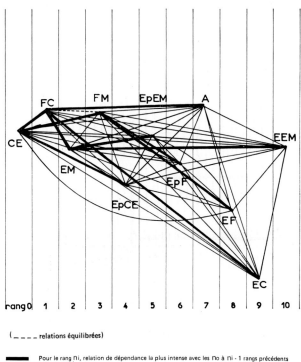

(_ _ _ _ relations équilibrées)

━━━ Pour le rang ni, relation de dépendance la plus intense avec les no à ni - 1 rangs précédents

Fig. 12. — *Koudougou — Graphe orienté*

(1) *Que l'on nous permette une citation de ce que nous avançons dans la 2e partie, chapitre 1, à propos des frères cadets mariés de Koudougou :*
« A Koudougou le système est théoriquement plus cohérent puisque le frère accède à la fois au rang et aux biens, mais le danger d'éclatement n'en est pas moins présent. Nous dirions volontiers que le frère cadet hérite à charge de revanche. S'il témoigne avant le décès de son aîné d'un comportement « égoïste », par exemple en ne contribuant que faiblement à l'entretien de la zaka dont il deviendra le chef, il lui en sera tenu rigueur beaucoup plus sévèrement qu'ailleurs. Il risque alors, au jour de la succession, l'éparpillement de tous les membres de la zaka, et notamment des enfants mariés ou célibataires qui « n'enverront plus jamais rien, dût-on annoncer la mort de leur petit père » — *(Information recueillie à Namaneguema).*

autant un ascendant social qui serait jugé prématuré. Le frère cadet célibataire n'a pas à naviguer entre ces deux écueils et sur lui le respect des hiérarchies sociales continue à peser à plein, d'où son hyper-autonomie monétaire. Le coefficient relativement élevé d'extraversion des enfants mariés (EM) est plus délicat à interpréter. Il est peut-être dû à une sorte d'effet de ricochet dérivant de leur position subalterne dans la zaka (1). Ils restent donc très longtemps maintenus en état de tutelle. Leur âge moyen augmente, et par suite la taille de leur propre cellule élémentaire (G2) sur laquelle peut s'exercer de manière préférentielle leur domination.

Le graphe des dominations

Tout en occupant le premier rang, le chef d'exploitation se démet plus ou moins sur ses collatéraux et enfants mariés du soin d'entretenir la collec-

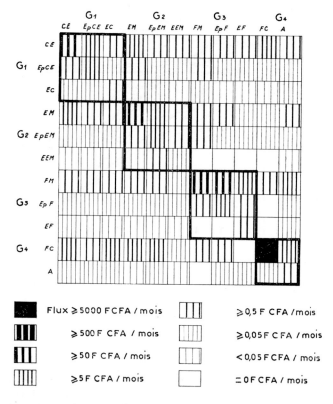

Fig. 13. — *Strate Koudougou — Intensité des relations monétaires entre agents pris deux à deux*

---

(1) *Dans notre échantillon de la zone de Koudougou l'âge moyen des chefs d'exploitation est très élevé (61 ans environ contre 44 à Dedougou et de 50 à 55 ailleurs).*

tivité. En aucun cas son influence ne se fait sentir de façon déterminante au-delà du rang 4 ; l'élément le plus bas dans la hiérarchie familiale qu'il domine directement se trouvant être son épouse.

La matrice globale des cœfficients bruts unitaires

La schématisation graphique, construite selon le même jeu de trames que précédemment fait ressortir l'abondance des zones claires au niveau des lignes de tous les éléments mineurs (EC — EEM — EF). On ne saurait s'en étonner lorsque les enfants mariés (EM) se trouvent eux mêmes en position de tutelle prolongée. A noter l'absolue dépendance des enfants de frères (EF) par rapport à leurs ascendants. Néanmoins il faut souligner l'aspect en général moins concentré (hormis le cas du groupe G4) des zones sombres dans le voisinage immédiat de la diagonale, ce qui indique finalement une texture familiale et monétaire davantage « intégrée » que dans les autres strates, un coefficient d'ouverture supérieur de groupe à groupe. C'est à Koudougou, notons-le, que nous dénombrerons le moins de cases vides dans la matrice.

LA STRATE DE YAKO

Elle était formée des trois villages :
— Bibiou ;
— Siguinonguin ;
— Nyonyogo,
situés à une trentaine de kilomètres à l'ouest de Yako (canton Darigma). L'effectif présent mensuel a été statistiquement établi dans le Tableau V.

TABLEAU V

Moyenne mensuelle de la strate de Yako

Statut	Nombre absolu	%	Somme brute manipulée (F CFA)	%	Somme brute per capita (F CFA)
CE	13,42	10,2	23 576	64,9	1 757
G1 - EpCE	21,58	16,3	1 849	5,1	86
EC	46,96	35,6	1 822	5,0	39
EM	4,92	3,7	3 942	10,8	801
G2 - EpEM	6,92	5,2	457	1,3	66
EEM	20,38	15,5	30	0,1	1,5
FM	2,0	1,5	4 103	11,2	2 052
G3 - EpF	3,0	2,3	131	0,4	44
EF	8,33	6,3	1,7	ε	0,2
FC	1,0	0,8	289	0,8	289
G4 - A	3,5	2,6	161	0,4	46
	132,01	100	36 363	100	275

G1 et G2 ont sensiblement la même importance numérique qu'à Koudougou. La différence se crée par un renversement des proportions entre les groupes G3 et G4.

Relativement, le groupe G3 est trois fois plus nombreux à Yako qu'il ne l'est à Koudougou. Déjà à ce niveau nous percevons que le système social de transmission doit obéir nécessairement à d'autres schémas. De fait nous constatons à Yako un bien meilleur équilibre entre les statuts reconnus au frère et au fils (dans le village de Siguinonguin le modèle rencontré se trouve même l'exact opposé de celui généralement en vigueur à Koudougou, à savoir une transmission de type patrilatéral tant dans l'accession à la chefferie de zaka que dans les droits au patrimoine...).

La matrice des cœfficients mensuels nets unitaires

Peu de modifications sont à signaler par rapport aux structures déjà observées. Tout au plus quelques permutations qui ne changent en rien la pyramide aînés — épouses — cadets. Le plus remarquable est la multiplicité des cases vides de relations, particulièrement vis-à-vis des frères célibataires, d'où la possibilité de diverses combinaisons matricielles (FC devançant EM, EpEM devançant EpF, EF ou EEM devançant A).

Le chef d'exploitation prend parfois le pas, ou n'est devancé que de peu, dans la domination qu'il exerce sur des éléments ne relevant pas de sa cellule élémentaire. Il participe ainsi pour 4 fois plus que son frère marié à l'entretien de ses petits neveux, parfois même l'emprise époux-épouses de ses enfants mariés est presque contrebalancée par la sienne et toujours il supplante les

	CE	EM	FC	FM	EpCE	EpF	EpEM	EC	A	EEM	EF	+ rappel D	Dm
CE	73	0,77	9,2	2,5	5,6	2,5	2,9	4,5	4,2	1,1	1,5	238	94
EM		94	—	0,2	0,57	0,23	3,2	0,3	3	1,6	0,4	100	116
FC			222	—	0,08	—	—	0,2	0,2	—	—	10	25
FM				947	0,7	4,3	0,2	0,4	0,3	0,1	0,4	46	50
EpCE					3	∅	0,02	0,2	0,1	0,06	0,15	2,6	0,7
EpF						9,1	—	0,1	0,3	0,08	0,47		
EpEM							7,2	0,04	0,07	0,2	0,08	0,8	3,5
EC								0,8	∅	0,07	∅	0,4	0,08
A									12	—	—	2,6	1,6
EEM										0,04	—	0,3	0,3
EF											0,02		

FIG. 14. — *Yako — Matrice carrée des coefficients mensuels unitaires nets (F CFA)*

épouses dans la relation mère — enfants. Son rôle reste donc grand et son emprise certaine. Toutefois on peut relever en ordre diminuant, cinq relations inscrites en diagonale (respectivement FM × FM : 947, FC × FC : 222, EM × EM : 94, CE × CE : 73, A × A : 12) avant d'en trouver une à « l'intérieur » de la matrice (CE × FC : 9,2), ce qui implique de la part du chef d'exploitation une relative ténuité de son ascendant monétaire, dilution contribuant probablement à le rendre pour chacun plus supportable.

TABLEAU VI

Yako. Les trièdres de consommation

Statut	(1) Auto-fourniture	(2) Effets de domination	(3) Effets de dépendance	en % (1)	(2)	(3)	Total
CE	73	34,77	0	67,7	32,3	0	100
EM	94	9,5	0,77	90,2	9,1	0,7	100
FC	222	0,48	9,2	95,8	0,2	4,0	100
FM	947	6,4	2,7	99,0	0,7	0,3	100
EpCE	3	0,53	6,95	28,6	5,1	66,3	100
EpF	9,1	0,95	7,03	53,3	5,6	41,1	100
EpEM	7,2	0,39	6,32	51,8	2,8	45,4	100
EC	0,8	0,07	5,74	12,1	1,1	86,8	100
A	12	0	8,17	59,5	0	40,5	100
EEM	0,04	0	3,21	1,2	0	98,8	100
EF	0,02	0	3,0	0,7	0	99,3	100

Trois groupes sont *dominants-autonomes* : CE, EM, FM.
Quatre groupes *dominés-autonomes* : FC, EpF, EpEM, A.
Quatre groupes *dominés-non autonomes* : EpCE, EC, EEM, EF.
Le nombre d'éléments autonomes est donc majoritaire (7 cas sur 11). Rappelons qu'à Koudougou la proportion était exactement inverse. Cette faiblesse de l'effectif des dominants auquel fait contrepoids le nombre élevé d'éléments autonomes confirme le caractère dilué des effets de domination monétaire déjà noté au sujet du chef d'exploitation.
   Si l'on compare la situation du frère marié (coefficient d'intégration = 1 % de ses flux) à celle de son homologue de la région de Koudougou, on voit se vérifier une nouvelle fois ce qu'il serait maintenant parfaitement justifié d'appeler « la loi des deux facteurs ». Il se retrouve en somme dans une position socio-économique équivalente à celle du frère *célibataire* de Koudougou, lequel n'encourait pas, en raison de ses trop lointaines espérances successorales, quel que soit son degré d'autarcie monétaire, le risque de voir éclater la zaka. La présence équilibrante de l'enfant marié remplace ici le facteur temps et fait en quelque sorte régresser le frère marié d'une génération...

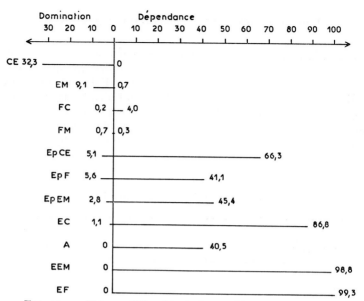

FIG. 15. — *Yako — Hiérarchie et niveaux d'intégration monétaire*

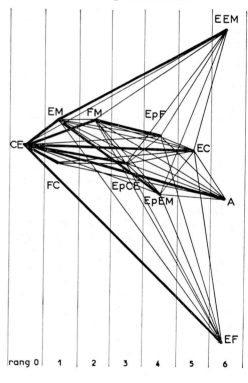

FIG. 16. — *Yako — Graphe orienté*

Pour le rang ni, relation de dépendance la plus intense
avec les no à ni - 1 rangs précédents

Le graphe des dominations

L'absence de plusieurs relations a pour effet de « ramasser » sur lui-même le graphe orienté en le rendant moins linéaire.

Cette première raison jointe au fait que le chef d'exploitation court-circuite assez souvent dans leur fonction les habituels agents payeurs ramène à son niveau sept liaisons dominantes sur dix, taux qu'on ne retrouvera nulle part ailleurs.

La matrice globale des cœfficients bruts unitaires

L'image d'ensemble montre la faiblesse du tissu reliant les différents groupes G1, G2, G3. On peut dire que les liaisons entre ces groupes ne prennent une certaine consistance que par la médiation des hommes mariés, soit EM, soit FM, car épouses et enfants (EpEM — EEM, EpF — EF) s'ignorent presque totalement.

La matrice peut se résumer ainsi par trois axes : la ligne et la colonne du groupe G1, plus la diagonale. On verra à un degré encore plus avancé le même schéma se reproduire à Zorgho, troisième strate enquêtée en pays Mossi.

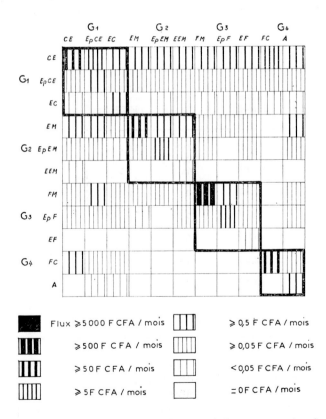

Fig. 17. — *Strate Yako — Intensité des relations monétaires entre agents pris deux à deux*

LA STRATE DE ZORGHO

A Zorgho l'enquête ne s'est pas déroulée sans heurts, au point de nous contraindre à supprimer tous les résultats de notre 3e village (Sankouinssin) dès mars puis de replier par la suite le dispositif sur les deux villages :
— Gandaogo ;
— Nedogo.

A partir de septembre, jusque vers la mi-novembre, ces deux villages ont été observés simultanément par deux enquêteurs différents. Le taux moyen de sondage en a été sensiblement augmenté (plus de 150 jours pour certaines familles).

Ramenées au mois, les séries des effectifs et des sommes manipulées figurent au tableau VII.

L'importance du groupe G1 est frappante. Zorgho se caractérise donc par une simplification évidente de sa structure familiale, tendant à réduire l'unité de résidence à la cellule de parenté élémentaire.

C'est d'ailleurs la seule zone de notre échantillon où toutes les zakse sont « mono-cellulaires » c'est-à-dire où le rapport exploitations - zakse est égal à 1.

TABLEAU VII

Moyenne mensuelle de la strate de Zorgho

	Statut	Nombre absolu	%	Somme brute manipulée (F CFA)	%	Somme brute per capita (F CFA)
	CE	12,91	10,1	20 344	48,5	1 576
G1 -	EpCE	27,45	21,5	9 061	21,6	330
	EC	62,68	49,2	7 236	17,2	115
	EM	2,45	1,9	3 511	8,4	1 433
G2 -	EpEM	3,55	2,8	824	2,0	232
	EEM	9,82	7,7	3	e	0,3
	FM	0,55	0,4	202	0,5	367
G3 -	EpF	0,73	0,6	75	0,2	103
	EF	2,36	1,9	4	e	1,7
	FC	0,77	0,6	234	0,6	304
G4 -	A	4,27	3,3	422	1,0	99
		127,54	100	41 915	100	329

De Koudougou à Yako l'on avait pu déjà observer un phénomène de glissement au profit de la lignée patrilatérale des modalités successorales. A Zorgho ce déplacement du centre de gravité trouve son aboutissement et le fils aîné devient le successeur normal du chef de zaka. On peut dire en conséquence qu'un frère marié ne demeurera auprès d'un chef de zaka que de façon tout à fait provisoire (1). Il en résulte que statutairement lorsque le cadet d'un chef de zaka prend femme il devient quasiment son alter-ego. Cela signifie aussi que la présence d'un frère (célibataire ou marié) ne se justifie que s'il n'y a pas *déjà* dans la zaka un enfant *marié* (EM), car cela aboutirait à faire cohabiter l'héritier présomptif muni des droits afférents à cette fonction et son « petit-père » classificatoire. On verra parfaitement s'illustrer cette impossibilité dans la matrice des coefficients nets unitaires.

La matrice des cœfficients mensuels nets unitaires

Zorgho est la seule strate où la triangulation laisse un solde au-dessous de la diagonale. (A dominant FC de 0,3 chaque mois).

Ne prenant en compte que les valeurs *unitaires* il serait d'ailleurs possible de réduire le solde non triangulé en remettant A avant FC, les autres éléments demeurant à leur place. En effet il y aurait grâce à cette permutation deux soldes au-dessous de la diagonale (les relations EpEM — A, et EC — A) mais chacun d'une valeur « epsilon ». Nous avons cependant préféré l'ordre FC — EpEM — EC — A, car en valeurs absolues c'est cette combinaison qui reste optimale (1 F CFA dans la matrice triangulée mensuelle contre 3,5 F CFA avec la seconde solution).

On constate d'autre part qu'une permutation pourrait s'effectuer entre les éléments FC — EpEM ainsi qu'en bas de matrice entre EF et EEM.

Enfin, comme nous le disions précédemment, il existe désormais une *rupture radicale entre tous les éléments du groupe G2, du groupe G3, et sinon le groupe G4 dans sa totalité, du moins le frère célibataire (FC).* Ce dernier occupe un rang hiérarchique très au-dessous de celui qu'il occupe dans une autre structure familiale. On en discerne aisément la raison, puisque c'est un élément totalement parasitaire. Ni héritier présomptif à plus ou moins longue échéance ni alter-ego provisoire d'un chef d'exploitation.

On signalera enfin le caractère particulièrement autarcique des différents groupes en présence. L'enfant marié concentrant l'essentiel de ses flux dominants sur sa cellule élémentaire, de même le frère. Seul le chef d'exploitation assure son rôle de coordination habituel en dispersant ses flux à peu près égalitairement (A une moindre échelle c'est aussi le cas de sa femme).

La répartition, de ce point de vue, reproduit donc très exactement celle en vigueur à Yako.

Par certains côtés les niveaux d'intégration des éléments CE — FM — EM — FC, subissent le même « decrescendo » qu'à Koudougou mais on ne saurait oublier que cette similitude est plus superficielle que structurelle. Là où le frère marié avait à naviguer entre deux écueils (éviter de prendre le pas sur son aîné mais garder suffisamment le contact avec l'ensemble familial *au risque de le voir éclater lorsqu'il en deviendra le chef*), il n'encourt plus ce risque à Zorgho puisqu'il aura à très courte échéance l'obligation de quitter la zaka pour en reconstituer *une autre* avec ses propres dépendants. Sa présence provisoire auprès d'un aîné n'entraîne donc pour lui aucune sujétion sociale particulière et le voilà libéré de cette inhibition paralysante.

---

(1) *Cf. infra, 2ᵉ partie, chapitre 1, § La composante familiale en pays Mossi.*

	EM	CE	FM	E_pF	E_pCE	FC	E_pEM	EC	A	EF	EEM	D	Dm
												\+ rappel	
EM	415	2	—	—	1,9	—	31	1	0,03	—	8,4	27	11
CE		53	1,8	2,5	6,3	3,9	1	3	6,3	2	0,6	367	68
FM			188	9,7	0,4	—	—	1,6	1,2	34	—	8,4	4,7
E_pF				32	0,2	—	—	0,4	0,4	6,4	—		
E_pCE					8,9	0,5	0,2	0,7	0,4	0,4	0,4	3,6	6
FC						324	—	0,2		—	—	27	1,3
E_pEM							50	0,3	∅	—	1,3	2,2	1,5
EC								1,7	0,01	0,03	0,04	2,3	0,8
A						0,3			20	0,05	0,1	3,7	
EF										0,4			
EEM											∅		

Fig. 18. — *Zorgho* — *Matrice carrée des coefficients mensuels unitaires nets (F CFA)*

TABLEAU VIII

Zorgho. Les trièdres de consommation

Statut	(1) Auto-fourniture	(2) Effets de domination	(3) Effets de dépendance	en % (1)	(2)	(3)	Total
EM	415	44,33	0	90,3	9,7	0	100
CE	53	27,4	2	64,3	33,3	2,4	100
FM	188	46,9	1,8	79,4	19,8	0,8	100
EpF	32	7,4	12,2	62,0	14,3	23,7	100
EpCE	8,9	2,6	8,8	43,8	12,8	43,4	100
FC	324	0,2	4,7	98,5	0,1	1,4	100
EpEM	50	1,6	32,2	59,7	1,9	38,4	100
EC	1,7	0,08	7,2	18,9	0,9	80,2	100
A	20	0,45	8,34	69,5	1,5	29,0	100
EF	0,4	0	42,88	0,9	0	99,1	100
EEM	e	0	10,84	e	0	100	100

Soit trois groupes dominants-autonomes : EM — CE — FM.
Quatre groupes dominés-autonomes : EpF — FC — EpEM — A.
Quatre groupes dominés-non autonomes : EpCE — EC — EF — EEM.

Monnaie et structures d'exploitations en pays Mossi

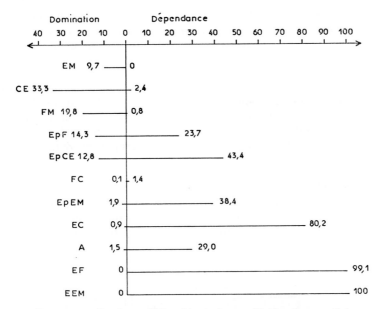

FIG. 19. — Zorgho — Hiérarchie et niveaux d'intégration monétaire

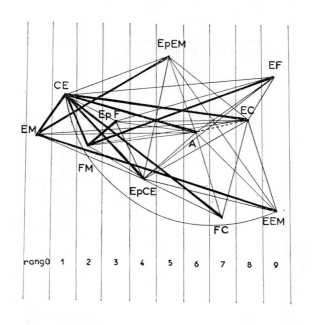

Pour le rang ni, relation de dépendance la plus intense avec les no à ni - 1 rangs précédents

FIG. 20. — Zorgho — Graphe pseudo orienté — Artifice d'une relation A-EC équilibrée

Le processus des « deux facteurs » joue donc bien une nouvelle fois mais de manière « inversé » par rapport à Koudougou, la résultante est à peu près identique, à savoir un coefficient moyen d'extraversion monétaire.

Le graphe des dominations

Dès lors qu'apparaît un « circuit » nous savons qu'il devient impossible de représenter un graphe orienté, (l'élément réfractaire devant simultanément occuper deux rangs d'ordre différent). Il a ainsi fallu user d'un stratagème en remplaçant la relation de domination, d'ailleurs d'intensité négligeable, entre EC et A, par une relation d'égalité. Le graphe de Zorgho est donc « *pseudo-orienté* ».

La matrice globale des cœfficients bruts unitaires

L'autonomie des différentes cellules est patente. Deux larges espaces complètement vides noient de part et d'autre de la diagonale tout un secteur de la matrice. Il faut bien comprendre que cette absence de relations est la

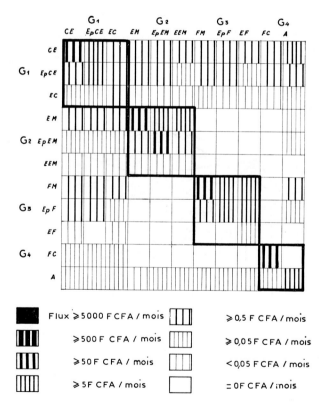

FIG. 21. — *Strate Zorgho* — *Intensité des relations monétaires entre agents pris deux à deux*

traduction monétaire d'une non-cohabitation. Il existe donc à Zorgho des zakse abritant soit des enfants mariés, soit des frères mariés, soit des frères célibataires, mais jamais simultanément. Cela nous paraît être la conséquence directe du système successoral. On peut cependant estimer que l'absence de cohabitation entre frères mariés et frères célibataires tient moins à la structure sociale qu'à la faiblesse de notre échantillon.

Les strates de colonisation

LA STRATE DE TOUGAN

Tougan a été choisie afin d'illustrer le cas d'une ancienne aire d'accueil de colons mossi ayant quitté leurs villages d'origine depuis plusieurs dizaines d'années. Pour certains l'époque du départ remonte à la fin du XIXe siècle, et parfois l'installation en pays Samo a été précédée d'étapes intermédiaires.

Aujourd'hui Tougan est à son tour un foyer de départs, principalement en direction de Dedougou — Nouna — Bobo pour ce qui concerne les déplacements « intérieurs », mais en proportion encore bien supérieure vers la Côte d'Ivoire. Après Koudougou, Tougan est la strate où nous avons relevé le taux le plus important de mouvements migratoires.

TABLEAU IX

Moyenne mensuelle de la strate de Tougan

	Statut	Nombre absolu	%	Somme brute manipulée (F CFA)	%	Somme brute per capita (F CFA)
	CE	17,04	11,5	47 348	43,5	2 779
G1 -	EpCE	26,58	17,9	1 288	1,2	48
	EC	58,04	39,0	14 070	12,9	242
	EM	4,38	2,9	39 464	36,2	9 010
G2 -	EpEM	6,54	4,4	95	0,1	15
	EEM	15,42	10,4	6	e	0,4
	FM	2,25	1,5	4 107	3,8	1 825
G3 -	EpF	3,33	2,2	71	0,06	21
	EF	8,25	5,5	704	0,7	85
	FC	1	0,7	1 616	1,5	1 616
G4 -	A	6	4,0	130	0,1	22
Total		148,83	100	108 890	100	732

L'échantillon était constitué de trois villages :
— Namassa ;
— Bompela ;
— Sissilé.

Indiquons immédiatement une particularité de cette strate reflétant sans aucun doute son origine Yatenga. Le quotient « exploitations — zakse » a dépassé 1,30 en moyenne annuelle. Lors de notre comptage initial (janvier 1973) il dépassait même 1,40. Par la suite un certain exode familial touchant plusieurs familles de notre échantillon a légèrement réduit ce taux.

La dernière colonne du Tableau IX permet de constater d'emblée le rôle assez effacé des différentes catégories d'épouses (à peine 40 F CFA per capita et par mois en moyenne pondérée — contre 250 F CFA à Koudougou, 77 F CFA à Yako, 209 F CFA à Zorgho — en dépit d'une manipulation brute moyenne per capita supérieure à celle des autres zones).

La matrice des cœfficients mensuels nets unitaires

La position de force de l'enfant marié ressort plus clairement qu'ailleurs. Ainsi supplante-t-il le chef d'exploitation dans la domination exercée sur le frère célibataire (FC), l'épouse du chef d'exploitation dans la domination exercée sur les enfants célibataires (EC), l'épouse du frère aussi bien que le chef d'exploitation dans leur domination sur les enfants de frères (EF) et tout le monde dans la domination sur les « autres » catégories (A). Bien entendu il conserve son emprise à l'égard de ses dépendants immédiats (EpEM et EEM). Par rapport aux autres strates l'enfant célibataire gagne également en importance. En somme le chef d'exploitation donne un peu

	EM	CE	FM	FC	EC	E_pF	EF	E_pCE	E_pEM	A	EEM	+ rappel D	Dm
EM	1574	2,4	4,1	26	5,1	5,4	4,8	9,4	126	9,5	15	44	52
CE		86	5,6	14	8,5	8,5	4,5	14	7,1	8,8	2,4	93	35
FM			602	12	1,5	15	5,7	3,5	1,2	7	0,6	14	25
FC				963	3,3	9,6	4,5	6	2,4	8,8	1,3	7,3	2,8
EC					3,8	0,08	∅	0,2	0,1	0,1	0,05	5,1	0,3
E_pF						1,3	0,02	0,1	0,05	0,2	0,05		
EF							8	0,1	0,02	0,09	0,02	0,7	1,7
E_pCE								1,4	0,2	0,09	0,07	1,2	0,2
E_pEM									0,95	0,03	0,3		
A										3,4	—	0,6	0,4
EEM											0,01		

FIG. 22. — *Tougan — Matrice carrée des coefficients mensuels unitaires nets (F CFA)*

l'impression dans les vieilles zones de colonisation de laisser beaucoup plus de liberté de manœuvre aux hommes de sa lignée, de s'établir dans une sorte de « repos du guerrier ». Cependant comme partout ailleurs son ascendant social ne peut être remis en cause du simple fait de la manipulation monétaire. Nous en aurons confirmation lorsque nous étudierons ultérieurement son rôle dans le contrôle des transferts en nature (dont la colonne D ne donne qu'une faible idée) ainsi que dans la mainmise quasiment absolue qu'il continue à avoir sur le capital d'exploitation (cheptel, outillage).

Du point de vue successoral le modèle rencontré à Tougan est d'ailleurs ambigu, le fait primant le droit assez généralement, de sorte qu'il n'y a guère de différence statutaire entre les branches patrilatérale et collatérale d'une part, les situations de frère marié et de frère célibataire d'autre part. Tous peuvent également nourrir l'ambition de devenir un jour le successeur d'un chef de zaka ou plus modestement d'exploitation (1). Cette décomposition totale des règles culturelles de référence doit tenir pour beaucoup à la diversité d'origines de ces anciens colons (quand on sait à quel point peuvent varier les systèmes successoraux, il n'est même pas besoin que les lieux de provenance aient été géographiquement très dispersés).

Soit trois groupes *dominants-autonomes :* EM — CE — FM
. un groupe *dominé-autonome :* FC.
. sept groupes *dominés-non autonomes :* de EC à EEM.

Nous retrouvons à peu de choses près la structure de Koudougou. Il n'est sans doute pas inutile de rappeler que Koudougou et Tougan sont les deux zones où l'on enregistre les plus forts courants migratoires, en même

TABLEAU X

Tougan. Les trièdres de consommation

Statut	(1) Auto-fourniture	(2) Effets de domination	(3) Effets de dépendance	en % (1)	(2)	(3)	Total
EM	1 574	207,7	0	88,3	11,7	0	100
CE	86	73,4	2,4	53,2	45,4	1,4	100
FM	602	46,5	9,7	91,5	7,0	1,5	100
FC	963	35,9	52	91,6	3,4	5,0	100
EC	3,8	0,53	18,4	16,7	2,3	81,0	100
EpF	1,3	0,42	38,58	3,2	1,1	95,7	100
EF	8	0,23	19,52	28,8	0,8	70,4	100
EpCE	1,4	0,36	33,3	4,0	1,0	95,0	100
EpEM	0,95	0,33	137,07	0,7	0,2	99,1	100
A	3,4	0	34,61	8,9	0	91,1	100
EEM	0,01	0	19,79	e	0	100	100

(1) *Cf. 2ᵉ partie, chapitre 1, § La composante familiale en pays Mossi.*

temps que celles où la taille moyenne de la zaka atteint son niveau maximum ; ce qui amène à conclure que la relative aisance avec laquelle les hommes adultes (EM — FM — FC), monétairement autonomes, peuvent s'ils le désirent, prendre également une certaine autonomie sociale grâce à la facilité de « scission » de leur exploitation au sein de la zaka, n'a rien changé en définitive quant au statut des éléments mineurs (minorité d'âge ou minorité sexuelle).

La minceur des différences statutaires entre enfants mariés, frères mariés et frères célibataires se traduit par leurs coefficients très voisins d'intégration monétaire, faible dans tous les cas, mais faiblesse que nous pouvons dire, plus qu'ailleurs, librement consentie puisqu'il ne tiendrait qu'à eux de s'élever au rang de chef d'exploitation.

Le graphe des dominations

Cinq emprises déterminantes pour l'enfant marié, trois pour le chef d'exploitation, deux pour le frère marié, zéro pour le frère célibataire.

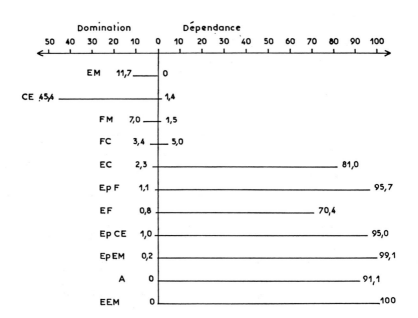

Fig. 23. — *Tougan* — *Hiérarchie et niveaux d'intégration monétaire*

La matrice globale des cœfficients bruts unitaires

Le phénomène de concentration des flux monétaires entre les mains des éléments dominants, masculins et majeurs, ressort très nettement au niveau des lignes 1, 4, 7 et 10, abondamment chargées par opposition aux lignes claires intermédiaires. Notons cependant la relation asymétrique entre les enfants mariés dont la ligne n'est rompue par aucune solution de continuité et les frères mariés ou célibataires. Un tableau des hiérarchies inter-groupes confirmerait cette impression visuelle : G2 avec un coefficient d'autonomie interne égal à 95,4% et un coefficient de domination nette de 4,6%, précédant G1 autonome à 70,5% mais dominé de 4,8% ; G3 autonome à 90,9%, dominé de 6,1% et G4 autonome à 86,3% et dominé de 13,7%.

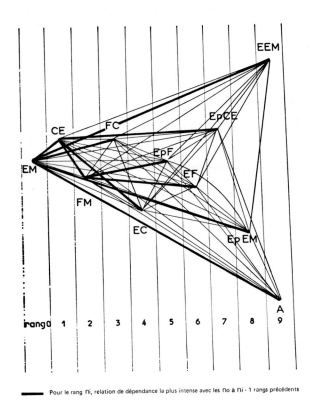

Pour le rang ni, relation de dépendance la plus intense avec les no à ni - 1 rangs précédents

Fig. 24. — *Tougan* — *Graphe orienté*

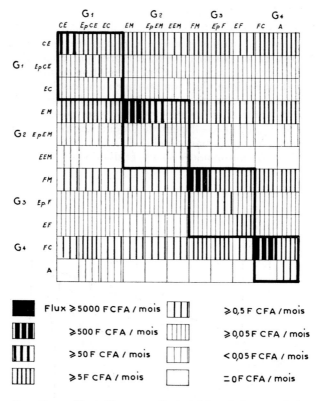

FIG. 25. — *Strate Tougan* — *Intensité des relations monétaires entre agents pris deux à deux*

LA STRATE DE DEDOUGOU

Notre seconde strate hors-pays Mossi avait pour objectif de comprendre au plan socio-économique les mécanismes d'insertion d'une population récemment émigrée du pays Mossi ou venant de se réinstaller dans une nouvelle aire d'accueil après moult et moult errances antérieures.

Les trois villages choisis, situés le long de l'axe routier Dedougou-Bobo, furent :

— Souri ;
— Kamandéna ;
— Kary.

Une sous-stratification a par ailleurs été opérée, distinguant les colons arrivés depuis moins de 2 ans. (1971-1972), ceux arrivés depuis moins de 5 ans (1970 - 1969 - 1968) et ceux arrivés avant 1968 (en général entre 1963 et 1967).

Monnaie et structures d'exploitations en pays Mossi

Au cours de cette première partie de l'étude il ne sera pas fait état de la sous-stratification retenue. Par contre nous aurons à l'utiliser lorsque nous analyserons, de manière plus classique, la structure et le niveau du revenu monétaire (chapitre 2) ainsi que la structure des exploitations (capital, superficies) (2ᵉ partie).

TABLEAU XI

Moyenne mensuelle de la strate de Dedougou

Statut		Nombre absolu	%	Somme brute manipulée (F CFA)	%	Somme brute per capita (F CFA)
G1 -	CE	14,96	12,4	70 361	67,3	4 703
	EpCE	19,63	16,3	7 553	7,2	385
	EC	62,67	52,1	12 215	11,7	195
G2 -	EM	0,42	0,4	193	0,2	460
	EpEM	0,75	0,6	100	0,1	133
	EEM	1,50	1,2	0	0	0
G3 -	FM	0,92	0,8	7 243	6,9	7 873
	EpF	1,75	1,5	503	0,5	287
	EF	3,75	3,1	1 740	1,7	464
G4 -	FC	3,125	2,6	3 757	3,6	1 202
	A	10,83	9,0	859	0,8	79
		120,30	100	105 525	100	877

Par rapport à la strate précédente on note comme changements essentiels (tabl. XI) :

1. La proportion élevée d'enfants célibataires et par suite l'augmentation (relative) du groupe G1.

2. L'effacement du groupe G2 (10 fois moindre en valeur absolue qu'à Tougan).

3. La relative importance du groupe G4.

L'effacement du groupe G2 témoigne de la jeunesse de cette strate. En moyenne les chefs d'exploitation ont 44 ans et n'ont accédé à ce rang que depuis une dizaine d'années. La sur-représentation du groupe G4 est due principalement au nombre élevé des personnes accueillies (marâtres) ayant suivi le « fils » aîné dans sa pérégrination.

4. Le rôle monétaire des différentes épouses (369 F CFA per capita presque le décuple de Tougan).

La matrice des cœfficients mensuels nets unitaires

Comme celle de Zorgho la matrice monétaire de Dedougou décèle maint défaut de relations et par suite multiplie les possibilités de permutations (EM — FC, FC — EpEM, EpEM — EpF, EF — EEM, EEM — EC). La raison immédiate est évidemment identique, à savoir la non-cohabitation des groupes élémentaires G2 et G3 au sein d'une même unité d'exploitation (1), mais cette similitude purement superficielle due au fait que les jeunes colons de Dedougou n'ont pas encore eu le temps de développer toutes leurs ramifications parentales, en droite ligne ou collatérale, n'est certainement que provisoire. Tout porte à penser que le système évoluera au fil des ans vers un schéma voisin de celui de Yako, sans doute passablement abâtardi, plutôt que vers celui de Zorgho.

| | | | | | | | | | | | | + rappel | |
	FM	CE	EpCE	EM	FC	EpEM	EpF	EF	EEM	EC	A	D	Dm
FM	7817	6.8	2	—	—	—	147	11	—	1	1,5	98	2,2
CE		208	16	6,5	10	10	2,4	2,7	3	8,1	15	246	246
EpCE			13	0,2	0,4	0,3	0,09	0,1	0,4	0,9	0.5	13	11
EM				659	—	171	—	—	3,3	0,08	0,4	14	7,6
FC					332	—	0,3	—	—	0.08	3,1	21	93
EpEM						89	—	—	9,8	0,2	0,06	0,7	29
EpF							144	1,5	—	0.2	0,3	1,8	
EF								103	—	0,1	4,7	2,4	5,6
EEM									0	—	—		
EC										2,8	0,03	1,5	5,1
A											5,5	4,9	7,7

Fɪɢ. 26. — *Dedougou — Matrice carrée des coefficients mensuels unitaires nets (F CFA)*

Pour le moment on remarquera le premier rang que s'attribue le *frère marié* (c'est la seule strate où le cas se présente) mais également l'importance de son auto-fourniture, cinquante fois supérieure à la somme dont il gratifie son épouse.

Il est certes surprenant de prime abord de voir que l'EEM en dépit de sa position de dépendance absolue n'occupe pas le dernier rang de la hié-

---

(1) *Il existe cependant une relation FC-EpF, en réalité cette épouse de frère était l'épouse d'un frère aîné du chef d'exploitation, recueillie dans la zaka à la suite d'une fugue.*

rarchie, mais le principe même du graphe orienté commande cette disposition puisque l'absence de relation avec les éléments EpF ou EF, lesquels occupent une place médiocre, lui permet ainsi de « gagner des rangs » aux dépens des éléments EC et A.

TABLEAU XII

Dedougou. Les trièdres de consommation

Statut	(1) *Auto- fourniture*	(2) *Effets de domination*	(3) *Effets de dépendance*	*en %*			Total
				(1)	(2)	(3)	
FM	7 817	169,3	0	97,9	2,1	0	100
CE	208	73,7	6,8	72,1	25,5	2,4	100
EpCE	13	2,89	18	38,4	8,5	53,1	100
EM	659	174,78	6,7	78,4	20,8	0,8	100
FC	332	3,48	10,4	96,0	1,0	3,0	1C0
EpEM	89	10,06	181,3	31,7	3,6	64,7	1C0
EpF	144	2,0	149,79	48,7	0,7	50,6	1C0
EF	103	4,8	15,3	83,7	3,9	12,4	100
EEM	0	0	16,5	0	0	100	100
EC	2,8	0,03	10,C6	20,8	0,2	79,0	1C0
A	5,5	0	25,59	17,7	0	82,3	1C0

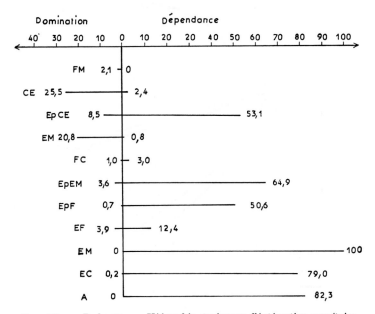

FIG. 27. — *Dedougou* — *Hiérarchie et niveaux d'intégration monétaire*

Il nous paraît du plus haut intérêt de souligner la grande ressemblance, déjà ! de ce schéma (tabl. XII) avec celui observé dans la vieille zone de colonisation de Tougan. En effet,

trois groupes sont *dominants-autonomes* : FM — CE — EM.

deux groupes sont *dominés-autonomes* : FC et EF.

six groupes sont *dominés-non autonomes* : EpCE — EpEM — EpF — EEM — EC — A.

La seule différence avec Tougan est l'autonomie du groupe EF. Cette ressemblance tend à démontrer à quel point *une société de colons mossi néo-implantée persiste à reproduire les schémas socio-monétaires du pays d'origine, et donc à porter avec elle ses contradictions.* On peut sans prendre trop de risques affirmer qu'avant 10 ans, sauf impulsion contraire venant de l'extérieur, Dedougou aura rejoint le pays Mossi quant à son niveau migratoire, *nonobstant toute considération de revenu.* Ce qui importe n'étant pas la valeur absolue du revenu mais le taux de « disfonctionnement » qu'il reflète.

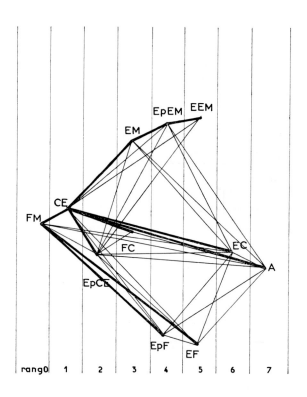

Pour le rang ni, relation de dépendance la plus intense avec les no à ni - 1 rangs précédents

Fig. 28. — *Dedougou* — *Graphe orienté*

Le graphe des dominations

La déconnexion des deux filières EM — EpEM — EEM et FM — EpF — EF est bien mise en évidence par la disposition du graphe. On constate que le chef d'exploitation se relie plus intensément à sa lignée directe qu'à sa lignée collatérale. Du chef d'exploitation à ses petits enfants aucun élément médian n'est court-circuité dans sa fonction monétaire, d'où il résulte une relation maximale de dépendance encore au-delà du rang 4.

La matrice globale des cœfficients bruts unitaires

Seules les deux premières lignes (CE — EpCE) ne présentent aucune discontinuité, bien qu'à la hauteur du groupe G3 la trame des relations se relâche quelque peu. Malgré la schématisation graphique on a bien l'impression que le groupe G3 domine dans son ensemble le groupe G1 (quasi égalité des épouses, mais supériorité des éléments EF vis-à-vis des éléments EC — au moins une trame d'écart — et du FM, sur le CE). On remarque par ailleurs l'aspect singulièrement dense et autonome des liaisons monétaires internes du groupe G3.

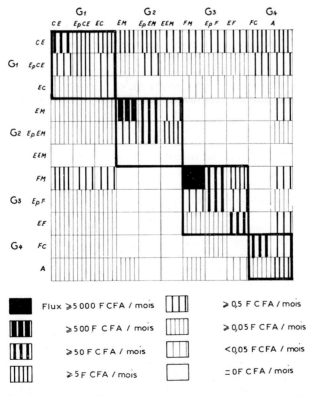

FIG. 29. — *Strate Dedougou — Intensité des relations monétaires entre agents pris deux à deux*

CONCLUSION

Sur le plan méthodologique l'analyse matricielle à laquelle nous avons procédé présente donc un intérêt évident (1). Elle n'est certes pas sans inconvénient, le plus grave étant probablement la lourdeur des calculs. La lenteur du dépouillement est le second obstacle. Statistiquement ce travail représente la mise en fiches de l'intégralité des liaisons monétaires reliant deux à deux les dix membres d'une famille pendant 50 ans. Sur un échantillon plus important le recours à l'informatique serait indispensable.

Quant au fond elle se révèle par contre comme un outil précieux, un scalpel particulièrement apte à fouiller jusqu'en ses plus infimes recoins une structure monétaire et, à lui faire dire ce dont les individus ont à peine conscience ou qu'ils se taisent à eux-mêmes. Lorsque nous demandions à un chef de famille : Pourquoi donc chez les Mossi les « frères » agissent-ils de manière aussi « égoïste » ? Nous avions la soudaine impression d'une gêne, d'avoir touché du doigt une réalité soigneusement tue, d'être devenu un interlocuteur impertinent.

L'expression « circuit de financement clos » introduite par M. BYÉ dans un tout autre domaine nous a paru traduire assez correctement ce type de comportement.

La masse monétaire de plus en plus importante contrôlée par des cadets de chefs d'exploitation ne peut circuler qu'en vase clos. Ou encore peut-on dire, *l'argent n'a pas un pouvoir universel de règlement*. Selon les moyens qui auront présidé à son obtention il sera nécessairement réemployé à certaines fins (commerce et consommation ostentatoire). Il est souvent fait grief aux migrants de leurs achats de lunettes, chaussures, pantalons etc. bien à tort car un pantalon, qu'il soit ostentatoire ou non, reste une pièce d'habillement utile, d'une part, d'autre part l'analyse montre qu'ils n'ont pas le choix. Il est faux de dire que les anciens comptent sur cet argent et constatent, impuissants, sa dilapidation en produits et ornements superflus. C'est l'inverse qui serait plutôt réellement choquant, par exemple excéder le niveau normal dans les dons en numéraire (tout bien considéré ceux-ci dépassent rarement 15% de l'épargne totale d'un migrant), payer des salariés agricoles acheter des engrais, rénover l'outillage... L'impôt par contre n'est pas une dépense suffisamment intériorisée par la société pour interdire son règlement, total ou partiel, au moyen de cet argent.

---

(1) *A la suite de cette étude, dans le cadre du groupe A.M.I.R.A. (INSEE, Service de Coopération) l'auteur a résumé et formalisé sa démarche en deux articles auxquels pourra se reporter le lecteur :*
— « Niveaux de décision et fonctions-objectif en milieu rural africain » (A.M.I.R.A. No 3, avril-novembre 1975, repris par le Bulletin STATECO No 8 - juin 1976)
— « Une nouvelle approche des budgets familiaux en Afrique : L'analyse matricielle » (A.M.I.R.A. No 12 - novembre 1975)
(Nota de l'auteur. 1983)

Monnaie et structures d'exploitations en pays Mossi

Le commerce sous toutes ses formes se révèle en définitive comme le seul exutoire entièrement ouvert au revenu migratoire, mais là encore il serait tout aussi inconvenant d'utiliser ses bénéfices commerciaux en dehors d'une certaine sphère d'échanges.

Ainsi, avant même qu'un enfant ait atteint l'âge de la migration — à 10 ou 12 ans — son père lui confie très souvent un petit pécule afin qu'il s'initie au commerce, ceci, non pas dans l'espérance d'accroître les revenus familiaux, car le père retirerait sa mise de fonds si l'enfant s'avisait à renoncer au commerce. Tout gain se trouve donc soit réinvesti immédiatement dans la sphère marchande soit épargné en vue de financer la première migration, dont l'épargne sera réinjectée à son tour dans le commerce. Ce double circuit de financement clos est ainsi en étroite communication.

Que le consensus fondamental sur lequel repose cet édifice socio-monétaire puisse à la longue se révéler fragile n'est pas douteux. Nous avons émis l'hypothèse qu'il suffirait peut-être de monétiser les terres pour le faire sauter. La solution du problème recule alors d'un cran et on doit dès lors se demander pourquoi le terroir foncier de Haute-Volta n'a pas encore déclenché de surenchère monétaire (1).

A ce stade de l'analyse on peut conclure que la réponse à la question n'appartient pas à la seule Haute-Volta, puisqu'elle fait partie d'un ensemble économique plus vaste joignant le Sahel au littoral dont les étendues forestières situées au Sud du 7ᵉ parallèle trouvent preneurs à plusieurs dizaines de milliers de francs CFA l'hectare. Ici les coutumes de non-monétisation foncière n'ont pu résister, car il est effectivement rentable d'acquérir par voie d'achat des surfaces destinées au café, au cacao, et aux autres « produits tropicaux » assurés de débouchés mondiaux.

En bref la Haute-Volta, et plus particulièrement le pays Mossi, doit actuellement résoudre une redoutable contradiction. Refuser la jonction au littoral au risque de rendre explosif le « disfonctionnement » intérieur ou maintenir ses liens économiques en sachant qu'ils continueront à jouer vraisemblablement de manière asymétrique.

---

(1) J. Y. MARCHAL, *géographe de l'ORSTOM, dans une communication personnelle nous précise qu'aux abords immédiats des agglomérations — telle Ouahigouya les bas-fonds réservés aux cultures maraichères font d'ores et déjà l'objet de transactions par des gens précisément extérieurs au système — les fonctionnaires.*

GÉRARD ANCEY

ADDENDUM 1983

Extrait de la note AMIRA N°12 (novembre 1975)

« Une nouvelle approche des budgets familiaux en Afrique. L'analyse matricielle ».

Le passage reprend la dernière partie de l'article dans laquelle est posée la question de la signification du concept classique d'unité-budgétaire, de ses limites mais aussi des conditions théoriques à réunir pour être en droit de considérer qu'il peut exister effectivement une telle unité budgétaire.

...On voit qu'un chef d'exploitation est « intégré » financièrement au groupe *résidentiel* dont il relève pour un peu plus du 1/3 de sa manipulation monétaire, et que son intégration se fait presque exclusivement à travers des effets de domination.

En revanche son frère cadet marié (FM) vit très replié sur lui-même; financièrement sinon physiquement il s'efface du groupe résidentiel, comme s'il migrait de l'intérieur.

Cette technique permet donc de faire apparaître des comportements extrêmement différenciés d'un agent à l'autre et rien n'interdit d'analyser avec un soin tout particulier certains agents, par exemple, les migrants de retour...

Les cœfficients unitaires peuvent aussi s'évaluer cellule élémentaire par cellule élémentaire (G1, G2, G3, G4), auquel cas on agrége les flux nets à leur niveau et l'on divise par les produits $n_{g_1} \times n_{g_1}$, $n_{g_1} \times n_{g_2}$, etc. Ce qui permet de calculer les trois effets d'autonomie, de dominance, de dépendance par cellule.

C'est à ce stade de l'analyse que l'on se rend compte du caractère très arbitraire du concept classique d'U.B.

En effet si l'on avait au départ admis que l'U.B. correspondait à l'unité résidentielle on n'aurait jamais songé à appréhender la texture de ses inter-relations, le sens de ses dominations, l'existence de noyaux monétaires tournés sur eux-mêmes comme de véritables enclaves.

A-t-on pour autant le droit d'assimiler ces enclaves à des unités-budgétaires? (Ex.: les groupes G1, G2, G3, G4, vivent respectivement en très forte autonomie même dans le cas, le plus fréquent, où ils forment ensemble une réelle unité d'exploitation).

Certainement pas et pour trois raisons :

La première est que à l'intérieur de ces cellules-enclaves le caractère très autonome de certains agents continue à apparaître ainsi que le montrent les cœfficients unitaires calculés entre agents deux à deux.

La seconde est que les agents de statut CE ont incontestablement un rôle de coordinateur, en ce sens qu'ils « diffusent » plus que les autres membres, tout en restant cependant *« autonomes »* (leur fraction auto-fournie représente encore près de 2/3 de leur trièdre monétaire, donc plus que le seuil 1/2 que nous avons admis comme limite du caractère autonome d'un individu (voir plus haut)).

La troisième raison est que le calcul des effets « nets » cache en partie la richesse « brute » des relations monétaires. En effet si a et b se gratifient réciproquement de valeurs importantes et identiques leurs effets nets respectifs sont nuls, alors qu'ils ont néanmoins pu nouer beaucoup de relations entre eux, plus en tout cas qu'ils n'ont fait avec des agents « extérieurs ».

Cela montre en définitive qu'il n'existe à aucun niveau une unité budgétaire totalement satisfaisante. C'est pourquoi nous devrions absolument renoncer à saisir une structure budgétaire à travers la démarche classique. Plus exactement celle-ci ne devrait être qu'un sous-produit éclairé par l'analyse de type matriciel. Ce qui amène la question suivante :

Monnaie et structures d'exploitations en pays Mossi

Dans quelles conditions la notion d'U.B. serait-elle acceptable?

On conçoit bien désormais quelles seraient les conditions théoriques à *réunir* pour rendre acceptable le concept d'U.B. Il suffit de se reporter aux trois raisons qui nous ont fait rejeter le niveau cellule-élémentaire:

1. Il faudrait que dans l'U.B. les cœfficients d'autonomie des différents agents restent tous inférieurs à une certaine limite. Quelle limite? 10%, 20%, 30%... de leur trièdre monétaire?

2. Il faudrait qu'aucun agent extérieur à l'U.B. ainsi définie n'exerce sur celle-ci un rôle de coordinateur avec une autre U.B. A quel taux faut-il fixer le maximum d'effet de coordination admissible pour que l'on puisse encore parler d'U.B.? (par effet de coordination entendre la part de sa consommation totale que la cellule considérée reçoit de la cellule qui exerce sur elle le plus d'effets nets de domination... Ainsi en pays Mossi les cellules G4 sont débitrices d'environ 9% de leurs consommations nettes totales à l'égard des cellules G1).

3. Il faudrait que la consommation intra-cellulaire (dépenses de la cellule *pour* elle-même) reste largement supérieure à la *somme* des valeurs offertes à une autre cellule et des valeurs qui lui viennent de cette autre cellule. Mais là encore quel seuil se donner? le décuple? le quintuple?

Les trois contraintes devraient naturellement se trouver simultanément satisfaites (1)

Quelques autres considérations méthodologiques

(a) La méthode n'est pas applicable pour des enquêtes budget rétrospectives.

(b) Dans certaines sociétés à structure lignagère encore très intégrées on pourrait par contre l'appliquer au niveau d'un lignage entier ou d'un segment de lignage en précisant davantage que nous n'avons fait les agents « extérieurs ». Sans pousser le détail jusqu'à leur individualisation en statuts de parenté on pourrait fort bien individualiser les lignages concernés; L0, pour des agents du même lignage extérieurs à l'enclos familial étudié puis L1, L2, L3, ...Ln, pour les lignages « étrangers ».

(c) De toute évidence la méthode suppose une excellente connaissance des relations de parenté donc des fiches familiales régulièrement tenues à jour.

(d) Le dépouillement des données recueillies sur le terrain doit être aussi rapide que possible, au moins au niveau de la codification.

(e) La codification doit être minutieuse.

(f) Par rapport à un questionnaire-budget classique on fait appel à deux informations supplémentaires:
— avec l'argent de qui? (désignation du payeur)
— pour qui le produit? (désignation du bénéficiaire).

La première ne pose généralement aucun problème mais la seconde demande un effort beaucoup plus important de l'enquêteur. En outre il y a nécessairement certaines conventions à adopter. En effet il arrive que le bénéficiaire soit anonymement désigné par le mot « enclos » ou « exploitation ». Tel est souvent le cas lorsque les épouses achètent du sel et divers condiments consommés collectivement ou que le chef d'exploitation achète un morceau de viande. Il faut alors affecter, plus ou moins arbitrairement, une certaine fraction de la consommation à chaque agent présent. Nous avons ainsi admis que tout résident présent de 15 ans et plus avait une pondération de 1 contre 0,5 pour tout résident de moins de 15 ans.

Dans le même ordre d'idée chaque fois qu'un agent procède à une dépense destinée ni à la consommation finale du groupe ni à quelque autre individu extérieur au groupe mais à son propre commerce, l'agent bénéficiaire final a toujours été considéré comme étant le même que l'agent payeur (sauf indication contraire expressément notée par l'enquêteur).

---

(1) *Nous ne faisons ici référence qu'aux flux strictement monétaires.*

(g) Comment noter certains transferts: dons, remboursements, impôts, salaires? Dons et remboursements ont été inscrits hors-matrice (colonne Dm) mais pour les impôts et salaires aucun obstacle théorique ne s'oppose à leur inscription à l'intérieur de la matrice. En effet l'impôt de capitation permet d'identifier les personnes « pour qui » il est payé.

Pour les salaires deux cas peuvent se présenter:

— ou bien le salaire rémunère les services d'un travailleur œuvrant pour la « communauté » (ex.: les façons culturales sur le « grand champ »). On considère alors que le service rendu bénéficie à tous les membres du groupe selon le même principe de pondération (1 et 0,5) que pour les biens consommés collectivement.

— ou bien il rémunère les services d'un travailleur recruté à des fins personnelles (ex.: le « champ individuel ») et le bénéficiaire final du service se trouve automatiquement désigné.

(h) La proportion de dépenses dont les bénéficiaires sont anonymement désignés par le terme « enclos » ou « exploitation » ne représente guère que 25% du total. Cela montre qu'en milieu rural la grande majorité des flux monétaires font l'objet d'affectations, au profit de certains agents strictement précisés.

(i) En théorie le calcul de la matrice conduit à surestimer l'autonomie réelle des agents puisque dans les cases non situées sur la diagonale (ex.: CE × EpCE) on calcule une différence alors que sur la diagonale on obtient une somme. En bonne logique il conviendrait donc de partitionner en deux chaque case diagonale afin de distinguer la véritable autonomie (ex.: CE se fournissant à *lui-même* une valeur x) et l'autonomie intra-statutaire (ex.: CE fournissant à *un autre* CE du même enclos résidentiel une valeur y). Supposons un enclos où il y a deux exploitations, soient deux CE (CE1 et CE2). Dans la période CE1 peut avoir fourni pour *500* de valeur à lui-même CE1 et pour *50* de valeur à CE2 et CE2 peut avoir fourni pour *800* de valeur à lui-même CE2 et pour *20* de valeur à CE1.

La valeur totale de ces offres intra-statutaires est donc de 500 + 50 + 800 + 20 = 1 370, mais sur cette somme il n'y a que 1 300 de véritable autonomie (500 + 800). *En pratique la surestimation d'autonomie reste faible car il y a peu d'échanges, au sein d'un enclos, entre individus partageant le même statut.* C'est seulement pour les épouses de chef d'exploitation (EpCE) et les enfants célibataires (EC) qu'il risque d'y avoir une certaine surestimation (peut-être de l'ordre de 20% du degré d'autonomie).

(j) *Peut-on utiliser l'analyse matricielle pour les revenus?* Rien ne s'y oppose mais l'intérêt de l'optique-dépense paraît supérieur car la fréquence des actes d'achat est bien plus grande. On dispose donc de davantage d'observations et les erreurs possibles sur chacune tirent moins à conséquence.

(k) *D'autres croisements sont possibles*, et seraient même très précieux pour améliorer notre connaissance du milieu:

— Relation de parenté/structure des revenus

— Relation de parenté/structure des dépenses

— Relation de parenté/périodicité des actes de recettes et de dépenses.

En conclusion une telle méthode permet incontestablement de faire avancer la connaissance des structures du milieu. Elle éclaire des phénomènes que seul un sociologue familiarisé depuis très longtemps avec ce milieu pourrait au mieux pressentir mais sans, d'aucune manière, les quantifier. Elle peut révéler des aspects tenus cachés au plus profond de la conscience même des individus (la manière qu'a un chef d'exploitation d'exercer son emprise, les limites de cette emprise, l'existence d'isolats monétaires, la spécificité de certaines structures de consommation au sein du groupe, en fonction du statut de parenté...). Elle enrichit considérablement l'analyse classique sans rien retirer, précisons-le, aux informations que celle-ci apporte.

2
Niveaux monétaires - Les structures de revenus et de dépenses

Aspects méthodologiques

Ce second chapitre sur les budgets familiaux sera beaucoup plus classique dans ses aspects méthodologiques que le précédent. Il reste que bien des enquêtes-budgets n'ont pu donner tous les résultats escomptés en raison de la confusion entretenue parfois entre des agrégats économiques aussi divers que :
— Les revenus monétaires *bruts* et les revenus monétaires *nets*.
— Les consommations *intermédiaires* et les consommations *finales*.
— Les recettes *finales* et les recettes *commerciales*.
Aussi nous proposerons-nous en premier lieu de définir l'ensemble de ces agrégats et d'indiquer leurs articulations respectives.

Le revenu monétaire brut. (RMB) = *(1)*

Se définissant comme l'ensemble des rentrées monétaires du ménage, il se compose de trois éléments :

(a) Les *revenus migratoires* constitués, pour partie des revenus *ramenés au village* par le migrant (on élimine donc la fraction du revenu dépensée par le migrant au cours de son voyage), et pour partie de tous les *envois d'argent* qu'un migrant a effectués pendant son séjour à l'étranger, éventuellement des dons offerts par un quelconque migrant de retour, extérieur à la zaka, à un membre de la zaka.

(b) *Les ventes finales* de l'exploitation.
Nous entendons par là l'ensemble des recettes retirées de la vente de

produits, bruts ou élaborés, sans qu'il y ait eu auparavant achats de produits intermédiaires.

(c) *Les ventes commerciales.*

Elles correspondent donc à toutes les rentrées d'argent procurées par la revente, en l'état ou après transformation, de produits et marchandises acquis à cette fin.

Soit : (1) = (a + b + c).

Ce que nous avons qualifié au cours de la première partie de « circuit monétaire parallèle » regroupe ainsi les postes (a) + (c) par opposition à (b).

Le revenu monétaire net. (RMN) = (2)

On passe du RMB au RMN en soustrayant du premier agrégat la fraction de dépenses corollaires des ventes commerciales, (a) et (b) restant inchangés.

Soit : (d) = consommations *intermédiaires.*

(c — d) = marges *commerciales.* (e).

(2) = (1) — (d) = (a + b) + (c — d) = a + b + e.

Le RMN est le seul agrégat à prendre en considération pour évaluer le véritable « niveau de vie » des familles de l'échantillon.

En pays Mossi il est primordial d'établir correctement cette distinction en raison de l'importance des reventes commerciales dans la constitution du revenu.

Les dépenses. (D) = (3)

Elles se composent comme il vient d'être dit de la fraction (d) des consommations intermédiaires plus de la fraction (f) destinée à la « consommation finale » des ménages :

D = (d) + (f).

Parallèlement à l'excédent commercial = e, on dégage ainsi un *excédent final* = (b — f) = g. (sans préjudice de son signe algébrique qui peut être négatif).

L'épargne. (E) = (4)

Vue sous l'angle de la dépense c'est évidemment la différence entre le revenu global (RMB) et les dépenses (D) :

Soit : (1) — (3).

ou = (a + b + c) — (d + f) (optique « brut ») ou encore (a + b + e) — (f) (optique « net »).

Sous l'angle de la recette c'est la somme algébrique de trois excédents successivement dégagés : (a + e + g).

(a) L'excédent migratoire (positif ou nul par définition).
(e) L'excédent commercial (en principe positif).
(g) L'excédent final (très souvent négatif).
Cette seconde optique est certainement la plus pertinente pour la compréhension des structures monétaires mossi.

Nous ne reviendrons pas sur la méthode d'observation proprement dite sinon pour rappeler qu'elle procédait par rétrospectifs sur trois jours d'intervalle. Cet horizon n'a pas semblé poser trop de problèmes de mémorisation aux personnes interrogées. Aucune limite d'âge n'était prescrite de façon stricte pour décider de l'interrogation des enfants. Tous dès lors qu'ils étaient en mesure de s'exprimer, ou de réaliser des emplettes pour leur propre compte ou pour celui d'autrui devenaient sujets à notre interrogatoire.

En fin de mois l'enquêteur effectuait son ultime passage auprès des familles muni d'un questionnaire-budget portant sur tout le dernier cycle d'observation. Cette opération a été renouvelée au terme du premier semestre pour un rétrospectif sur les six mois écoulés, puis en fin d'enquête pour un rétrospectif sur l'année entière. Nous voulions ainsi mieux connaître le rythme de l'oubli en fonction d'une certaine durée et les déformations structurelles qu'il entraîne à l'intérieur des différents agrégats.

Évidemment le « facteur-temps » n'est pas seul à intervenir dans l'oubli. On s'aperçoit qu'au fil des mois le « facteur-accoutumance » joue aussi, au point de rattraper dans sa course ascendante la courbe exponentiellement diminuante du temps. Il existe, en conséquence, un délai économiquement optimal qui permettrait, compte tenu de l'enveloppe budgétaire dont on peut disposer, de réunir un maximum de données valables avec le minimum de moyens. Ce problème très intéressant sera abordé plus en détails dans l'une des annexes de ce rapport (1).

Le questionnaire « dépenses-recettes » (fiche recto-verso) s'accompagnait d'un autre feuillet, portant sur la même période de trois jours, chargé de recueillir les transactions effectuées en nature : (« produits offerts » — « produits reçus »).

Dans certains cas l'enquêteur devait donc procéder à une double écriture :

Ex. : Fiche dépense : journée du 10 - 9 - 8 - mois : janvier.
Le 9/1 : Dolo : 2 mesures : 70 F. Argent origine : n° 1. Destinataire : lui-même + don.

La fraction correspondant au transfert au profit d'un tiers extérieur à la zaka était automatiquement reportée sur la fiche « transactions en nature » de la façon suivante :

N° 1 (+ son nom) — le 9/1 — Dolo : 1 mesure 1/2. Origine du produit : n° 1 (achat).
Destinataire : X......., motif : visite rendue.

Dans certains cas il pouvait y avoir une triple inscription (si la transaction en nature intéressait deux éléments de la zaka relevant d'exploitations dis-

---

(1) *Cf. Annexe IV. Le temps et l'oubli.*

tinctes, désignation, comme ci-dessus, parmi les « produits offerts » et écriture inverse au nom du bénéficiaire parmi les « produits reçus »).

L'opération pouvait même donner lieu éventuellement à une quadruple écriture au cas où l'achat initial par un membre d'une « exploitation » s'était fait auprès d'un individu appartenant à une autre « exploitation » de la zaka (double inscription en dépense et recette), et si une fraction du produit faisait ensuite l'objet d'une redistribution entre ces exploitations...

Aussi bien pour les opérations monétaires que non monétaires l'enquêteur devait toujours indiquer le plus précisément possible la « quantité ». Afin d'en faciliter l'évaluation il disposait d'un récipient étalon (2,66 l. de contenance) dont l'usage est très répandu en Haute-Volta. La conversion en « mesures » était ainsi automatique.

RÉSULTATS PAR STRATE

Les strates intérieures au pays Mossi

KOUDOUGOU

Koudougou nous a heurté à un problème de nature statistique : L'une des 38 familles de cette strate s'est révélée au plan monétaire d'une importance tellement disproportionnée au regard des autres que nous avons préféré l'éliminer, purement et simplement, de nos résultats. En effet sur un échantillon aussi restreint que le nôtre, introduire une zaka dont le revenu monétaire brut annuel s'établissait aux environs de 1 600 000 F CFA aurait incontestablement donné une image très fausse de la réalité, infiniment plus modeste (un peu plus de 51 000 F CFA en moyenne). Pour le seul mois de juillet, époque où la Haute-Volta a connu une spéculation effrénée sur les grains, qui est loin de s'être limitée comme on le voit aux agglomérations urbaines, cette très active zaka a commercialisé près de 430 000 F CFA de produits vivriers (mil, sorgho, haricots).

La structure des différents agrégats

Le graphique (fig. 30) concrétise les diverses articulations permettant de passer d'un agrégat à l'autre. Chacun est calculé en fonction de la base 100 fournie par le revenu monétaire brut.

Les chiffres rapportés ici à la « journée-zaka » tiennent naturellement compte du biais introduit par la sur-représentation systématique des zakse de chefs villageois dans notre échantillon. Ce biais a été éliminé par l'application d'un coefficient pondérateur (variable selon les strates).

D'emblée trois points attirent l'attention :

1. La part minoritaire des recettes finales d'exploitation dans la constitution du RMB. Est-il besoin d'ajouter que si nous n'avions éliminé la zaka à très forts revenus commerciaux cette part relative se fût trouvée réduite encore de près d'une moitié.

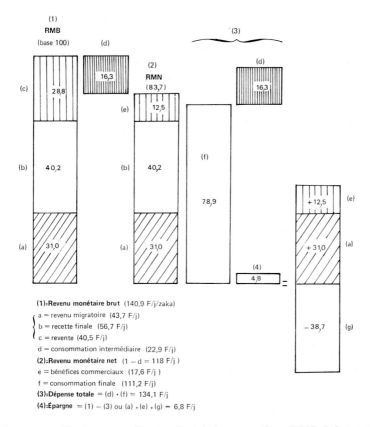

(1)=Revenu monétaire brut (140,9 F/j/zaka)
{ a = revenu migratoire (43,7 F/j)
  b = recette finale (56,7 F/j)
  c = revente (40,5 F/j)
d = consommation intermédiaire (22,9 F/j)
(2)=Revenu monétaire net (1 — d = 118 F/j)
e = bénéfices commerciaux (17,6 F/j)
f = consommation finale (111,2 F/j)
(3)=Dépense totale = (d) + (f) = 134,1 F/j
(4)=Épargne = (1) — (3) ou (a) + (e) + (g) = 6,8 F/j

Fɪɢ. 30. — *Koudougou — Structure budgétaire rapportée au RMB de base 100*

2. Le rôle des revenus migratoires : 31% du RMB et *37% du RMN* —
En valeur : 15 950 F CFA par zaka et par an.
3. Le déséquilibre entre les recettes et les dépenses finales (respectivement 40,2% et 78,9% du RMB).
Un tel déficit n'est de toute évidence rendu possible que grâce
à l'appoint monétaire des revenus migratoires. En effet les marges
commerciales représentant seulement 12,5% du RMB (niveau pourtant
confortable puisqu'il implique un taux de marges moyen supérieur
à 43% du chiffre d'affaires commercial) seraient très largement
insuffisantes pour compenser le déficit enregistré sur les opérations
finales. Sans revenus migratoires la strate de Koudougou se trouverait
donc en situation chronique de désépargne.

La structure des recettes et des consommations

Le tableau **XIII** qui suit donne par colonnes la ventilation en une dizaine de rubriques des différents types d'agrégats :

D   = Dépense totale.
R   = Recette totale.
DC = Dépense commerciale.

RC = Recette commerciale.

RC — DC = M = Marges.
DF = D — DC = Dépenses finales.
RF = R — RC = Recette finale =
    Y compris les revenus migratoires.
BF = Bilan final (RF — DF).

TABLEAU XIII

Koudougou. Structure des recettes et des consommations

Rubriques	D 134,1	R 140,9	DC 22,9	RC 40,5	M 17,6	DF 111,2	RF 100,4 a + b	BF — 10,8
1. VLB	25,47	21,57	77,69	31,25	— 28,71	14,78	17,77	+
2. VLE	11,16	19,18	2,26	53,81	+ 120,38	12,98	5,56	—
3. NVLB	2,70	0,82	0	0	—	3,25	1,15	—
4. NVLE	2,15	3,80	4,31	2,80	+ 0,85	1,71	4,19	+
5. ST	2,01	0	0	0	—	2,43	0	
6a. PAL	10,68	13,69	4,27	5,14	+ 6,25	11,99	17,05	+
6b.	4,94	0,27	1,59	0,96	+ 0,16	5,63	0	—
7. PAI	3,79	0,49	4,37	1,73	— 1,68	3,67	0	—
8. PNAI	26,72	1,22	5,51	4,31	+ 2,75	31,06	0	—
9. TM	10,38	38,96	0	0	—	12,50	54,28	+
Total	100	100	100	100	100	100	100	—
dont part du mil-sorgho.	17,75	7,44	55,45	16,49	— 33,81	10,03	3,89	—

En lignes, numérotées de 1 à 9 sont regroupées les rubriques suivantes :

1. Vivriers locaux bruts ou semi-élaborés (abr. VLB).

2. Vivriers locaux élaborés (dolo, beignets, plats cuisinés, soumbala, beurre de karité) (abr. VLE).

3. Non vivriers locaux bruts ou semi-élaborés, (tabac, coton, bois, divers) (abr. NVLB).

4. Non vivriers locaux élaborés (artisanat, poterie, textile...) (abr. NVLE).

5. Services traditionnels (cérémonies, pharmacopée, cultes, maraboutage...) (abr. ST.).

6a. Produits alimentaires locaux ou régionaux (poisson, viande, volaille, élevage, sous-produits animaux) (abr. PAL).

6b. Cola.

7. Produits alimentaires importés ou manufacturés (pain, sel, sucre,... huile, boissons + cigarettes, allumettes) (abr. PAI).

8. Produits non alimentaires importés ou manufacturés (pétrole, droguerie, quincaillerie, outillage, cycle — services modernes) (abr. PNAI).

9. Transferts monétaires (salaires, dons, emprunts, dettes, recouvrements, remboursements, migration, cotisation, taxe, impôts...) (abr. TM).

En tête de chaque colonne est reportée la valeur absolue en F CFA par jour et zaka ; soit $D = 134,1 - R = 140,9 -$ etc.) tandis que les chiffres inscrits à l'intérieur du tableau s'expriment en pourcentages par rapport à cette valeur absolue.

En bas du tableau **XIII** sont reportés les pourcentages, selon l'agrégat considéré, des produits mil et sorgho.

La première colonne fait ressortir la faiblesse des achats de produits manufacturés (ligne n° 7 et 8) dans l'ensemble des consommations : encore moins de 1/3 du total. Cependant presque toute cette fraction de consommation étant destinée à la consommation directe sa part s'en trouve légèrement accrue dans la dépense finale (DF).

La colonne des dépenses commerciales (DC) montre que pour l'essentiel nous avons affaire à un commerce de type traditionnel, semi-artisanal, consistant à acheter des produits vivriers (du mil pour 55,45%) pour les revendre soit en l'état, soit plus couramment après leur avoir fait subir une certaine élaboration (achat de mil — sorgho revente en dolo et galettes).

La marge commerciale apparaît donc systématiquement négative sur les produits non élaborés, sans qu'il faille s'en étonner. Par contre les marges négatives que l'on peut retrouver sur d'autres postes (ici le poste n° 7 des produits alimentaires importés) seront très souvent dues à notre méthode d'observation par roulements. En effet, le hasard aidant, il est fort possible que l'on ait observé un commerçant en période de reconstitution de son stock et que la période durant laquelle il l'aura écoulé nous ait échappé.

En conséquence, un solde de marge, positif ou négatif, pris isolément, n'a qu'une signification très relative. Globalement on peut cependant espérer que les biais tendent à se neutraliser et que le solde général traduit avec une assez fidèle approximation la réalité.

Les colonnes de recettes (R, RC, RF) attestent que les revenus de transfert (ligne n° 9) composés pour près de 80% par des revenus migratoires, dépassent d'assez loin tous autres postes. Les revenus migratoires représentent en effet le quadruple des ventes et reventes de mil.

A noter *l'insignifiance des recettes de produits agricoles non vivriers.* (tabac ou coton... ligne n° 3). En valeur absolue un peu plus de 1 F CFA par jour et zaka soit 420 F CFA par an, le prix de 13 kg de coton C.F.D.T.

La disparition des services traditionnels (ligne n° 5) parmi les recettes est également due à un biais d'enquête qui a eu pour effet de regrouper avec les autres « dons monétaires » reçus (ligne n° 9) certaines remises d'argent destinées à court ou moyen terme à l'organisation de diverses cérémonies. N'ont guère résisté à ce biais que les recettes maraboutiques et nous n'en avons pas observé à Koudougou.

La colonne des recettes finales (RF) où ont été réintégrés les revenus migratoires (postes a + b du graphique précédent) n'offre d'autre intérêt, une fois que l'on connaît la structure du revenu monétaire net, que de permettre un bilan comparatif, poste par poste, avec la colonne de dépenses finales, ce que nous avons indiqué par un signe + ou — selon que les recettes ont, ou non, dépassé les dépenses correspondantes. Quatre postes positifs contre six négatifs. Parmi les postes positifs le plus important, de très loin, est le poste des transferts. Lui seul assure plus de 83% des soldes excédentaires. Le deuxième poste pour lequel la strate s'en tire à son avantage est celui des ventes d'élevage (n° 6a) (8,3% des soldes excédentaires). L'artisanat (poste n° 4) apparaît également en léger excédent (4,8%) ; de même l'ensemble des denrées vivrières non élaborées, mais le mil — sorgho s'est soldé par un déficit, heureusement compensé par les autres céréales et les produits légumineux.

Le déficit final s'explique pour plus de sa moitié (58,8% des soldes négatifs) par les achats de produits non alimentaires importés (ligne n° 8) puis viennent dans l'ordre le déficit final du poste n° 2 (vivriers locaux élaborés), ceux des postes n° 6b (cola), n° 7 (produits alimentaires importés), n° 5 (services traditionnels, moyennant les réserves énoncées plus haut) et n° 3 (non vivriers).

Afin de faciliter la comparaison entre strates il convient de ramener les différents agrégats ci-dessus calculés à leur valeur per capita, soit avec 9,89 résidents *présents* (moyenne annuelle — chefs pondérés) les niveaux suivants (en F CFA par an et par tête).

(1) — RMB :		5 200
	a = revenu migratoire :	1 613
	b = recette finale :	2 092
	c = revente :	1 495
	d = consommation intermédiaire :	845
(2) — RMN :		4 335
	e = bénéfices commerciaux :	649
	f = consommation finale :	4 104
(3) — D = (d) + (f) =		4 949
(4) — Épargne = (1) — (3) =		251

En résumé Koudougou se présente comme une zone peu dynamique au niveau des cultures de « rente », à peine équilibrée en produits vivriers, tirant de maigres profits de son artisanat, un peu plus de son petit élevage et par suite totalement dépendante des transferts extérieurs.

Globalement le bilan cumulé des postes n° 1 à 6a est déficitaire. A ce déficit s'ajoute encore celui des postes n° 6b, 7 et 8. Le solde n° 9, dont la presque totalité provient de l'apport migratoire, a donc la charge de supporter l'ensemble de ce déficit et éventuellement de dégager une légère capacité d'épargne.

Que certaines familles, particulièrement entreprenantes, sachent tirer parti de cette situation ne peut en rien modifier le fond de notre diagnostic.

Aurions-nous intégré à l'échantillon la famille dont il a été fait mention précédemment, le revenu monétaire brut « moyen » serait certes passé à 261,5 F CFA par jour et zaka mais le revenu monétaire net n'aurait guère progressé que de 13 F (131 F au lieu de 118) et le déficit final proprement

dit, non compris les revenus migratoires, se serait aggravé ! (— 55,8 F contre
— 54,5 F).

Yako

La structure des différents agrégats

Le RMB est légèrement inférieur à celui observé à Koudougou. La
structure de ce revenu montre la faiblesse relative de l'apport migratoire.
Nous nous attendions il est vrai à trouver un pourcentage, sinon équivalent
à celui de Koudougou, du moins sensiblement plus élevé que celui auquel
nous avons abouti. Réflexion faite cette constatation ne peut cependant
qu'étayer les conclusions de l'enquête par sondage réalisée sur l'ensemble
du pays Mossi qui démontre, entre autres choses, l'extrême variabilité des
taux migratoires enregistrés parfois entre villages voisins et que l'on pouvait
à bon droit considérer comme relativement homogènes. La part dévolue
aux revenus commerciaux demeurant par contre du même ordre de grandeur qu'à Koudougou, les recettes finales d'exploitations deviennent pré-
pondérantes. Lorsque nous disions dans la 1re partie de cet ouvrage, à propos
des colons de Dedougou, que le niveau absolu du revenu monétaire n'est

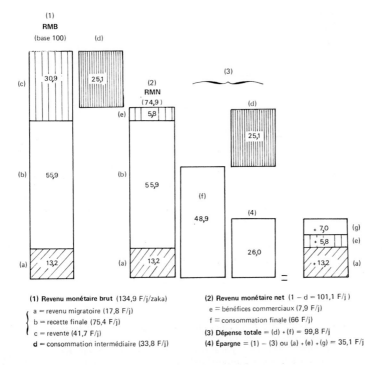

(1) **Revenu monétaire brut** (134,9 F/j/zaka)
{ a = revenu migratoire (17,8 F/j)
  b = recette finale (75,4 F/j)
  c = revente (41,7 F/j)
  d = consommation intermédiaire (33,8 F/j)

(2) **Revenu monétaire net** $(1 - d = 101,1$ F/j $)$
  e = bénéfices commerciaux (7,9 F/j)
  f = consommation finale (66 F/j)
(3) **Dépense totale** = (d) + (f) = 99,8 F/j
(4) **Épargne** = (1) − (3) ou (a) + (e) + (g) = 35,1 F/j

Fig. 31. — *Yako — Structure budgétaire rapportée au RMB de base 100*

certainement pas la variable explicative du phénomène migratoire, cette hypothèse semble donc bien devoir se confirmer à Yako.

Un second point à signaler est la faiblesse des bénéfices commerciaux. Elle peut certes pour partie s'expliquer par le biais déjà mentionné résultant de notre observation par roulement, mais aussi par la structure interne de ce commerce moins orienté sur les produits acquis bruts puis revendus après élaboration, opération toujours très avantageuse. En troisième lieu nous remarquerons la diminution, relativement à Koudougou, des dépenses finales, de plusieurs « points » inférieurs aux recettes correspondantes.

Il en résulte un accroissement considérable du taux d'épargne (1) dont les trois éléments constitutifs (a, e, g,) se soldent tous par des excédents.

La structure des recettes et des consommations

La première colonne du tableau XIV révèle une structure de dépense globale très différente de celle de Koudougou. Seuls les postes n° 2, 4, 7, 8, restent à des niveaux comparables, notamment les produits importés (n° 7, 8) dont la part demeure inférieure au 1/3 du total. L'écart atteint son maximum

TABLEAU XIV

Yako. Structure des recettes et des consommations

Rubriques	D 99,8	R 134,9	DC 33,8	RC 41,7	M 7,9	DF 66	RF 93,2 a + b	BF + 27,2
1. VLB	2,81	20,35	1,91	0,39	— 5,90	3,24	28,80	+
2. VLE	8,77	10,26	0	5,25	+ 26,92	12,99	12,38	+
3. NVLB	15,58	11,64	38,87	35,99	+ 24,10	4,40	1,33	—
4. NVLE	3,63	1,95	2,69	2,74	+ 2,92	4,08	1,62	—
5. ST	4,76	0,06	0	0	—	7,04	0,08	—
6a. PAL	21,36	26,56	28,53	23,75	+ 4,07	17,92	27,76	+
6b.	10,83	1,00	4,57	3,37	— 1,63	13,83	0	—
7. PAI	3,95	2,17	2,56	7,30	+ 26,89	4,61	0	—
8. PNAI	22,36	6,31	20,87	21,21	+ 22,63	23,08	0	—
9. TM	5,95	19,70	0	0	—	8,81	28,03	+
Total	100	100	100	100	100	100	100	+
dont part du mil- sorgho.	2,03	16,00	1,59	0	— 6,59	2,24	22,77	+

(1) *Des études-budgets effectuées voici plusieurs années en Côte d'Ivoire nous avaient déjà amené à constater l'absence de toute corrélation, chez des populations à bas revenu monétaire, entre le niveau du revenu et le taux d'épargne. En effet les théories de style Keynesien ne peuvent trouver d'application dès lors que l'autosubsistance continue à jouer un rôle essentiel dans la consommation.*

dans les achats de produits vivriers, qui ne représentent plus à Yako qu'une fraction dérisoire des sorties monétaires.

La structure des dépenses commerciales (DC) apparaît également beaucoup plus équilibrée avec trois pôles d'attraction au lieu d'un : le poste n° 3 (essentiellement des boules de tabac), des produits de basse-cour, volailles ou porcs (poste n° 6a) et des articles manufacturés importés (poste n° 8).

Ce type de commerce n'autorisant guère la spéculation, fût-ce en période de sécheresse, le taux de marges moyen s'en ressent nettement et tombe à moins de 19% du chiffre d'affaires (contre 43,5% à Koudougou). Donc un meilleur équilibre des dépenses (DC ou DF), en même temps une diversité supérieure en recettes, grâce à trois postes dominants :

n° 6a — pour 1/3 environ consistant en reventes ;

n° 1 — presque intégralement « final », et, quand même, les transferts monétaires (n° 9) dont guère plus des deux-tiers proprement migratoires.

De ces deux séries de constatations ne peut évidemment résulter qu'un meilleur équilibre du bilan « final ». Non seulement parce qu'il va se solder globalement par un excédent mais surtout parce qu'aucun poste n'apparaît susceptible à lui seul de renverser ce solde excédentaire. En effet parmi les postes positifs on obtient dans l'ordre : les transferts (32,8%) — le mil-sorgho (31,8%) — l'élevage (22,6%) — les divers produits vivriers (8%) et les vivriers élaborés (4,8%). Symétriquement les postes négatifs sont : les articles manufacturés (43,8%) — la cola (26,2%) — les services traditionnels (13,1%) — les produits alimentaires importés (8,7%) — les non vivriers (4,8%) et l'artisanat (3,4%).

Agrégats calculés par tête et par an
(Moyenne : 9,75 résidents présents, chefs pondérés) (en F CFA)

(1) — RMB :		5 051
	a = revenu migratoire :	667
	b = recette finale :	2 823
	c = revente :	1 561
	d = consommation intermédiaire :	1 266
(2) — RMN :		3 785
	e = bénéfices commerciaux :	296
	f = consommation finale :	2 471
(3) — D = (d) + (f) =		3 737
(4) — Épargne = (1) — (3) =		1 314

ZORGHO

La structure des différents agrégats

Le RMB dont le niveau ne dépasse que de très peu le seuil de 100 F CFA par jour et zaka est constitué, comme dans les deux strates précédentes, d'environ 30% de reventes commerciales. Signalons à ce propos la remarquable constance de ce taux (28,8% à Koudougou — 30,9 à Yako — 29,7 à Zorgho) qui paraît bien désormais correspondre à une sorte de norme valable pour l'ensemble du pays Mossi.

La surprise vient, dans cette strate supposée « neutre » au départ, de

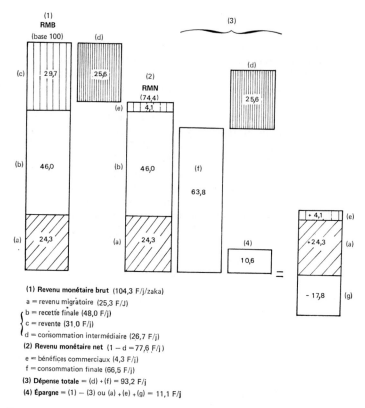

(1)
RMB
(base 100)
(d)
(3)
(c)
29,7
25,6
(2)
RMN
(74,4)
(e)
4,1
(d)
25,6
(b)
46,0
(b)
46,0
(f)
63,8
+ 4,1
(e)
(a)
24,3
(a)
24,3
(4)
10,6
=
+24,3
(a)
- 17,8
(g)
(1) Revenu monétaire brut (104,3 F/j/zaka)
a = revenu migratoire (25,3 F/J)
b = recette finale (48,0 F/j)
c = revente (31,0 F/j)
d = consommation intermédiaire (26,7 F/j)
(2) Revenu monétaire net (1 – d = 77,6 F/j)
e = bénéfices commerciaux (4,3 F/j)
f = consommation finale (66,5 F/j)
(3) Dépense totale = (d) + (f) = 93,2 F/j
(4) Épargne = (1) – (3) ou (a) + (e) + (g) = 11,1 F/j

FIG. 32. — *Zorgho — Structure budgétaire rapportée au RMB de base 100*

la *relative importance des transferts migratoires*, supérieurs à ceux enregistrés à Yako, même en montant absolu.

De ce fait la fraction du RMB retirée des ventes finales d'exploitations tombe de nouveau au-dessous de 50% et se retrouve comme à Koudougou insuffisante à équilibrer les dépenses de même nature. Quoique moins accentué qu'à Koudougou, le déficit sur opérations finales pèse lourdement sur la capacité d'épargne.

Du point de vue de ses structures budgétaires Zorgho correspond en définitive à une sorte de schéma médian des deux précédents. Proche de Yako par la minceur de ses marges commerciales, proche de Koudougou par la structure interne de son épargne, et presque toujours à mi-chemin pour chacun de ses agrégats. En somme une zone éminemment déconcertante que nous avons peut-être saisie en pleine phase de mutation. N'est-ce-pas déjà un signe que nous y ayons plus qu'ailleurs rencontré des difficultés d'insertion?

La structure des recettes et des consommations

L'aspect composite de Zorgho transparaît également à la lecture du

TABLEAU XV

Zorgho. Structures des recettes et des consommations

Rubriques	D 93,2	R 104,3	DC 26,7	RC 31,0	M 4,3	DF 66,5	RF 73,3 a + b	BF + 6,8
1. VLB	22,20	27,42	52,13	27,55	— 113,46	11,42	27,36	+
2. VLE	24,02	14,83	2,07	31,83	+ 202,59	31,92	6,98	—
3. NVLB	3,37	3,34	0,77	1,64	+ 6,63	4,30	4,06	—
4. NVLE	2,20	3,26	0,86	3,11	+ 16,02	2,69	3,32	+
5. ST	0,27	0	0	0	—	0,27	0	—
6a. PAL	9,51	7,15	0	0	—	13,94	10,19	—
6b.	15,10	2,75	21,98	9,22	— 64,02	12,62	0	—
7. PAI	7,55	2,22	7,33	7,44	+ 8,08	7,63	0	—
8. PNAI	12,73	4,94	13,64	16,60	+ 33,55	12,40	0	—
9. TM	3,05	34,54	1,22	2,61	+ 10,61	3,71	48,09	+
Total	100	100	100	100	100	100	100	+
dont part du mil-sorgho	10,81	2,07	22,09	2,1	— 111,88	6,67	2,01	—

tableau XV ; ainsi l'importance des achats de produits vivriers que l'on décèle à travers les trois colonnes D — DC — DF, rapproche-t-elle cette strate de Koudougou. Toutefois la part revenant au mil-sorgho n'y joue pas un rôle aussi déterminant. Pour près de la moitié ces achats ont consisté soit en céréales (paddy-riz) soit en arachides. L'une des activités commerciales les plus assidûment pratiquées étant précisément la revente de riz décortiqué, ou de riz acheté cru et revendu cuit.

On remarquera par ailleurs la faiblesse extrême du poste « produits non alimentaires importés », en particulier au niveau des consommations finales. L'apparition de valeurs en transferts monétaires (poste nº 9) sur opérations commerciales, dont le lecteur pourrait s'étonner, résulte de transactions effectuées à crédit.

Leur bas niveau n'est en fait qu'un faible reflet de la réalité, soit que l'enquêteur n'ait pu toujours relever correctement l'opération de crédit, soit que ce crédit étant dans la plupart des cas à très court terme (moins d'une semaine) nous n'avons pas jugé opportun d'en tenir compte. Disons simplement qu'il est très courant de s'accorder entre « commerçants » quelques menues facilités de trésorerie, à charge bien entendu de réciprocité.

Parmi les dépenses finales, le poste des produits vivriers élaborés, frappe par son volume. Pour l'essentiel l'accroissement de ce poste, relativement aux autres strates, est dû à l'extraordinaire régularité avec laquelle les femmes de Zorgho s'approvisionnent en « kalogho », (désignation More du soumbara). Jamais trois jours successifs sans que l'achat de 10, 15 ou 20 F n'en soit renouvelé.

La structure des recettes fait apparaître deux postes privilégiés : les transferts monétaires, composés ainsi qu'à Yako, d'un peu plus des deux-tiers par des revenus migratoires, et les ventes de produits vivriers autres que le mil et sorgho. Grâce à elles le bilan final sur produits vivriers parvient à se solder très largement en excédent et à financer en fin de compte le déficit enregistré sur les produits élaborés.

Les produits non vivriers et artisanaux, influant peu de toute façon les différents agrégats, ne dénotent jamais de déséquilibres bien profonds, ni dans un sens ni dans l'autre.

En résumé, Zorgho ne paraît pas devoir dans l'immédiat rencontrer de graves difficultés. Jusqu'à présent le « bilan migratoire » contrebalance encore aisément le bilan sur opérations finales.

Agrégats par an et par tête
(Moyenne annuelle : 9,32 résidents présents, chefs pondérés) (F CFA)

(1) — RMB :	4 085
a = revenu migratoire :	991
b = recette finale :	1 880
c = revente :	1 214
d = consommation intermédiaire :	1 046
(2) — RMN :	3 039
e = bénéfices commerciaux :	168
f = consommation finale :	2 604
(3) — D = (d) + (f) =	3 650
(4) — Épargne = (1) — (3) =	435

Conclusion sur les strates intérieures au pays Mossi

Leur commun dénominateur tient en premier lieu à la *faiblesse du revenu monétaire net.* Bien que le calcul d'une « moyenne » n'ait pas de signification statistique en raison de notre choix des strates non aléatoire, les structures monétaires présentent un suffisant degré d'homogénéité pour nous autoriser à extraire la valeur moyenne de leurs paramètres, soit pour l'ensemble des trois strates (en F CFA/j/zaka).

(1) — RMB :	126
a = revenu migratoire :	28,8
b = recette finale :	59,7
c = revente :	37,5
d = consommation intermédiaire :	27,8
(2) — RMN :	98,2
e = bénéfices commerciaux :	9,7
f = dépense finale :	80,7
(3) — Dépense totale = (d) + (f) =	108,5
(4) — Épargne = (a + e + b — f) = (28,8 + 9,7 — 21) =	17,5

Soit avec 9,69 résidents présents un RMB de 4 744 F CFA par tête et par an et un RMN de 3 697 F CFA. L'apport migratoire représente un peu moins de 30% de ce revenu monétaire net, mais il convient de rappeler que

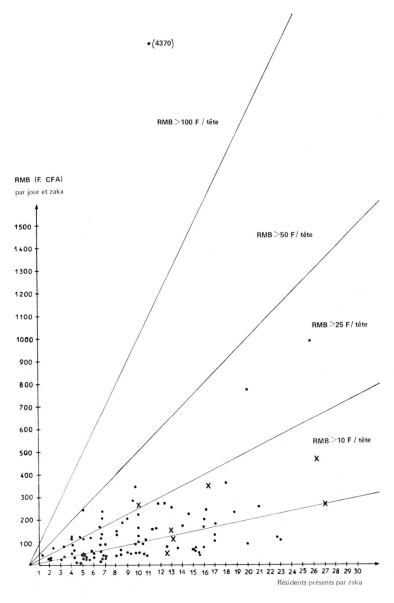

● (4370)

RMB >100 F / tête

RMB (F. CFA)
par jour et zaka

1500
1400
1300
1200
1100
1000
900
800
700
600
500
400
300
200
100

RMB >50 F / tête

RMB >25 F / tête

RMB >10 F / tête

1 2 3 4 5 6 7 8 9 10 11 12 13 14 15 16 17 18 19 20 21 22 23 24 25 26 27 28 29 30

Résidents présents par zaka

x Zaka de chefs

● (4370) zaka éliminée dans l'échantillon de KOUDOUGOU

FIG. 33. — *Pays Mossi* — *Disparité des revenus monétaires bruts par tête*

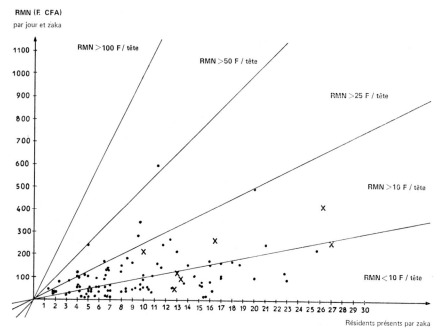

RMN (F. CFA)
par jour et zaka

FIG. 34. — *Pays Mossi* — *Disparité des revenus monétaires nets par tête*

nous entendons par revenu *monétaire* exclusivement *les liquidités* rapportées à l'intérieur des villages (1).

Un second point à mentionner est le *déficit enregistré dans les balances d'opérations finales.* Certes toutes les zones ne sont pas déficitaires, et la mauvaise récolte de 1972-1973 a sans doute amplifié le phénomène. Il n'y a cependant aucune raison de supposer que l'influence de la sécheresse se soit moins fait sentir à Yako qu'à Koudougou ou Zorgho, ce qui nous amène à conclure qu'il existe bien une relation directe entre l'importance de l'apport migratoire et le déséquilibre des opérations finales.

Les deux planches de graphiques reproduites ci-avant (fig. 33 et 34) illustrent enfin *la disparité des revenus monétaires* à l'intérieur du pays Mossi. Chaque point représentant une zaka est situé à l'intersection de son abscisse-taille et de son ordonnée-niveau monétaire. La dispersion des points montre qu'il n'existe pour ainsi dire *aucune corrélation* entre ces deux paramètres.

---

(1) *Pour se faire une idée plus exacte du véritable apport monétaire migratoire, cf. 2e partie, chapitre 1, § L'impact des migrations.*

Un calcul par la formule appliquée à la corrélation de rangs :

$$r = 1 - \frac{6.\ (S.D^2)}{n.\ (n^2 - 1)} \quad (1)$$

portant ici sur 103 couples de variables (X = taille de la zaka — résidents présents — Y = RMB/jour/zaka) fait ressortir *un coefficient de 0,49.* La faiblesse de ce taux tient évidemment pour beaucoup au fait que le revenu monétaire brut est constitué pour moins de sa moitié de recettes finales d'exploitation, les seules qui soient directement fonction des superficies cultivées, elles-mêmes en corrélation (grosso modo) avec la taille des groupes de résidence.

Les strates hors pays Mossi

DEDOUGOU

La sous-partition introduite à Dedougou entre colons installés de fraîche date (1972-1971), ceux des années 1970-1969-1968, et ceux des années antérieures à 1968 va nous permettre d'analyser, au moins dans ses grandes lignes, comment semble s'effectuer cette transition d'une phase d'âge à l'autre. On verra que si la « mue budgétaire » s'accomplit assez vite, elle ne va pas sans entraîner de très graves disparités.

La structure des agrégats chez les très « jeunes » colons (années 1972-1971 — échantillon de 13 zakse-exploitations)

Première constatation : Le revenu monétaire brut est tout à fait comparable quant à son montant absolu à celui observé à l'intérieur du pays Mossi. Compte tenu de la vitesse avec laquelle il va se développer, on peut estimer qu'une analyse ne retenant que l'année initiale d'arrivée aurait montré que la migration en direction des « terres neuves » se traduit la première année par une opération négative du point de vue strictement monétaire. On sera amené, en examinant les structures d'exploitations notamment les entraides de travail entre zakse d'émigrés, à dresser le même bilan négatif. Les nouveaux arrivants gratifiant leurs prédécesseurs d'une sorte de droit d'entrée qui se manifeste par un échange inégalitaire de prestations de travail.

Seconde constatation : Le revenu monétaire continue à reposer pour une fraction non négligeable sur les revenus migratoires (37,5 F CFA par jour- supérieure à celle du pays Mossi !)

Nous voyons deux explications possibles et complémentaires à ce paradoxe :

— Premièrement, la structure familiale des nouveaux immigrants et encore très fragile. Souvent ils ont abandonné le pays Mossi à la suite de

---

(1) *D = écart enregistré entre les numéros d'ordres des deux variables. n = nombre de couples de variables.*

$S.D^2$ = *somme des carrés des écarts.*

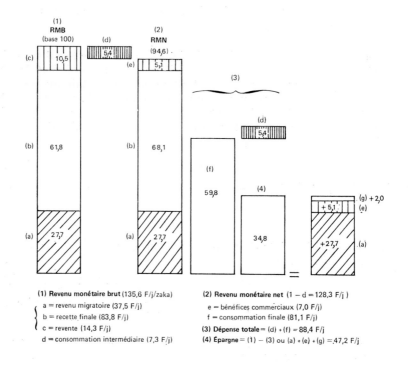

(1) **Revenu monétaire brut** (135,6 F/j/zaka)

{ a = revenu migratoire (37,5 F/j)

b = recette finale (83,8 F/j)

c = revente (14,3 F/j)

d = consommation intermédiaire (7,3 F/j)

(2) **Revenu monétaire net** (1 − d = 128,3 F/j)

e = bénéfices commerciaux (7,0 F/j)

f = consommation finale (81,1 F/j)

(3) **Dépense totale** = (d) + (f) = 88,4 F/j

(4) **Épargne** = (1) − (3) ou (a) + (e) + (g) = 47,2 F/j

FIG. 35. — *Dedougou — Structure budgétaire
(colons 1972-1971) rapportée au RMB de base 100*

mécomptes divers sans avoir auparavant battu le rappel de leurs migrants absents. Tronçonnée au lieu de départ la zaka d'immigrants reste tronçonnée au lieu d'arrivée. Cela pourrait nous amener à réviser bon nombre d'idées préconçues en la matière.

— Deuxièmement, les difficultés initiales sont en grande partie rendues supportables parce que les deux courants migratoires (migrations de travail et migrations agricoles) *constituent un tout étroitement imbriqué.* Serait-il excessif d'émettre l'hypothèse que la décision d'accomplir une migration agricole (soit à partir du pays Mossi, soit entre deux zones de colonisation) doit être grandement facilitée lorsque la famille tentée par l'expérience *sait qu'elle peut compter au moins les premières années sur le soutien monétaire de ses migrants de travail.*

Il nous paraîtrait donc extrêmement dangereux de vouloir analyser séparément les deux phénomènes et de prétendre les remplacer l'un par l'autre. En clair, cela signifie qu'interrompre, à la suite d'une décision politique, les migrations de travail afin de les canaliser sur des nouvelles terres à mettre en valeur ne serait tolérable pour la population concernée que si le manque à gagner était compensé par une « prime » au minimum équivalente à 30 000 F CFA pour les deux premières années et probablement supérieure si l'on veut tenir compte de ce que rapporte effectivement un migrant, en produits et marchandises, au terme de son séjour à l'étranger.

Troisième constatation : Occupés par des tâches plus pressantes les nouveaux arrivants n'ont ni le temps ni les fonds pour se consacrer au commerce. Lorsqu'ils s'y livrent ils privilégient par contre les activités n'immobilisant qu'un minimum de capitaux mais dégageant le plus haut taux de marges possible (revente de produits élaborés).

Quatrième constatation : La faiblesse des consommations finales relativement au revenu monétaire net. De toute évidence la frugalité est la première vertu du nouvel arrivant. Les difficultés qu'il connaît dès son installation, et peut-être aussi un effet d'émulation, l'incitent à reconstituer dans les plus brefs délais sa capacité d'épargne largement entamée. Il a visiblement hâte de « s'en sortir » quitte à faire appel avec insistance au petit frère ou à l'enfant parti en Côte d'Ivoire.

Niveau des agrégats exprimés par tête et par an
(Moyenne : 7,90 présents annuellement)

(1)	— RMB :	6 265
	a = revenu migratoire :	1 733
	b = recette finale :	3 871
	c = revente :	661
	d = consommation intermédiaire :	337
(2)	— RMN :	5 928
	e = bénéfices commerciaux :	323
	f = consommation finale :	3 747
(3)	— D = (d) + (f) =	4 084
(4)	— Épargne = (1) — (3) =	2 181

La structure des agrégats pour les colons installés en 1970-1969-1968 (échantillon 14 zakse - exploitations)

On voit l'ampleur des modifications apportées à la structure budgétaire précédente dues pour l'essentiel au renversement des deux postes (a) et (c). Les revenus commerciaux font un bond impressionnant puisqu'ils quadruplent en valeur relative (dépassant largement les 30% obtenus en pays Mossi) et décuplent en valeur absolue. Cependant la part revenant aux ventes finales d'exploitation reste majoritaire et excède toujours de plusieurs points celle enregistrée au pays Mossi (55,8% contre 47,4%).

Si l'on considère le revenu net, notablement amoindri par les achats intermédiaires, le rôle déterminant des ventes finales ressort encore de manière plus frappante (près de 89% de cet agrégat contre guère plus de 60% en pays Mossi). Les difficultés des deux premières années sont désormais oubliées. Le passage d'une économie productive à une économie redistributive ne s'effectue pourtant pas sans essuyer, parfois, autant de pertes que de profits. On ne s'improvise pas aussi soudainement tenancier d'éventaires de produits manufacturés, surtout lorsque la concurrence est vive et qu'il faut s'insérer, à coup de sous-enchères, dans les moindres interstices laissés par les plus anciennement installés.

Après la phase du « droit d'entrée » vient donc celle de l'ouverture et

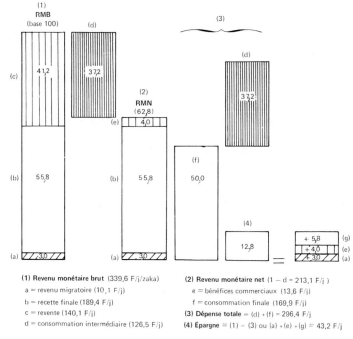

(1) **Revenu monétaire brut** (339,6 F/j/zaka)
a = revenu migratoire (10,1 F/j)
b = recette finale (189,4 F/j)
c = revente (140,1 F/j)
d = consommation intermédiaire (126,5 F/j)

(2) **Revenu monétaire net** (1 − d = 213,1 F/j)
e = bénéfices commerciaux (13,6 F/j)
f = consommation finale (169,9 F/j)
(3) **Dépense totale** = (d) + (f) = 296,4 F/j
(4) **Épargne** = (1) − (3) ou (a) + (e) + (g) = 43,2 F/j

FIG. 36. — *Dedougou — Structure budgétaire*
(colons 1970-1969-1968) rapportée au RMB de base 100

de l'apprentissage au commerce. Il est remarquable que la plupart des colons commerçants soient non seulement des individus à faible statut social mais aussi des ex-migrants de travail dont la dernière expérience à l'étranger remonte à quelques années seulement. On comprend dès lors où tend à s'investir en priorité l'excédent d'épargne, composée à 80 % d'apports migratoires, des nouveaux arrivants. Nous avons ainsi la parfaite illustration de ce double circuit monétaire parallèle à financement clos auquel nous faisions allusion dans le premier chapitre de l'ouvrage.

Niveau des agrégats par tête et par an
(Moyenne : 7,86 présents annuellement)

(1) —	RMB :	15 770
	a = revenu migratoire :	469
	b = recette finale :	8 795
	c = revente :	6 506
	d = consommation intermédiaire :	5 874
(2) —	RMN :	9 896
	e = bénéfices commerciaux :	632
	f = consommation finale :	7 890
(3) —	D = (d) + (f) =	13 764
(4) —	Épargne = (1) — (3) =	2 006

Monnaie et structures d'exploitations en pays Mossi

Par rapport au RMN obtenu au pays Mossi (3 697 F CFA per capita) le bond est énorme. Si le revenu migratoire individuel tombe de plus de moitié, les recettes finales se multiplient par près de 4 — les recettes commerciales par 4,7 — les dépenses finales par 2,6 — l'épargne par 3. Ceci, notons-le déjà, sans surcroît appréciable de travail.

La structure des agrégats pour les colons installés avant 1968 (chefs pondérés) - (échantillon 12 zakse - 19 exploitations), (1)

La progression continue. Il n'y a plus guère désormais de points communs avec aucune des strates examinées antérieurement. Nous nous trouvons réellement devant une structure nouvelle possédant sa propre logique et il est permis de se demander si nous avons encore affaire à une paysannerie de colons. Certes l'activité agricole n'est pas abandonnée. Le fait que les seules recettes finales d'exploitation atteignent près de deux fois la totalité du revenu brut du pays Mossi suffit à nous en persuader. Mais est-ce vraiment la valeur absolue qu'il importe de considérer ? Le bilan déficitaire que l'on enregistre sur les opérations finales nous paraît bien davantage significatif de la véritable option à laquelle ces « anciens » colons semblent se rallier. Se trouvant dans un milieu naturel favorable à l'agriculture, disposant d'une main d'œuvre supérieure en nombre (chefs pondérés, la taille moyenne de la zaka s'établit à 10,4 résidents présents annuellement) il n'y a aucune raison, sinon un choix délibéré, d'aboutir à ce résultat négatif.

La plus grosse part des dépenses revient donc aux consommations commerciales et la *quasi-totalité de l'épargne provient des activités de revente*. On peut d'ailleurs observer que l'apport des migrants « extérieurs » pourrait parfaitement disparaître sans remettre en cause l'équilibre monétaire établi.

Une confirmation de ce renoncement, au moins relatif, à l'agriculture, nous est fournie par la simple comparaison de l'échelle des revenus avec celle de la valeur monétaire du capital possédé.

Voici ce que cela donne :

1. *Progression du RMB relativement au capital brut détenu :*

(chiffres ramenés au niveau de *l'exploitation*), (base 100 pour les « jeunes colons » de 1972-1971).

	Indices RMB	Indice capital
Colons : 72 – 71	100	100
Colons : 70 – 69 – 68	250	252
Colons : 67..........	447	234

Déjà à ce niveau l'on perçoit que le RMB continue à progresser malgré un capital qui non seulement plafonne mais diminue.

---

(1) *Le nombre élevé d'exploitations au regard du nombre de zakse (ratio = 158) provient essentiellement du choix non aléatoire du chef mossi de Kary (7 exploitations). Une seconde zaka, unie jusqu'en mai 1973, s'est scindée à son tour en deux exploitations dès l'ouverture de la saison agricole.*

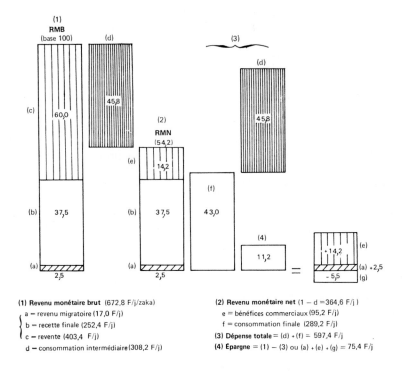

(1) **Revenu monétaire brut** (672,8 F/j/zaka)

{
- a — revenu migratoire (17,0 F/j)
- b — recette finale (252,4 F/j)
- c — revente (403,4 F/j)
- d — consommation intermédiaire (308,2 F/j)
}

(2) **Revenu monétaire net** (1 — d = 364,6 F/j)
- e = bénéfices commerciaux (95,2 F/j)
- f = consommation finale (289,2 F/j)

(3) **Dépense totale** = (d) + (f) = 597,4 F/j

(4) **Épargne** = (1) — (3) ou (a) + (e) + (g) = 75,4 F/j

Fig. 37. — *Dedougou* — *Structure budgétaire*
(colons de 1967 et avant) rapportée au RMB de base 100

2. *Progression des « Recettes finales d'exploitation » relativement au capital agricole stricto-sensu* (cheptel, outillage, bicyclette non comprise.)

	Indices recettes finales	Indice capital
Colons : 72 – 71	100	100
Colons : 70 – 69 – 68	226	265
Colons : 67	271	206

L'amoindrissement du capital *agricole* dans les plus vieilles exploitations est flagrant. Les recettes finales poursuivent néanmoins leur progression, quoique à un taux sensiblement ralenti. Le rendement du capital s'est donc accrû mais les véritables raisons de ce phénomène tiennent premièrement au fait que les plus anciennement installés ont pu s'attribuer les meilleures terres... parmi celles que leur ont laissées les Bobo, deuxièmement à *l'échange inégal de travail* dont ils sont les grands bénéficiaires.

Niveau des agrégats exprimés par tête et par an
(Moyenne : 10,40 présents annuellement)

(1) — RMB :   23 613
         a = revenu migratoire :   597
         b = recette finale :   8 858
         c = revente :   14 158
         d = consommation intermédiaire :   10 817
(2) — RMN :   12 796
         e = bénéfices commerciaux :   3 341
         f = consommation finale :   10 150
(3) — D = (d) + (f) =   20 967
(4) — Épargne = (1) — (3) =   2 646

La structure (globale) des recettes et des consommations

Sans doute eût-il été plus satisfaisant de détailler l'analyse par dates d'arrivée ; nous avons cependant préféré ne pas démultiplier à l'excès le nombre de tableaux d'autant que l'examen comparatif des agrégats nous a déjà amplement éclairé sur les mécanismes de transition entre les diverses phases et les principales mutations budgétaires auxquelles ils donnent lieu.

Les chiffres rapportés en tête de colonnes (tabl. XVI) correspondent ainsi à la valeur moyenne des agrégats calculés sur nos trois sous-ensembles réunis. Ces moyennes ne sont d'ailleurs pas dénuées de sens puisque la pondération de chaque sous-groupe représente assez exactement la structure réelle de cette population immigrée.

L'examen des dépenses montre que l'élévation des revenus monétaires a pour effet d'augmenter sensiblement les achats de produits importés, en

TABLEAU XVI

Dedougou. Structure des recettes et des consommations

Rubriques	D 303,4	R 357,2	DC 130,6	RC 163,5	M 32,9	DF 172,8	RF 193,7 a + b	BF + 20,9
1. VLB	11,33	13,74	10,54	8,52	— 3,58	11,97	17,84	+
2. VLE	2,85	1,48	0,03	0,41	+ 2,70	5,11	2,32	—·
3. NVLB	1,22	12,50	0,15	0,11	— 0,17	2,09	22,26	+
4. NVLE	1,41	2,94	0,24	1,17	+ 6,73	2,35	4,33	+
5. ST	0,49	2,19	0	0	—	0,88	3,91	+
6a PAL	10,40	12,42	13,46	8,88	— 18,58	7,94	15,20	+
6b	11,21	5,84	18,00	13,26	— 15,12	5,76	0	—
7 PAI	7,72	2,14	11,08	4,87	— 32,35	5,02	0	—
8. PNAI	39,64	27,02	46,50	61,36	+ 150,43	34,12	0	—
9. TM	13,73	19,73	0	1,42	+ 9,94	24,76	34,14	+
Total	100	100	100	100	100	100	100	+
dont part du mil-sorgho.	9,33	9,47	8,13	8,32	+ 9,44	10,30	10,37	+

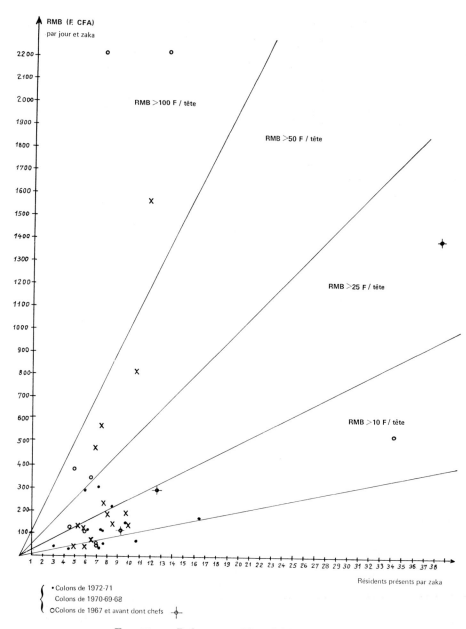

FIG. 38. — *Dedougou — Disparité du RMB par tête*

particulier non alimentaires (poste n° 8) mais aussi les dépenses de transferts (salaires, dons...). Cet accroissement s'effectue au détriment des produits locaux non vivriers, (postes nᵒ 3 et 4) et des vivriers locaux élaborés (poste nᵒ 2). En revanche les postes nᵒ 1, 5, 6a, et 6b restent inchangés.

La plus grosse fraction des dépenses intermédiaires se reporte également sur les denrées et articles d'importation, que l'on retrouve comme il se doit dans la colonne des revenus commerciaux.

Parmi les recettes, le fait le plus notable est l'accroissement considérable des produits non vivriers, composés ici presque intégralement de coton. En valeur absolue environ 15 380 F. CFA par zaka et par an, soit trente-six fois le montant de Koudougou, trente-quatre fois celui de Yako, quatorze fois celui de Zorgho.

Les revenus de transferts loin de disparaître continuent à fournir un appoint appréciable mais la fraction proprement migratoire n'intervient plus que pour une part résiduelle (35% des transferts reçus).

Dans l'ensemble les colons mossi de Dedougou font donc figure de privi-

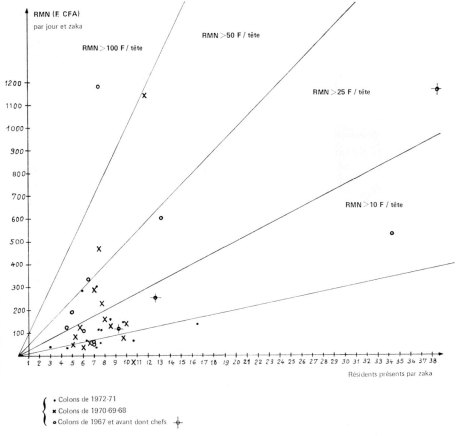

FIG. 39. — *Dedougou — Disparité du RMN par tête*

légiés, encore qu'il ne faille pas se dissimuler l'ampleur des disparités non seulement selon leur époque d'installation mais aussi à *l'intérieur des trois catégories* que nous avons distinguées. Les graphiques (fig. 38 et 39) en témoignent.

Ne considérant par exemple que le RMB l'étendue des distributions varie de *295,9* F/jour/tête au maximum à *7,4 F CFA*, au minimum pour les plus anciens arrivants (soit de 40 à 1) ; de *133,6* F/jour/tête à *6,6* F pour les suivants (soit de 20 à 1) et de *48,8* F/jour/tête à *4,7* F pour les derniers installés (soit de 10 à 1). On a la claire impression que les disparités ne vont qu'en s'accentuant à mesure que l'ancienneté augmente. Cette constatation corrige donc passablement la vision d'une dynamique très « mécaniciste » entraînant l'élévation du revenu constante, rapide, répartissant uniformément les fruits de sa progression entre les différentes couches de la population. Il faudrait être singulièrement fermé aux réalités pour se refuser à admettre l'évidence que les cartes de ce jeu migratoire sont, dès le départ, biaisées. Voir dans les disparités de revenus le seul reflet de qualités individuelles (un tel est « débrouillard », un tel ne l'est pas, celui-ci est « courageux », cet autre « oisif » ou « débauché »...) renvoie plus à une imagerie Far-West qu'à une analyse critique des mécanismes socio-économiques. De ce point de vue un terme d'apparence aussi neutre que celui de « front pionnier » nous paraît bien dangereux parce qu'il tend à imposer l'idée d'une avancée systématique, groupée, plaçant d'office tous ces « pionniers » au même niveau ce qui n'est certainement pas le cas.

TOUGAN

Tougan, plus que toute autre strate, a subi en 1972-1973 les méfaits de la sécheresse. Aussi les chiffres auxquels nous avons abouti cette année peuvent ne pas refléter tout à fait le niveau « normal » de la région. (En supposant un bilan final en produits *vivriers* équilibré — hypothèse admissible — l'on obtiendrait des niveaux corrigés supérieurs d'environ 16% à ceux que nous avons estimés).

La structure des différents agrégats

Par la masse de leurs revenus bruts les anciens colons mossi de Tougan sont à peu près comparables à nos colons de « deuxième-âge » de Dedougou. En temps ordinaire ils se situeraient vraisemblablement légèrement au-dessus plutôt que légèrement au-dessous comme cette année.

La comparaison mérite qu'on s'y arrête un instant. En effet nous avons pu enregistrer, au sein même de notre échantillon, un exode massif durant le premier trimestre de 1973 (1) en direction principalement des nouveaux foyers d'immigration de la région sud et sud-ouest de Dedougou. Savaient-ils tous clairement ce qui les attendait les premières années ? On peut en douter.

---

(1) *Bompéla a été particulièrement affecté — Nous estimons qu'entre 1972 et 1973 ce village a perdu* près du quart *de sa population.*

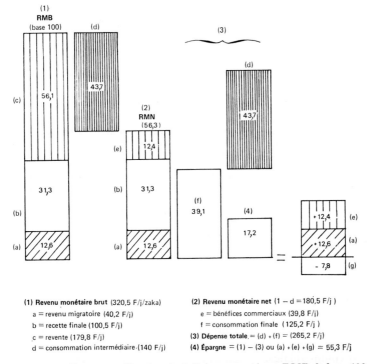

(1) **Revenu monétaire brut** (320,5 F/j/zaka)
a = revenu migratoire (40,2 F/j)
b = recette finale (100,5 F/j)
c = revente (179,8 F/j)
d = consommation intermédiaire·(140 F/j)

(2) **Revenu monétaire net** (1 – d = 180,5 F/j)
e = bénéfices commerciaux (39,8 F/j)
f = consommation finale (125,2 F/j)
(3) **Dépense totale**.= (d) + (f) = (265,2 F/j)
(4) **Épargne** = (1) – (3) ou (a) + (e) + (g) = 55,3 F/j

Fig. 40. — *Tougan — Structure budgétaire rapportée au RMB de base 100*

En revanche si l'on examine la structure de ces agrégats on se rend compte sans peine de la spécificité de Tougan au regard des autres zones déjà étudiées.

Par le rôle reconnu au commerce on se rapproche des plus anciens colons de Dedougou, mais ce commerce on le verra est d'une nature très différente ; par l'apport migratoire on se rapprocherait plutôt des strates intérieures au pays Mossi. En conséquence la fraction de revenu procurée par les ventes finales d'exploitation tombe, pour la première fois *au dessous du tiers* des rentrées d'argent. Nous hésiterions cependant à parler ici de pseudo-agriculteurs. Leurs structures de recettes et de consommations va nous montrer pourquoi.

Recettes et consommations - Les répercussions de la sécheresse

La première colonne du tableau XVII nous permet d'évaluer directement les répercussions de la sécheresse. Rien que les achats de mil ont en effet accaparé plus de 1/5 des débours monétaires, soit près de **20 000 F CFA** par famille. Au prix moyen voisin de **675 F CFA** la tine (1) cela représente un

_____

(1) *La tine* ≃ *15 l.*

TABLEAU XVII

Tougan. Structure des recettes et des consommations

Rubriques	D 265,2	R 320,5	DC 140	RC 179,8	M 39,8		DF 125,2	RF 140,7 a + b	BF + 15,5
1. VLB	30,85	12,65	16,12	15,47	+	13,01	47,57	9,00	—
2. VLE	2,31	3,15	0,89	1,60	+	4,32	3,92	5,15	+
3. NVLB	3,52	4,31	5,49	6,75	+	11,54	1,29	1,14	—
4. NVLE	1,01	1,63	0,78	0,67	+	0,24	1,26	2,87	+
5. ST	0,27	0,03	0	0		—	0,57	0,07	—
6a. PAL	16,91	34,53	26,31	25,05	+	20,27	6,24	46,82	+
6b.	23,69	18,57	39,03	32,90	+	9,55	6,28	0	—
7. PAI	1,94	0,08	0,32	0,15	—	0,51	3,79	0	—
8. PNAI	13,32	9,83	11,06	17,41	+	41,58	15,89	0	—
9. TM	6,18	15,22	0	0		—	13,19	24,95	+
Total	100	100	100	100		100	100	100	+
dont part du mil- sorgho.	20,43	9,45	12,73	12,22	+	10,29	29,18	5,87	—

achat d'environ 475 kg ou la production d'un hectare... Certes tout n'était pas destiné à l'alimentation des ménages, à peu près un tiers étant distrait à des fins commerciales.

Par contraste les dépenses de produits importés, apparaissent dérisoires — mais guère plus — est-il encore besoin de le dire, que les calculs d'élasticité dans lesquels se complaisent bon nombre d'ingénieurs statisticiens-écono-mistes.

Les postes n° 6a et 6b (poisson, élevage et cola) retiennent également l'attention par leur importance dans les dépenses de nature commerciale. L'achat d'un panier de cola (5 250 F CFA) est très souvent le premier acte par lequel un migrant de Tougan signale son retour. Cet acte en entraînant un autre, au rythme de deux ou trois achats par mois, la communauté mossi s'est à la longue plus ou moins instaurée fournisseur de cola des populations autochtones. Cependant Tougan vit d'abord et avant tout grâce à un abon-dant élevage, qui lui assure non seulement l'essentiel de son revenu final (plus de 24 000 F CFA en valeur absolue), mais surtout lui permet, les années où les récoltes ont été déficientes, de compenser la perte nette monétaire, et éventuellement comme ce fut le cas en 1973 d'acheter du mil pour se nourrir. L'élevage est ainsi parfaitement intégré à un système productif de type sub-sahélien marqué par l'extrême versatilité de sa pluviométrie.

Certains lecteurs se prendront sans doute à regretter la primarité de cette intégration « agriculture-élevage » se référant aux diverses expériences tentées çà et là de culture attelée. Ce n'est pas notre opinion. Nous voyons au contraire dans ce niveau modeste d'intégration (aux yeux du « dévelop-peur ») une preuve manifeste de rationalité économique. En effet il se trouve

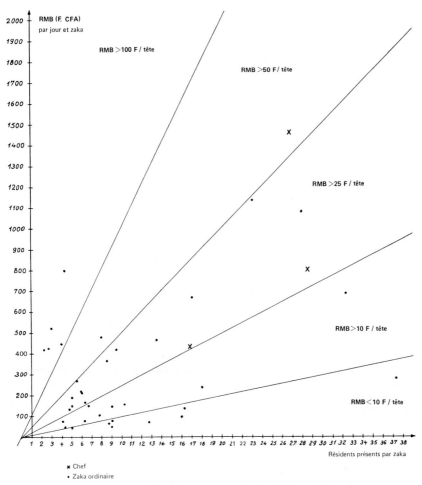

x Chef
• Zaka ordinaire

Fig. 41. — *Tougan* — *Disparité du RMB par tête*

que la plupart des essais d'introduction de culture attelée s'inscrivent presque toujours dans une optique privilégiant les cultures de « rente » (coton — arachide). Cela tenant simplement au fait que la fourniture de l'attelage repose sur le crédit monétaire. Or la société accordant le crédit, soit directement soit par l'entremise du réseau bancaire, n'est assurée de rentrer dans ses frais que si le villageois désormais endetté se plie à la culture de « rente » qui lui est imposée (1). Cette imposition n'a nullement besoin, notons-le, de

(1) « *La culture attelée (...) doit néanmoins être encouragée chez les cultivateurs qui ont déjà adopté les thèmes simples et qui, par ailleurs, disposent de terres en quantité suffisante pour pouvoir augmenter leurs surfaces de rente et faire face à l'augmentation de leurs charges financières...* » *(Plan quinquennal de développement économique et social 1972-1976 — p. 84).*

recourir à des moyens visibles de coercition. Il suffit pour cela d'établir un circuit de commercialisation efficace, étroitement contrôlé, quitte à maintenir les circuits « traditionnels » des produits vivriers dans l'état le plus achevé de déliquescence. Ici encore règne une mythologie qu'il convient de dénoncer. Celle qui voudrait nous persuader qu'il est impossible d'organiser de façon cohérente les circuits commerciaux de produits vivriers, qu'il existe à leur encontre une espèce de fatalité. On voit clairement les conséquences de cette « fatalité » les mauvaises années.

Les villageois qui démontrent ainsi une parfaite conscience de leur situation continuent pourtant, dans leur très grande majorité, à ne pas s'interroger au-delà des causalités les plus immédiates. Il n'a pas plu, la faute en incombe aux chasseurs de pluie. Un matin de septembre comme nous arrivions dans l'un des villages de Tougan, alors que les épis de mil commençaient à sécher sur pied, les notables étaient occupés à juger un homme âgé d'une trentaine d'années accusé d'avoir chassé la pluie. Il lui fut donc administré le « tinsé » — entrailles de poulet mélangées à la terre des ancêtres — Si l'homme est réellement coupable de ce dont on l'accuse le fétiche le condamne par cette ordalie à mourir empoisonné à très brève échéance. S'il en réchappe, mieux vaut de toute façon qu'il abandonne son village et son « budu » qui l'auront rejeté.

En résumé le bilan final s'est soldé à Tougan par un léger excédent fort simple à analyser.

— Premièrement un poste fortement déficitaire : les produits vivriers. L'ensemble mil + autres vivriers représente un manque quotidien voisin de 55 F. CFA par jour et zaka, soit 20 125 F. CFA pour l'année.

— Deuxièmement un surplus final en produits d'élevage, de l'ordre de 67 F. CFA par jour et zaka soit 24 365 pour l'année. L'excédent d'un poste compense ainsi le déficit de l'autre, le surplus résiduel, servant à payer l'impôt (1).

Niveau des agrégats exprimés par tête et par an
(Moyenne 10,76 présents annuellement)

(1) — RMB :		10 874
	a = revenu migratoire :	1 364
	b = recette finale :	3 410
	c = revente :	6 100
	d = consommation intermédiaire :	4 750
(2) — RMN :		6 124
	e = bénéfices commerciaux :	1 350
	f = consommation finale :	4 248
(3) — D = (d) + (f) =		8 998
(4) — Épargne = (1) — (3) =		1 876

Comme ailleurs ces valeurs moyennes masquent d'importantes disparités d'une famille à l'autre. Le graphique par points révèle par exemple que le

_____

(1) *Les villageois de Tougan ont été dispensés, à titre de population sinistrée de verser leur quote part de 1973... avant octobre 1973, mois des récoltes de mil.*

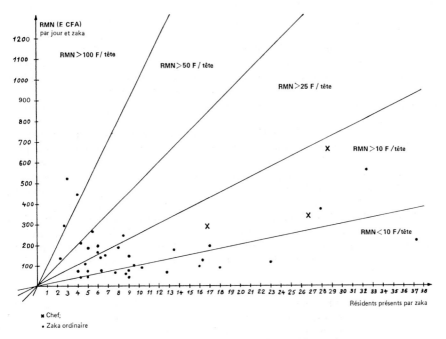

FIG. 42. — *Tougan — Disparité du RMN par tête*

RMB atteint au mieux 184 F CFA par individu et par jour et au pire 5,4 F CFA ; que le RMN peut aller de 104,4 F CFA à également 5,4 F CFA.

Conclusion d'ensemble sur le phénomène du colonat

En essayant de demeurer objectif nous devons incontestablement porter au crédit de ces migrations agraires des performances monétaires en général très supérieures à celles qu'autorisent les structures économiques du pays Mossi. La différence, en gros, est de l'ordre de 1 à 2,5. Plus forte sur les consommations commerciales, plus faible sur les consommations finales.

Une estimation per capita faisait ressortir des dépenses finales de 3 040 F CFA l'an pour le pays Mossi. En agrégeant nos deux strates de colonisation nous ferions ressortir un niveau moyen supérieur à 5 750 F CFA. Donc un surcroît de bien-être évident. Cependant les disparités de revenu déjà considérables à l'intérieur du pays Mossi non seulement ne se résorbent guère par la migration mais ne font que s'aggraver, comme le démontre amplement le calcul de corrélation de rangs. Alors que nous obtenions en effet un coefficient égal à 0,49 pour le pays Mossi, un calcul similaire à partir des 78 couples de variables des deux zones de colonisation nous donne un coefficient encore plus faible 0,36 ! Il n'est plus possible, à ce niveau, de soutenir l'existence de la moindre corrélation. Si corrélation il y a c'en est plutôt une au second degré, entre ces coefficients (0,49 et 0,36) et l'importance relative des recettes finales dans le revenu monétaire (47% au pays Mossi environ 40% dans les zones de colonisation). De ce point de vue il n'y a aucun doute que les structures socio-économiques hors pays Mossi traduisent encore un plus haut degré de disfonctionnement que celui des zones de départ.

Par la notion de disfonctionnement nous entendions signifier que les fonctions de la reproduction sociale, au sens large, sont de plus en plus disjointes des fonctions économiques monétaires ; les groupes et individus détenteurs des signes et pouvoirs sociaux ne recourant pas directement à la monnaie pour maintenir et renforcer le contrôle de leurs signes et pouvoirs. Inversement les détenteurs de numéraire ne trouvent pas à employer leurs fonds dans l'exercice d'une emprise sociale accrue et globalement le développement de la circulation monétaire est pour l'essentiel le fait des individus maintenus en dehors des pouvoirs sociaux. Toute la logique du mode de production et de reproduction réside dans ce clivage entre deux sphères parallèles d'activités, celles dont le nerf est assuré par le contrôle des facteurs impliqués dans la reproduction sociale (terres, femmes, transactions en nature, cheptel) échappant plus ou moins totalement à l'économie monétaire et celles dont l'accomplissement procède d'une ouverture au système marchand (consommation-consumation des produits importés).

2ᵉ partie

*Facteurs et systèmes de production
dans la société mossi d'aujourd'hui :
migrations, travail, terre et capital*

Avant-propos

Ceci constitue la seconde partie de notre anthropologie économique mossi après « La monnaie mossi — Un pouvoir non libératoire de règlement » où nous avons essayé de montrer en quoi l'argent, pour une fraction appréciable de sa masse en circulation, échouait à conférer à ses détenteurs un quelconque pouvoir social.

Nous nous proposons ici de replacer l'Homme Mossi dans son cadre habituel d'existence. L'étude de J.M. KOHLER (1) de même que les études de terroirs menées par J.P. LAHUEC à Zaongho (2) et par M. BENOIT sur les Mossi du pays Bwa (3) nous permettront d'alléger certaines parties de notre propre texte et de nous consacrer aux aspects susceptibles d'apporter quelques éléments neufs d'information.

L'exposé va graviter autour de trois thèmes:

— les ressources humaines,

— le capital foncier et les ressources de production,

— le capital technique.

Le premier s'ouvre sur deux textes rédigés séparément en juillet-août 1973 à partir de matériaux provisoires et repris ici après divers amendements.

Ils sont complétés d'autres aperçus tels que taux de natalité, taux de mortalité, brute et infantile, taux de polygamie par âge et statut social, distribution par taille des groupes de résidence.

Le second thème concernant les structures productives aborde le problème des surfaces d'exploitation, les temps d'occupation (agricole, para-agricole, diverse), les entraides de travail ou le salariat et quelques autres aspects fonciers.

Le troisième et dernier thème fait le point sur le niveau d'équipement technique (outillage-cheptel) des exploitations en essayant de voir qui, en dernier ressort, détient le pouvoir de contrôle de ce capital.

---

(1) cf. J.M. KOHLER. Activités agricoles et changements sociaux dans l'Ouest-Mossi (Haute-Volta). *Mém. ORSTOM n° 46*, Paris 1971, 248 p.

(2) Zaongho — Etude géographique d'un village de l'Est-Mossi — Cercle de Koupéla. ORSTOM, Ouagadougou. (multigr.)

(3) Espaces agraires mossi en pays Bwa. ORSTOM, Ouagadougou. (multigr.)

1

Les ressources humaines

La composante familiale en pays Mossi

La double série de diagrammes (fig. 43) illustre en % les structures de parenté, à gauche en définissant chacun des résidents relativement au seul chef de zaka, à droite en établissant les liens de parenté en fonction du chef d'exploitation à laquelle appartiennent les résidents.

D'un côté sont donc représentées les structures réelles de parenté à l'intérieur de la zaka tout entière par rapport à un individu bien déterminé, tandis que de l'autre côté on aboutit à une image plutôt fonctionnelle de la parenté, établie dans le cadre du groupe élémentaire de production et de consommation.

Bien entendu les structures fonctionnelles et réelles se recroisent lorsque le groupe de résidence coïncide avec l'unité de production. Tel est le cas de Zorgho où le rapport du nombre d'exploitations au nombre de zakse est égal à 1. A Koudougou et Yako, où le rapport dépasse de très peu l'unité, le glissement entre l'image réelle et l'image fonctionnelle reste à peine apparent. A Dedougou il serait voisin de 1 comme à Zorgho si nous n'avions pas systématiquement intégré à l'échantillon, indépendamment de tout tirage aléatoire, la zaka du chef de village de Kary où coexistent 7 exploitations.

A Tougan le rapport atteint le chiffre élevé de 1,30 et par suite les écarts d'un diagramme à l'autre sont beaucoup plus accusés.

Les membres familiaux sont regroupés en quatre sous-ensembles élémentaires.

G1 — Pour les diagrammes de gauche (parenté réelle) les trois premiers traits verticaux concernent, dans l'ordre, les chefs de zaka, leurs épouses et leurs enfants célibataires ; et pour ceux de droite, les chefs d'exploitation nonobstant leurs liens de parenté avec les chefs de zaka, leurs épouses et enfants célibataires. Dans les deux cas G1 constitue donc la cellule de base élémentaire, soit en parenté réelle soit en parenté fonctionnelle.

G2 — Selon le même ordre que ci-dessus, époux — épouses — enfants, sont regroupés en G2 les cellules des enfants mariés. Enfants mariés du chef

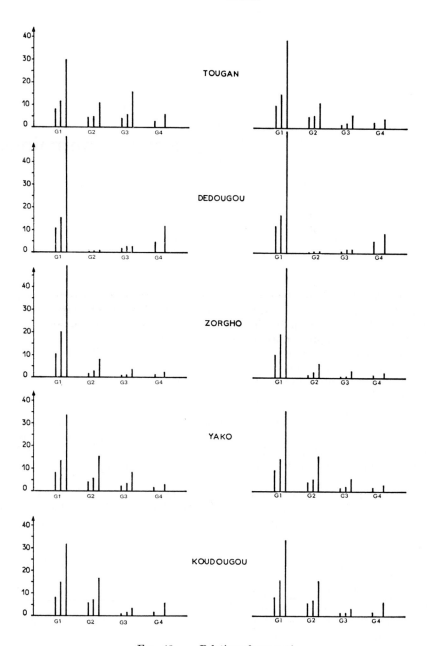

FIG. 43. — *Relations de parenté*
(à gauche rapportées au chef de Zaka, à droite rapportées aux divers chefs d'exploitations)

de zaka (schémas de gauche) et enfants mariés des chefs d'exploitations (schémas de droite).

Lorsque les chefs d'exploitations sont des frères cadets du chef de zaka, conformément à la règle la plus générale, leurs enfants mariés figurant dans les schémas de droite sont donc pour une bonne part des « enfants de frère » selon les diagrammes de gauche tandis que leurs propres dépendants, épouses et enfants, se retrouvent dans la catégorie bâtarde des « autres relations » de parenté (cf. groupes G3 et G4 ci-dessous).

G3 — Toujours dans le même ordre, époux — épouses — enfants, G3 réunit la cellule élémentaire des frères mariés.

En raison de la pratique que l'on vient d'évoquer, le glissement d'une série de diagrammes à l'autre s'opère principalement du groupe G3 pour ceux de gauche au groupe G1 pour ceux de droite, avec toutes les modifications que cela entraîne dans la composition des autres groupes.

G4 — Enfin regroupe la catégorie des frères cadets célibataires (avant-dernier trait vertical) puis celle des diverses autres relations de parenté telles que sœurs ou ascendants recueillis, épouses d'enfants de frères (m'biga par rapport à ego) etc.

Un examen attentif montre des variantes structurelles assez sensibles d'une strate à l'autre, tant dans l'importance relative des différents groupes que dans les écarts observables entre schémas réels et schémas fonctionnels de parenté. Sur ce deuxième point il suffira de rappeler que le rapport nombre d'exploitations nombre de zakse varie de :

    1   à Zorgho
    1,027 à Koudougou
    1,054 à Yako
    1,081 à Dedougou
    1,270 à Tougan (1)

Koudougou et Yako sont les deux seules strates à offrir un certain nombre de traits communs ou voisins.

Zorgho apparaît par contre difficilement réductible à un autre modèle. De même Tougan et Dedougou accusent chacune une spécificité marquée.

Entre Yako et Koudougou une variante se décèle néanmoins relativement au groupe G3, groupe important car en pays Mossi tout ce qui concerne les personnes ayant statut de frères cadets d'un chef de zaka ou d'exploitation mérite attention.

Cette différence est vraisemblablement imputable à l'étendue des droits d'héritier qui leur sont reconnus.

A Koudougou, les frères cadets mariés vivent moins agglomérés à la zaka de leur aîné qu'ils ne le font à Yako. Cela peut résulter du fait que leur position en tant qu'ayants-droit du de cujus paraît plus solide. Alors que les frères sont, à Yako, traditionnellement écartés au profit des enfants du

---

(1) *Ces rapports correspondent à la situation observable à partir de mai, soit au début de la nouvelle campagne agricole. En janvier un premier état faisait ressortir un rapport de 1,41 pour Tougan, chefs non dépondérés.*

TABLEAU XVIII
% des différents groupes selon la strate

Parenté en fonction du C.Z.				Strate	Parenté en fonction du C.E.				Taille de la zaka	Zaka popul. présente	Exploit. popul. présente
G1	G2	G3	G4		G1	G2	G3	G4			
55,5	26,4	14,9	3,2	Y.	59,1	26,4	11,3	3,2	11,3	9,7	9,2
55,3	30,0	6,5	8,2	K.	57,2	28,1	6,5	8,2	13,3	9,9	9,6
78,9	12,5	5,0	3,6	Z.	78,9	12,5	5,0	3,6	9,8	9,3	9,3
48,8	18,8	24,1	8,3	T.	63,8	20,9	8,9	6,4	12,9	10,8	8,3
76,7	1,4	6,2	15,7	D.	81,5	1,4	4,2	12,9	9,2	8,6	8,0

défunt, de l'héritage des biens matériels appartenant à leur « aîné », ils y ont un large accès à Koudougou. Dans cette région les enfants n'héritent guère que des biens possédés en propre par leur mère.

Encore qu'aujourd'hui le nouveau droit civil tende à supplanter peu à peu les coutumes et à uniformiser les anciens processus de dévolution, il ne faut pas se dissimuler le poids de traditions toujours vivaces.

En se trouvant ainsi écarté du partage matériel mais sachant qu'il demeure le successeur désigné au titre de chef de zaka (sur ce point les deux schémas se rejoignent) le frère cadet, dans la région de Yako, peut du vivant de son aîné ressentir beaucoup plus fortement la nécessité de cohabiter avec lui et de constituer pendant ce temps son propre patrimoine.

Dans les deux strates l'importance numérique du groupe élémentaire des enfants adultes mariés (G2) doit également retenir l'attention. Précisons dès maintenant que cette importance numérique ne se traduit pas comme dans la strate de Tougan par un certain renversement du rapport de force, au moins sur le plan monétaire, entre les enfants adultes mariés et leurs ascendants chefs d'exploitation.

Cette sur-représentation du groupe des enfants mariés et de leurs dépendants immédiats traduit selon toute apparence la difficulté présente et grandissante de fonder de nouvelles zakse dans ces deux milieux à fortes densités démographiques.

Dans l'une et l'autre zone cependant on constate, exceptionnellement il est vrai, que certaines zakse tolèrent la scission interne du groupe de production et de consommation en deux ou trois exploitations séparées.

Les cas rencontrés sont trop rares pour être absolument probants mais il apparaît qu'à Yako la scission se fait en principe au profit de frères cadets alors qu'à Koudougou elle semble se faire généralement au profit des enfants mariés. Cette autre divergence entre les deux systèmes doit trouver son explication dans la même série de faits que ceux déjà relevés ci-dessus, à savoir l'étendue plus ou moins large des droits respectivement conférés aux frères et aux enfants d'un défunt.

Il se peut en effet que la scission en faveur d'enfants mariés, telle qu'on la rencontre à Koudougou, soit perçue comme une sorte de contrepartie à un statut social les maintenant dans un état prolongé de tutelle. En somme le fils trouverait ainsi une sorte d'échappatoire en dernier recours dont il ne ressentirait pas le besoin avec la même intensité à Yako où sa position plus équitable lui assure davantage de privilèges.

Dans l'un des trois villages de Yako (Siguinonguin) le modèle prend carrément le contrepied du schéma général de Koudougou. La transmission tant des biens que du rang social suit la filière patrilinéaire directe.

Quoi qu'il en soit de nos hypothèses, il ne fait aucun doute que le pivot du système maintenant en permanence l'édifice social mossi à la limite de son déséquilibre repose là, à la charnière des deux groupes G2 — G3.

G1 constituant l'assise élémentaire la plus solide,

G4 l'appoint éventuel en force de travail, tandis qu'en G2 et G3 s'accumulent les forces de contradiction interne ou de dissolution.

Comparé à Yako ou Koudougou, le modèle rencontré à Zorgho paraît simple et ne point soulever les mêmes problèmes d'interprétation. Le groupe familial a tendance à se ramener à la cellule élémentaire composée d'un chef de zaka, ses épouses et enfants mineurs. C'est aussi la seule zone, un fait éclairant l'autre, où toutes les zakse sont à structure « mono-cellulaire » c'est-à-dire où le rapport exploitations — zakse est égal à 1. Un troisième indice allant dans le sens des deux précédents est la taille sensiblement plus réduite du groupe de résidence.

On a là un faisceau d'indicateurs précis et convergents qui aident à définir le particularisme social de Zorgho.

Une fois encore le statut réservé au frère mérite un examen de fond. Il est incontestablement moins avantageux que partout ailleurs. La préséance a basculé au profit du fils.

A la mort d'un chef de zaka, le frère se voit gratifier de diverses fonctions provisoires, le temps d'organiser les funérailles ou le temps, éventuellement, que le fils aîné atteigne l'âge d'homme. C'est un simple ordonnateur de cérémonie, possédant à titre précaire le pouvoir de gérer les greniers et d'assurer la poursuite de l'exploitation.

Ces pouvoirs ne lui sont pas contestés même, semble-t-il, s'il ne résidait pas au moment où est survenu le décès, dans la zaka du défunt. Le cas échéant il peut donc se trouver momentanément à la tête de deux zakse et par là d'une double exploitation qu'il va évidemment regrouper pour constituer un seul « grand champ » (poukasinga).

Cependant ces fonctions ne durent pas. Dès que le premier fils est en âge de gérer ses propres affaires, il récupère l'intégralité de ses droits et le frère doit alors s'effacer pour se replier dans sa propre zaka s'il en possédait déjà une ou pour s'en constituer une en propre s'il ne l'avait déjà fait. En effet on imagine mal dans ce système comment un frère que tous les « neveux » mossi considèrent comme leur « petit père » pourrait accepter pareille « dérogeance » que de résider dans la zaka dirigée par son fils classificatoire, fût-ce avec la possibilité de créer une exploitation séparée. C'est d'ailleurs la raison pour laquelle nous n'avons pas rencontré un seul exemple de zaka pluri-cellulaire dans la région de Zorgho. Il ne saurait y en avoir selon la décla-ration même du chef de village de Gandaogo.

Les biens entrant dans le patrimoine faisant, à l'inverse de ce qui se pratique couramment dans d'autres régions mossi, l'objet d'un partage sans aucune exclusive, frères ou sœurs, fils ou filles, cette dispersion successorale (1) favorise à son tour l'éclatement familial en zakse autonomes de taille rela-tivement modeste.

Tougan, strate de vieille colonisation se particularise de maintes façons. En premier lieu par l'importance du groupe social de résidence (40% supé-rieur à Zorgho).

En second lieu si l'on considère la structure de parenté par référence au chef de zaka, la cellule élémentaire G3 des frères cadets mariés gagne en importance relativement aux autres zones, y compris celle de Yako. Au contraire, rapporté aux chefs d'exploitations le groupe G3 s'amenuise de plus de moitié et tombe au-dessous du niveau observé à Yako.

C'est qu'à Yako, au moins dans le canton Darigma (2), la segmentation d'une zaka en exploitations autonomes reste un processus peu courant alors qu'à Tougan il est fort bien admis.

Bien qu'à Tougan les diverses réponses obtenues de la part de nos informateurs laissent entendre que les déviantes par rapport à un modèle théorique reconnu sont fort nombreuses, ce qui en soi n'est guère étonnant de la part de colons pouvant avoir des origines et des schémas culturels de référence variés, il reste admis qu'en principe le frère cadet détient la priorité dans la transmission de la chefferie de zaka.

Dans les 3 villages de Tougan, il nous a été dit que le frère cadet (pour autant qu'il réside déjà dans la zaka) succède naturellement au chef de zaka défunt même s'il est d'ordinaire écarté du partage patrimonial (à l'exception toutefois du mil partagé en ligne directe et collatérale).

A Bompela on apporte la précision supplémentaire que la participation du frère à l'héritage matériel est, elle aussi, liée à la condition qu'il ait résidé dans la même zaka que le défunt et l'ait assisté dans ses travaux.

En quelque sorte les modes de transmission et d'héritage suivraient à Tougan des voies plus empiriques et par suite plus diversifiées qu'ailleurs, reposant avant tout sur des situations de fait, conférant ainsi beaucoup plus de souplesse au système.

A Namassa il est encore dit que le fils, dès lors qu'il se sent en mesure d'assumer les responsabilités y afférentes conserve toujours le droit de prendre, dans la zaka dirigée dorénavant par l'oncle paternel, son autonomie en scindant son exploitation. Possibilité qui n'est pas non plus contestée à Bompela. En fait ce droit semble assez théorique. Dans 9 zakse de l'échan-

___

(1) *Lorsque le patrimoine à partager est trop petit par rapport au nombre d'ayants-droit, il est procédé à sa vente et l'argent réuni est réparti entre les héritiers.*

(2) *Dans la région de Dakola, J. M.* Kohler *dénombrait en moyenne 1,15 exploitation par zaka. Cf. J. M.* Kohler.
Activités agricoles et changements sociaux dans l'Ouest Mossi (Haute-Volta). Mém. ORSTOM n° 46, Paris 1971, 248 p.

tillon, situation observée en janvier 1973, coexistaient un total de 25 exploitations. En aucun cas les chefs de ces 16 exploitations autonomes n'étaient les fils du frère défunt et donc les neveux (biribla) par rapport à ego, successeur du chef de zaka. Dans 9 cas ces chefs étaient des frères cadets ayant même père et même mère que le chef de zaka, dans 6 autres cas des demi-frères (1) de mères différentes et dans un cas seulement un cousin parallèle patrilatéral (fils du frère aîné du *père* de l'actuel chef de zaka).

A Bompela une autre précision intéressante à noter démontrant la souplesse du système. Si le frère cadet est plus jeune que l'enfant aîné du chef de zaka, le titre revient à l'enfant *qui le garde*.

Une dernière remarque : si dès le vivant de son « kiema » (aîné) le frère cadet marié gérait sa propre exploitation, il lui est difficile par la suite de devenir chef de zaka, et nous constatons ici une interférence curieuse de l'impôt, lequel est loin d'être totalement « neutre » en la matière. En effet la plupart des chefs d'exploitation ne s'en remettent plus au chef de zaka pour payer leur impôt.

Ils détiennent pour eux-mêmes, leurs épouses, enfants et éventuellement frères cadets un livret personnel de famille. S'il y a alors dans l'exploitation du chef de zaka un enfant en âge de prendre sa succession on se contentera de rayer le nom du défunt sur le livret détenu par le chef de zaka. Ce sera l'enfant adulte qui deviendra en titre chef de zaka et responsable du versement de l'impôt pour toutes les personnes inscrites sur son livret.

La strate de colonisation récente de Dedougou présente enfin, surtout par comparaison à Tougan, diverses caractéristiques dont les plus typiques sont la faiblesse des deux groupes G2 et G3 et la relative importance du groupe G4 (frères célibataires et divers).

Le temps n'a pas encore permis à ces nouveaux colons, dans l'ensemble assez jeunes (2) de faire souche et de s'agrandir de l'apport de nombreux dépendants directs ou collatéraux. Toutefois le jeune frère célibataire accompagne volontiers son aîné soit qu'il le suive dans sa migration soit qu'il le rejoigne quelque temps après. De même bon nombre de familles comptent des veuves, mères ou marâtres du chef de zaka.

Notons également que la zaka d'un jeune colon (moins de 15 années d'installation) est en règle très générale de type unicellulaire. L'exception rencontrée dans la zaka du chef mossi de Kary avec ses sept exploitations ne saurait contrevenir à la règle car ce chef n'est qu'un descendant de colon, de surcroît fils d'imam réputé qui avait de son vivant recueilli plusieurs élèves coraniques sans liens directs de parenté, lesquels devinrent chefs d'exploitation après la mort de leur maître et tuteur. (Rappelons que le chef de village a été intégré à l'échantillon en dehors de toute considération d'ancienneté d'installation).

*
* *

---

(1) *Il se peut alors que le chef de zaka soit plus jeune que son demi-frère, simple chef d'exploitation, s'il est né d'une première ou plus ancienne épouse.*

(2) *Il y a un écart d'environ 18 ans entre les moyennes d'âge d'un chef de zaka de Koudougou et de Dedougou et 9 ans d'écart avec l'âge moyen d'un chef de zaka de Tougan.*

En résumé la structure du groupe de résidence est sans conteste un élément fondamental permettant de localiser les sources de tension latentes moins entre les individus en tant que tels qu'entre cellules élémentaires de parenté, les unes étant vecteurs des pouvoirs socio-politiques coutumiers et les autres du pouvoir économique.

Selon toute vraisemblance ces tensions se trouvent atténuées là où le groupe est homogène, centré autour d'un chef de zaka et de ses dépendants immédiats. Tel doit être les cas à Zorgho et à Dedougou. Elles se trouvent désamorcées là où sont librement admises sinon favorisées les scissions internes d'exploitations. Tel semble être le cas de l'ancienne strate de colonisation de Tougan. Elles se trouvent au contraire exacerbées et toujours prêtes à cristalliser là où se conjuguent des cellules familiales hétérogènes et des obstacles aux scissions d'exploitations.

Le tableau XIX permet d'apprécier selon la strate cette complexion interne des zakse de l'échantillon. Nous nous limiterons à la corésidence des deux groupes G2 et G3, les plus susceptibles d'introduire la contradiction dans le fonctionnement normal du système.

Les chiffres reportés dans les cases indiquent en valeur absolue le nombre respectif de zakse où cohabitent simultanément des enfants et des frères mariés (case EM × FM), celles où ne résident que des enfants mariés (EM × N.FM) ou que des frères mariés (N.EM × FM) et celles où ne cohabitent ni enfants ni frères mariés (N.EM × N.FM).

TABLEAU XIX

Simultanéité de présence des statuts EM et FM dans les zakse

Yako (39 zakse)

	FM	N.FM
EM	2	11
N.EM	7	19

Koudougou (38 zakse)

	FM	N.FM
EM	0	18
N.EM	6	14

Zorgho (26 zakse)

	FM	N.FM
EM	0	5
N.EM	2	19

Tougan (39 zakse)

	FM	N.FM
EM	3	12
N.EM	8	16

Dedougou (39 zakse)

	FM	N.FM
EM	0	1
N.EM	4	34

On voit que la cohabitation simultanée de frères et d'enfants mariés demeure malgré tout exceptionnelle et qu'à tout prendre, moins de 3% des zakse présentent cette caractéristique. Enfants et frères mariés forment à l'évidence deux cellules à pôles contraires. C'est à Tougan que cette corésidence est la plus fréquente (7,7% des cas). Un réflexe grégaire propre à des colons en rend-il compte sans doute dans une certaine mesure mais surtout le fait que les scissions entre exploitations y soient plus libéralement tolérées qu'ailleurs (traduisant en ceci leur ascendance yatengaise) permet un relatif isolement de ces enfants mariés intégrés à l'exploitation de leur père, chef de zaka, vis-à-vis de leur « babila » maître de sa propre exploitation.

Il faut bien constater cependant que les différents systèmes en vigueur çà et là ne comportent pas tous un égal degré de cohérence interne.

Ainsi à Tougan où fonctionne le double système de transmission : acquisition de la chefferie de zaka en ligne collatérale, héritage des biens en ligne directe, le cloisonnement entre exploitations séparées peut n'être qu'un mince paravent insuffisant à préserver l'unité du groupe. Tant que le fils est mineur les biens dont il est l'héritier sont en pratique confiés à la garde de son « petit père ». Lorsque, éveillé par sa mère et devenu apte à s'occuper de ses propres affaires, il demande que ces biens lui soient restitués, il arrive que le frère conteste, soulève des difficultés ou allègue de la « plus-value » qu'il a apportée, par ses efforts, au capital dont il était le dépositaire. Il faut alors trancher et c'est au « budu-kasma » (doyen du lignage) que revient la charge d'émettre un jugement impartial. Le conflit entrera donc dans sa phase aigue au moment de la majorité de l'enfant.

A Koudougou le système est théoriquement plus cohérent puisque le frère accède à la fois au rang et aux biens, mais le danger d'éclatement n'en est pas moins présent. Il se situera néanmoins en une autre phase. Nous dirions volontiers que le frère cadet hérite à charge de revanche. S'il témoigne avant le décès de son aîné d'un comportement « égoïste », par exemple en ne contribuant que faiblement à l'entretien de la zaka dont il deviendra le chef, il lui en sera tenu rigueur beaucoup plus sévèrement qu'ailleurs. Il risque alors, au jour de la succession, l'éparpillement de tous les membres de la zaka, et notamment des enfants mariés ou célibataires qui « n'enverront plus jamais rien, dût-on annoncer la mort de leur petit père »...

A Zorgho où la cohérence du système paraît tout aussi solide, quoique fondée sur des bases différentes, le risque de contradiction n'est pas non plus totalement absent. C'est le partage des terres qui peut mettre en danger la bonne entente entre fils et frère. En effet, bien que le frère ne refuse jamais de s'en aller le moment venu, ne serait-ce que pour pouvoir transmettre à son tour la chefferie de zaka à ses propres enfants, il peut demander au fils le partage des terres, s'il pense éprouver des difficultés à en trouver d'autres. C'est même le frère qui impose le plus souvent un partage à sa convenance, disant au fils « *tu cultiveras là et moi ici...* » mettant dans cet acte d'autorité le point final à ses fonctions temporaires.

En bref, aucune zone du pays Mossi ne paraît exempte de conflits en puissance. Ils se cristalliseront simplement selon une alchimie spécifique et à des moments différents. Tous aboutissent à la migration ou constituent un terreau propice à son développement.

L'IMPACT DES MIGRATIONS

A bien des égards les résultats que l'on va présenter ici complètent notre étude budgétaire (1) dans laquelle nous avions retenu une définition très restrictive du « revenu migratoire », ne prenant en compte que le solde monétaire rapatrié au village, à l'exclusion des marchandises envoyées à la famille depuis l'étranger ainsi que de toutes les opérations de dépenses réalisées au cours du retour.

Nous nous proposons d'examiner les aspects suivants :
— Les données démographiques.
— L'influence du statut social sur le taux migratoire entre 15 et 34 ans (migrations professionnelles uniquement).
— L'impact des migrations sur le calendrier agricole.
— Les apports monétaires.

Pyramides démographiques et autres données sur la population

PYRAMIDES DÉMOGRAPHIQUES

Chefs non pondérés, notre population de base totalise 2 143 individus pour 181 zakse et 203 exploitations, dont 1 101 hommes et 1 042 femmes, soit un total global de masculinité égal à 1,056 ; coefficient un peu fort qu'il nous a été impossible d'améliorer, malgré un an de présence continue dans les familles.

Sur cette population de base 15,2 % étaient absents selon un état dressé début juin 1973 ; soit 326 personnes en valeur absolue, comprenant :

232 hommes (21,7 % de l'effectif),
94 femmes (9,0 % de l'effectif).

Pour les résidents présents le taux de masculinité descend donc à 0,917 (869/948). Il s'établit à 1,176 au-dessous de 10 ans. La dissimulation des fillettes est patente. Entre 15 et 19 ans il est également supérieur à 1 (1,125) mais pour cette catégorie le biais s'explique par un glissement des classes d'âges féminines en fonction du statut matrimonial. A partir de 20 ans jusqu'à 44 ans il se fixe très au-dessous de 1 (à moins de 0,55 entre 20 et 34 ans). Il plafonne de nouveau (à 1,21) sur la classe d'âges 50-54, âge dans lequel les femmes entrent en ménopause, d'où un rajeunissement ou un vieillissement de ces dernières selon qu'elles ont déjà ou pas encore atteint ce stade. A partir de 55 ans les oscillations s'atténuent et le coefficient s'écarte peu, dans un sens ou dans l'autre, de l'unité. Le fait marquant demeure ainsi la faiblesse du taux de masculinité de 20 à 34 ans, classes pour lesquelles on dénombre presque deux fois moins d'hommes que de femmes, avec un mini-

---

(1) *Cf. 1ʳᵉ partie : la monnaie mossi, un pouvoir non libératoire de règlement.*

Monnaie et structures d'exploitations en pays Mossi

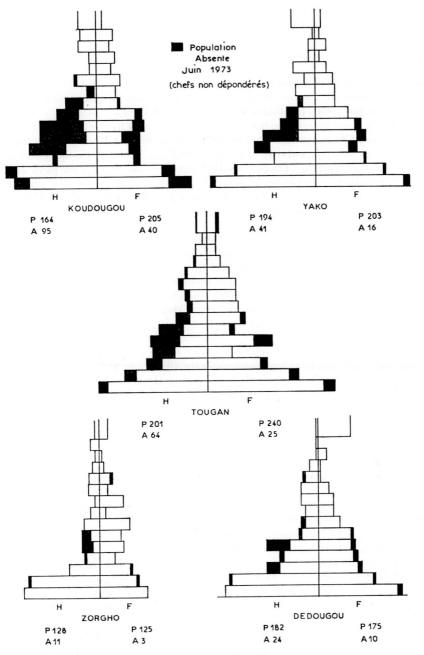

FIG. 44. — *Pyramides d'âges*

mum absolu de 0,40 à Koudougou et Zorgho — 0,46 à Yako — 0,68 à Dedougou — 0,70 à Tougan.

Taux de natalité et de fécondité

Au cours de l'année 1973 ont été enregistrées 73 naissances sur l'ensemble de nos fiches familiales (35 garçons et 38 filles).

En se donnant comme population de référence 1 817 personnes présentes en juin dont 869 hommes et 948 femmes (cf. supra : Pyramides démographiques) le taux de natalité s'établit à 40,2 ‰. Il aurait été de 47,6 ‰ en zones de colonisation (Tougan — Dedougou) et de 34,7 ‰ en pays Mossi.

Cependant la faiblesse de notre échantillon ne nous autorise en aucun cas à conclure à une surnatalité dans nos zones de colonisation. Il y a en effet 95 % de probabilité pour que le taux réel à Tougan et Dedougou soit compris dans un intervalle de :

47,6 ± (47,6 × 0,28) : max. 60,9 ‰ — min. 34,3 ‰.

et que celui des autres strates oscille entre :

34,7 ± (34,7 × 0,30) : max. 45,1 ‰ — min. 24,3 ‰.

La marge d'erreur est telle que lever l'incertitude aurait nécessité par exemple, deux échantillons de 5 000 résidents présents chacun, ou bien en ne touchant pas à l'échantillon du pays Mossi de porter à 35 000 environ celui des colons (au lieu de huit cents !).

Notre taux global — 40,2 ‰ — parfaitement cohérent avec les normes admises ne nous permet d'affirmer qu'une chose : il y a un 95 % de probabilité pour qu'il soit effectivement compris entre 49,4 ‰ et 31 ‰.

Pour estimer le taux brut de fécondité on retient habituellement les classes féminines âgées de 15 à 49 ans, soit 417 personnes. Le taux ressort ainsi à 73 / 417 = 175,1 ‰ (220,1 ‰ en zones de colonisation, 142,9 ‰ en pays Mossi) sans qu'il soit davantage possible d'affirmer un surcroît de fécondité des uns vis-à-vis des autres.

Taux de mortalité

39 décès enregistrés, dont 13 masculins et 26 féminins, soit un taux égal à 21,5 ‰ (25,1 ‰ chez les colons — 18,6 ‰ en pays Mossi). La marge d'erreur relative dans les deux cas se chiffre approximativement à ± 40 % du coefficient obtenu soit des plages d'incertitude de :

35,1 ‰ à 15,1 ‰ chez les colons.

26,0 ‰ à 11,2 ‰ en pays Mossi.

En prenant les hypothèses extrêmes, le taux brut d'accroissement naturel pourrait donc osciller de 45,8 ‰ au maximum à 0,8 ‰ au minimum chez les colons et de 33,9 ‰ au maximum à 1,7 ‰ au minimum en pays Mossi. Lever l'incertitude exigerait alors deux échantillons voisins de 10 000 dans chaque strate.

Disons que globalement le taux d'accroissement naturel s'établit à 18,7 ‰ taux qui montre surtout la *parfaite représentativité de notre échantillon* mais aussi qu'il y a 95 % de chances pour qu'il soit effectivement compris entre 24,3 ‰ et 13,1 ‰.

Taux de mortalité infantile

N'ayant observé qu'une année civile, le nombre de 8 décès d'enfants nés vivants et morts en 1973, soit 11% des naissances, doit être multiplié par un certain coefficient (proche de 1,67) pour fournir la proportion théorique d'enfants décédés au cours de leur première année d'existence. Le taux avoisinerait ainsi 18,3%.

Polygamie

Après pondération des chefs de villages, les taux de polygamie obtenus pour chacune des strates figurent au tableau **XX**.

TABLEAU **XX**
Nombre d'épouses par homme marié

	K.	Y.	Z.	Pays Mossi	T	D	Colons
Taux	1,563	1,450	1,728	1,549	1,368	1,327	1,352
Age moyen des hommes mariés	47,0	46,0	49,6	47,1	43,9	43,5	43,8

Le taux de polygamie paraît supérieur en pays Mossi, de même que l'âge moyen des hommes mariés. A noter d'ailleurs la parfaite corrélation entre ces deux séries de chiffres.

Selon toute vraisemblance l'âge est bien le paramètre essentiel, dont le statut social n'est en fait que le reflet, permettant de rendre compte de la progression des taux de polygamie. Nous avons tenté de le démontrer à l'aide de séries ajustées basées sur le calcul des taux de polygamie en fonction de l'âge. Il suffit ensuite d'établir l'âge moyen des hommes mariés détenteurs de tel ou tel statut social (chefferie de village, chefferie de zaka, enfant marié, frère cadet marié, etc.) puis d'affecter à chaque groupe ainsi défini le taux « théorique » de polygamie que son âge moyen lui accorderait et enfin de comparer cette série ajustée à la série réelle observée. L'écart entre les deux séries — ajustée et observée — peut être attribué au statut social individuel.

En zone de colonisation, comme en pays Mossi, malgré la différence des taux de polygamie, on constate que le seul statut social réellement favorable à l'accumulation des épouses est celui de *chef de village*. Cette similarité entre nos zones d'enquête nous autorise à les agréger et à présenter le tableau **XXI** :

La chefferie de village permet, à âge égal, de doubler son nombre d'épouses. La chefferie de zaka de gagner à peine 1,5%. La chefferie de simple exploitation n'assure au contraire aucun privilège, sauf peut-être pour les frères cadets. Tous les autres individus connaissent un retard par rapport à ce que leur âge pourrait leur laisser escompter.

TABLEAU XXI

Polygamie et statut social

Statut social des hommes mariés (ou veufs)	Age moyen (ans)	Taux de Polygamie ajusté selon l'âge	Taux réel observé	Indice réel ajusté
Chef de village	49,6	1,605	3,23	2,01
Chef de zaka	53,9	1,62	1,643	1,014
EM de CZ	34	1,39	1,19	0,86
FM de CZ	35,7	1,42	1,182	0,83
EEM (de CZ)	23	1	1	1 (1)
EF (de CZ)	28,8	1,24	1,167	0,94
Autre	62	1,65	0,8	0,49
EM – Chef d'exploitation	44,7	1,55	1,33	0,86
FM – Chef d'exploitation	43,5	1,54	1,579	1,006
Autre - Chef d'exploitation	43	1,53	1,167	0,76
Ensemble « Chef d'exploitation »	43,5	1,54	1,464	0,95

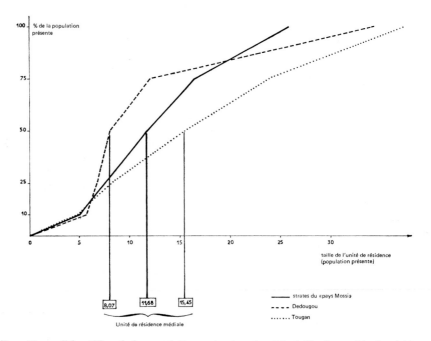

FIG. 45. — *Répartition de la population présente suivant la taille des unités de résidence*

(1) *Effectif trop faible pour être significatif.*

Les groupes de résidence (population présente)

C'est à Tougan que la concentration à l'intérieur de certains groupes de résidence est la plus accentuée.

Le dernier quartile des plus grosses zakse (25%) accumule 54% de la population présente. La zaka médiale, telle que 50% de la population réside dans des groupes de taille supérieure, compte *15,45 occupants.* Par contre la zaka médiane n'est que de *7,87* — chiffre compris entre celui du pays Mossi (8,39) et celui de Dédougou (7,29). La différence de ces deux paramètres montre que la moitié de la population réside dans des groupes près de deux fois supérieurs au groupe médian.

En pays Mossi le dernier quartile ne concentre que 45,5% de la population. La taille médiale tombe à 11,68. Donc moins de très grosses zakse qu'à Tougan mais aussi faut-il préciser beaucoup moins de facilités pour scinder la zaka en exploitations autonomes.

A Dedougou 43,2% de la population réside dans les groupes du dernier quartile. Médiale (8,07) et médiane (7,29) se rapprochent (fig. 45 et 46).

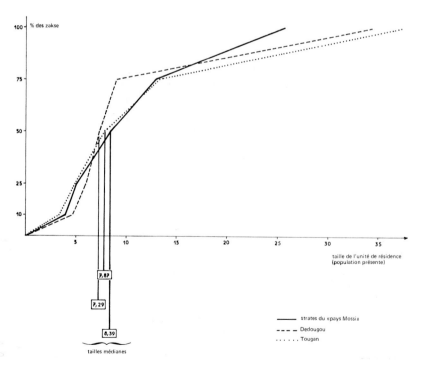

F IG. 46. — *Répartition des « zakse » suivant leur taille (population présente)*

L'influence du statut social sur le taux migratoire « professionnel » entre 15 et 34 ans

Pour mettre en évidence l'influence du statut familial il convient de raisonner sur le groupe d'âges suffisamment homogène allant de 15 à 34 ans, cette limitation offrant à la fois l'avantage de toucher la majeure partie des absents (plus des deux-tiers), plus de 90% des migrants « professionnels » (1) et d'être parfaitement opératoire pour une décontraction des statuts familiaux déjà utilisés à maintes reprises (CE — EpCE — EC — EM — EpEM — EEM — FM — EpF — EF — FC — A.).

Le premier graphique (fig. 47) portant sur l'ensemble de notre échantillon (689 personnes âgées de 15 à 34 ans) montre :

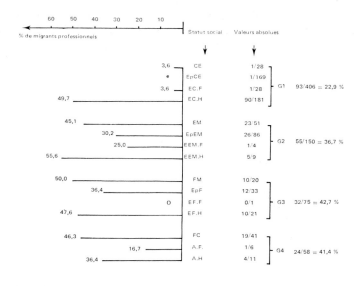

FIG. 47. — *Pourcentage de migrants « professionnels »,*
âgés de 15 à 34 ans, selon le statut familial

---

(1) *Nous entendons par là les absents partis à la recherche d'emploi vers l'étranger, vers des terres de colonisation ou vers des centres urbains, sous réserve que l'absent continue toujours à verser son impôt en sa résidence d'origine.*

— premièrement, qu'à âge égal, les éléments mâles de chaque sous-groupe (G1 — G2 — G3 — G4) migrent toujours plus que les filles ou épouses.

— deuxièmement, que le statut familial, *hormis celui du CE*, ne joue pour ainsi dire aucun rôle. Tous les taux migratoires masculins oscillent autour de 45 %.

— troisièmement, que *le fait d'être marié atténue à peine* la propension migratoire. Non compris les chefs d'exploitation, les autres hommes mariés (EM — FM) migrent à raison de 46,5 % alors que les célibataires de même âge (ECH — EEMH — EFH — FC — AH) atteignent le taux de 48,7 %.

Sur la seconde planche de diagrammes (fig. 48) les résultats sont agrégés par sous-groupes G1 — G2 — G3 — G4 à l'intérieur des 5 strates étudiées.

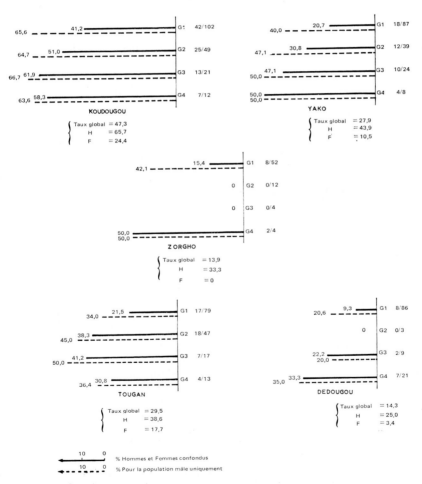

Fig. 48. — *Pourcentage de migrants « professionnels »,
âgés de 15 à 34 ans, selon la strate par groupe familial d'appartenance*

Commençons par le cas le plus simple : celui de Zorgho. On a montré en quoi le système social en vigueur dans la région de Zorgho rompait radicalement avec la plupart des autres systèmes, à savoir la priorité accordée au fils dans la transmission de la chefferie de zaka entraînant l'éclatement familial en petites unités de résidence autonomes. La « majorité » sociale s'acquiert ainsi assez rapidement.

Les seuls candidats au départ sont donc les jeunes *célibataires*, fils ou frères, dont l'heure n'est pas encore venue d'endosser des responsabilités familiales.

On a par là même l'explication de l'absence totale de femmes parmi les migrants de 15 à 34 ans. Célibataires elles résident dans la zaka paternelle, mariées elles résident avec leurs époux et ceux-ci ne migrent plus.

Le pourcentage de jeunes migrants célibataires (33,3%) n'est pourtant pas négligeable et l'on a vu par notre étude budgétaire que leur apport monétaire, stricto-sensu, représentait dans cette zone 24,3% du revenu brut et 32,6% du revenu net. La situation est donc actuellement en train d'évoluer très rapidement. On en a une confirmation lorsque l'on découvre que dans l'ensemble de la population masculine présente et adulte de Zorgho, un seul individu nous a déclaré avoir dans le passé effectué une migration.

Le système social de Koudougou est l'antithèse presque achevée de celui de Zorgho ; un mode de transmission en ligne collatérale, une accession aux responsabilités très longtemps retardée pour les enfants, qu'ils soient célibataires ou mariés, des groupes de résidence complexes dirigés par des chefs de zaka âgés (62 ans en moyenne), un terroir densément peuplé. Dans ces conditions il n'est pas étonnant que Koudougou soit le principal château d'eau des migrations mossi.

On atteint ici des plafonds de migration inégalés dans le reste de notre échantillon. Tous les taux migratoires masculins oscillent autour de 65%, quel que soit le sous-groupe familial concerné.

Le modèle rencontré à Yako diffère de celui pratiqué à Koudougou par un bien meilleur équilibre entre les statuts reconnus au frère et au fils. Ainsi, en cas de conflit opposant un fils et un frère, le budu-kasma trancherait toujours, nous a-t-on dit à Bibiou, en faveur du fils sous prétexte que le frère devant accéder à la chefferie d'une zaka « aurait dû se montrer suffisamment conciliant pour éviter pareils incidents dans sa maisonnée ». En somme, même à Yako où la transmission du titre est en principe collatérale, le fils ne manquerait pas d'arguments le cas échéant pour faire prévaloir ses droits. Nous avons d'ailleurs signalé en étudiant la « composante familiale en pays Mossi » la déviante offerte par le village de Siguinonguin avec un modèle de type patrilinéaire direct. Est-ce la raison pour laquelle le taux migratoire de ce village tombe au niveau moyen de la strate de Zorgho dotée d'un système identique, et comme là ne touche plus que des jeunes gens célibataires (ECH — EFH — FC) ?

A Tougan, plus que partout ailleurs, la situation vécue l'emporte fréquemment sur le droit. Les schémas auxquels on continue à se référer ne représentent plus guère qu'un cadre théorique vidé de son contenu. Moyennant quoi il devient difficile, pour ne pas dire vain, de rechercher une quelconque corrélation entre le phénomène migratoire et le statut social.

Enfin à Dedougou, strate de colonisation récente qui à certains égards entre autres la taille réduite des zaksé et la domination du groupe élémentaire G1, rappelle celle de Zorgho, les taux migratoires demeurent en général assez faibles. Il est significatif qu'aucun ne dépasse le seuil de 40%. Les taux les plus forts s'observent dans le groupe G4 (frères célibataires et divers hommes), c'est-à-dire des individus quelque peu en marge du noyau familial, liés plus ou moins fortuitement au reste de la zaka. Il est permis de supposer qu'ils ne se considèrent eux-mêmes qu'en situation de « transit » dans ces familles, soit parce qu'ils se préparent à créer leur propre exploitation, soit parce qu'ils prêtent momentanément assistance à leurs « tuteurs » avant de poursuivre leur périple jusqu'en Côte d'Ivoire.

Le cycle des migrations

Avant d'aborder les aspects monétaires une question importante doit être soulevée. La migration s'accomplit-elle au détriment du calendrier agricole de la Haute-Volta ou essaie-t-elle de concilier au mieux l'intérêt des migrants et celui des cultivateurs restés au pays ? Les opinions sont en effet très divergentes sur ce point cependant essentiel pour une compréhension globale du problème.

Nous allons pour ce faire analyser chacune des migrations en fonction des mois de départ et de retour sans qu'entre en ligne de compte la durée d'absence. Le graphique (fig. 49) illustre le phénomène à travers 101 couples de données, un point figurant le mois de départ et une croix, portée sur la même ligne, le mois de retour.

Un simple aperçu montre déjà qu'aucun mois n'est totalement exempt de mouvements, quel que soit leur sens ; les départs se raréfiant néanmoins en pleine période d'hivernage (juin-août). On peut noter que les migrants partis avant que ne commence la campagne agricole (mai) ou lorsque celle-ci est sur le point de s'achever (octobre) essaient dans la mesure du possible de rentrer au pays en saison sèche, ce qui leur permet de participer à l'une ou l'autre des campagnes suivantes et donc de réduire au minimum l'effet de déperdition de travail dû à leur absence. Il nous paraît très significatif que sur 67 individus partis entre octobre et avril (saison sèche), 14 seulement ne sont pas rentrés dans une phase de l'année correspondante.

Si nous procédons à un bilan mensuel dont nous faisons le solde cumulé, l'évolution apparaît dans le tableau XXII.

Bien que le bilan fasse ressortir l'excédent des départs sur les retours dès le mois de mai, le niveau cumulé ne diminue que faiblement entre avril et août. En d'autres termes, de février à avril les retours l'emportent, d'avril à août départs et retours tendent à s'équilibrer, et de septembre à février les départs l'emportent.

Ce point ressort clairement si nous établissons le solde cumulé en se donnant octobre (fin de la campagne agricole) pour mois initial. Tous les signes négatifs, dénotant un déficit du bilan (R-D) *s'inscrivent en morte-saison* agricole et tous les signes positifs en période de travaux.

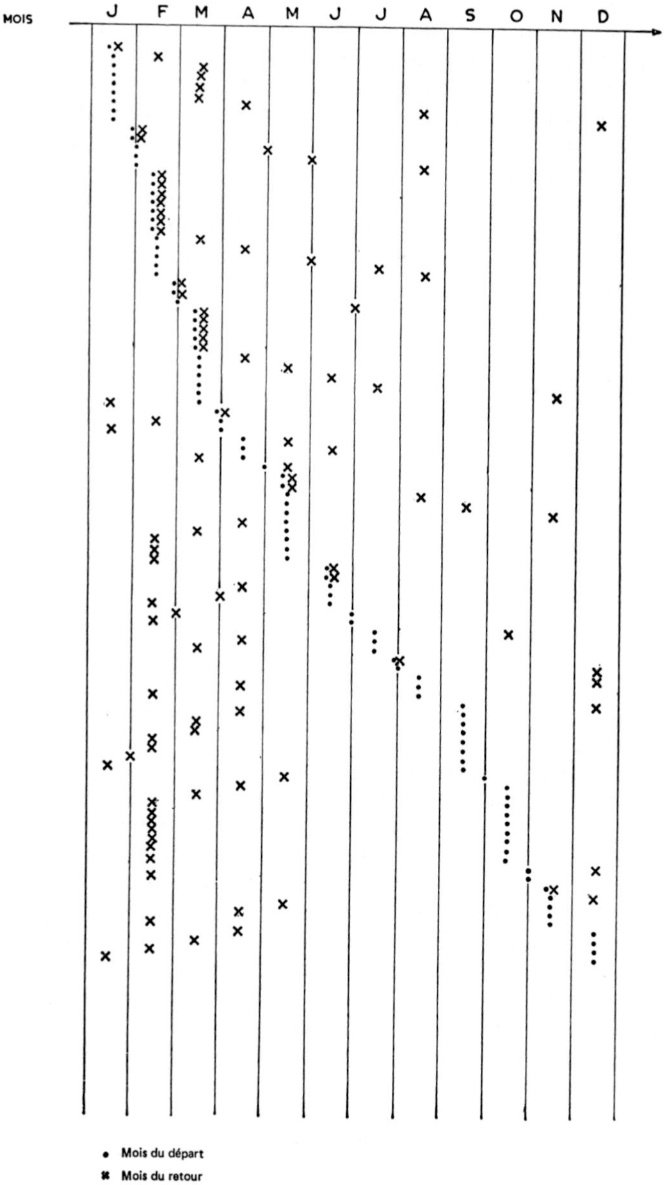

● Mois du départ
✻ Mois du retour

FIG. 49. — *Cycle des migrations (101 fiches dépouillées)*

TABLEAU XXII

Les flux de départs et retours mois par mois

Mois	Nombre de départs	Nombre de retours	Solde (R D)	Solde cumulé à partir d'octobre
J	9	5	— 4	— 14
J-F	5	3	— 2	— 16
F	12	27	+ 15	— 1
F-M	3	3	0	— 1
M	11	17	+ 6	+ 5
M-A	3	2	— 1	+ 4
A	3	11	+ 8	+ 12
A-M	1	1	0	+ 12
M	10	7	— 3	+ 9
M-J	0	2	+ 2	+ 11
J	5	4	— 1	+ 10
J-Jt	2	1	— 1	+ 9
Jt	3	2	— 1	+ 8
Jt-A	2	1	— 1	+ 7
A	3	4	+ 1	+ 8
S	8	1	— 7	+ 1
S-O	1	0	— 1	0
O	9	1	— 8	— 8
O-N	2	0	— 2	— 10
N	5	3	— 2	— 12
D	4	6	+ 2	— 10
	101	101	0	

Les migrants essaient donc bien de concilier leurs impératifs personnels et ceux des familles qui les attendent.

Leurs principaux mois de retour vont de février à avril, ce qui leur laisse un ou deux mois pour le repos et l'amusement avant de reprendre les activités champêtres. Inversement ils quittent le village vers septembre-octobre, donc un peu avant que ne s'achèvent les grosses récoltes. C'est probablement ce léger décalage temporel qui a pu induire certains auteurs à penser que les migrants ne tiennent aucun compte du calendrier agricole voltaïque, conclusion qui nous paraît excessive.

Aspects monétaires

Les résultats présentés ci-dessous sont tirés de 111 fichiers de migrations relatifs à 86 individus différents, dont une vingtaine ne relevant pas des familles de notre échantillon.

Plusieurs indicateurs économiques ont été calculés :
— La durée totale d'absence.

— La durée totale d'emploi.
— Les gains monétaires bruts réalisés pendant la migration.
— Une estimation en valeur des avantages en nature fournis par l'employeur.
— Le montant brut économisé au moment du retour.
— Les valeurs (argent ou marchandises) envoyées à la famille pendant la migration.
— Le volume des dépenses effectuées à l'étranger à compter du jour du etour.
— Les dépenses effectuées en Haute-Volta avant l'arrivée au village.
— Le solde ramené au village.

Concernant les modes et la périodicité de rémunération, nous nous sommes rendu compte qu'ils n'étaient pas sans influencer sensiblement tant la valorisation de la journée de travail que la capacité d'épargne du migrant ; aussi avons-nous distingué les catégories suivantes : rythme de paiement inférieur au mois, rythme mensuel, paiement en fin d'un contrat inférieur à 3 mois, en fin d'un contrat inférieur à 6 mois, en fin d'un contrat de 6 à 12 mois, en fin d'un contrat supérieur à un an.

Le même découpage a été retenu pour les avantages accordés en nature.

DURÉES D'ABSENCE ET D'EMPLOI

TABLEAU XXIII
Durée totale d'absence

	Moins de 3 mois	3 à 6	6 à 12	12 à 18	18 à 24	24 à 36	36 à 48	48 et plus	Total
V. Abs.	5	12	24	25	11	19	8	7	111
%	4,5	10,8	21,6	22,6	9,9	17,1	7,2	6,3	100

Le séjour à l'étranger dure en moyenne 19,2 mois (1) mais la médiane est beaucoup plus proche de 12 et l'écart-type est voisin de 8. Sur ces 19 mois moins de 2 sont déclarés comme chômés. La faible proportion du temps de chômage laisse malgré tout sceptique, encore que la pratique des embauches par contrats de longues ou moyennes durées, qui paraît avoir la faveur de beaucoup de travailleurs, peut expliquer la faiblesse des temps morts.

Selon la durée totale des séjours, le temps chômé évoluerait comme l'indique le tableau XXIV.

(1) *Ce temps plus court que celui auquel parviennent d'autres études tient au fait que nous n'avons pas retenu la distinction entre retours proprement dits ou simples visites inférieures à 3 mois, mais aussi à la réalité d'un grand nombre de très courtes migrations dans notre strate de Tougan.*

TABLEAU XXIV

Le temps chômé en % de la durée du séjour

Durée du séjour	moins de 3 mois	3 à 6	6 à 12	12 à 18	18 à 24	24 à 36	36 à 48	48 et plus
% du temps chômé	0	4,2	6,3	9,8	6,6	9,9	16,7	10,9
			8,5		8,8			

La proportion du temps chômé augmente parallèlement à la longueur du séjour tant que celle-ci n'excède pas 4 ans. Le « creux » observé pour les séjours compris entre 18 et 24 mois n'est guère explicable que par un biais dans les déclarations relatives aux durées de séjour, notamment les arrondis qui ont pu s'accumuler sur les périodes de 12 et de 24 mois.

En effet un découpage différent (6-18 et 18-36) fait disparaître cet inconvénient et la progression des pourcentages devient plus satisfaisante.

La diminution du temps chômé pour les séjours de très longue durée est par contre plausible bien que des périodes répétées de mise à pied aient pu être oubliées ou inavouées.

LES GAINS MONÉTAIRES BRUTS RÉALISÉS

Sont reportés ci-dessous l'ensemble des gains monétaires moyens obtenus à l'étranger.

On les a ventilés en fonction de la durée totale des séjours puis calculés par mois et par migration.

TABLEAU XXV

Gains bruts monétaires (F CFA) (1)

Durée du séjour	moins de 3 mois	3 à 6	6 à 12	12 à 18	18 à 24	24 à 36	36 à 48	48 et plus	T
Par séjour	10 155	23 625	36 260	59 695	112 125	115 115	138 835	316 335	82 005
Par mois	4 780	6 035	4 520	4 295	5 735	4 230	3 855	4 485	4 525
Par mois de travail effectif	4 780	6 300	4 815	4 685	6 140	4 720	4 510	4 760	5 065

(1) *Calculés sur 96 fiches.*

Calculés par migration, le même biais déjà signalé dans le paragraphe précédent ressort du tableau **XXV**.

Il est en effet invraisemblable que les gains obtenus au cours de séjours durant de 2 à 3 ans dépassent d'aussi peu ceux obtenus dans les séjours de 1 an et demi à 2 ans.

Quoi qu'il en soit, pour toutes les durées comprises entre 1 an et demi et 4 ans la progression reste minime. Il est donc certain que le taux de chômage total ou déguisé est beaucoup plus fort que ne veulent bien l'admettre les migrants. Comme il n'y a aucune raison plausible pour que le salaire mensuel diminue dans la classe 18-48 mois, il faut bien conclure que ce n'est pas tant ce taux qui décline que la durée d'emploi.

Le gain moyen de 5 065 F CFA par mois de travail, toutes durées confondues, montre à quel point les pays hôtes tirent profit de cette main-d'œuvre étrangère qui paraît systématiquement rémunérée aux tarifs les plus bas. Ainsi il n'est pas exagéré de dire que la Haute-Volta supporte une double dégradation de ses « termes d'échange » dans le commerce international : la sienne propre plus celle que lui transfère, via sa force de travail migrante, le pays d'accueil.

Ceci ne peut cependant suffire à condamner sans appel toute forme de migration de travail car la Haute-Volta est-elle en mesure de son côté d'assurer ne serait-ce que 80 000 F CFA de revenu brut à n'importe lequel de ses travailleurs dans l'intervalle de 19 mois ? (en 1970 la P.I.B. voltaïque avoisinait 80 milliards, dont 41 pour le secteur primaire qui comptait environ 2 400 000 actifs, soit une P.I.B. annuelle de 17 100 F par actif en milieu rural).

À ces revenus monétaires il convient d'ailleurs d'ajouter les avantages en nature fournis par l'employeur.

L'ÉVALUATION DES AVANTAGES EN NATURE

Nous les avons estimés sur les bases suivantes, en brousse :
1 900 F/mois si nourriture et logement sont fournis.
1 200 F/mois si la nourriture seule est fournie.
700 F/mois si seul le logement est assuré.
et pour la ville respectivement 3 300 — 1 800 — 1 500 F/mois.

On voit que les avantages en nature représentent en moyenne 24% des gains monétaires (tabl. **XXVI**). Un mois de séjour rapporte ainsi 5 545 F dont 4 525 F en monnaie et 1 020 F en avantages en nature tandis qu'un mois d'embauche effective rapporte 6 200 F dont 5 065 F en monnaie et 1 135 F en avantages en nature.

Une simple lecture montre que ce sont les séjours de courte durée, inférieure à 6 mois, qui proportionnellement rapportent le plus à leurs auteurs en valorisant le mois aux alentours de 7 100 F. Ce niveau relativement élevé des avantages accordés en nature permet de comprendre à la fois la persistance des flux migratoires en dépit de l'érosion de l'argent et le très fort coefficient d'épargne des migrants ainsi que nous allons le voir maintenant.

Monnaie et structures d'exploitations en pays Mossi

TABLEAU XXVI

Valeur estimée des avantages en nature en fonction de la durée du séjour (F CFA)

Durée	moins de 3 mois	3 à 6	6 à 12	12 à 18	18 à 24	24 à 36	36 à 48	48 et plus	T
Avantages en nature par séjour	4 085	6 040	8 685	14 490	17 780	30 090	46 990	45 720	19 585
par mois de séjour	1 920	1 530	1 122	1 025	920	1 130	1 305	675	1 020
par mois de travail	1 920	1 595	1 195	1 140	985	1 265	1 565	760	1 135

L'ÉPARGNE BRUTE ACCUMULÉE AU COURS DE LA MIGRATION (tabl. XXVII)

Par épargne brute nous entendons d'une part, le montant monétaire disponible à l'époque du retour, d'autre part le montant des valeurs réelles ou monétaires envoyées à la famille au cours de la migration. (Précisons tout de suite que ces envois représentent moins de 7% de l'épargne globale ainsi définie).

TABLEAU XXVII

L'épargne

Durée en mois	Moins de 3 mois	3 à 6	6 à 12	12 à 18	18 à 24	24 à 36	36 à 48	48 et plus	Moy.
En % du gain monétaire réalisé	98,7	82,3	65,5	59,7	47,6	46,6	52,6	29,8	49,0
Par migration F CFA	9 930	19 445	23 765	35 625	53 380	53 595	72 970	94 315	40 160 (1)

---

(1) *Ce chiffre est légèrement supérieur à celui que nous obtenons en considérant les 111 migrations (39 165) (cf. al 5) du fait que nous n'avons pris en compte dans ce tableau que les 96 réponses pour lesquelles il était à la fois précisé le gain monétaire et l'épargne accumulée afin d'en calculer le rapport.*

L'épargne représente en moyenne 49,0% des gains réalisés, ce taux variant de près de 1 pour les séjours les plus courts à environ 0,3 pour les plus longs.

La décroissance du taux d'épargne est à peu près régulière à mesure que le séjour se prolonge. La brusque remontée entre 36 et 48 mois est due probablement au biais d'arrondi sur les durées de 3 ans, encore qu'elle puisse s'expliquer par l'augmentation des prestations en nature. L'esprit économe des migrants n'est donc pas un vain mot.

Certains auteurs ont mis en doute cette capacité d'épargne excipant justement des bas salaires consentis. Nous avons déjà fourni un premier argument en montrant le rôle non négligeable des avantages accordés en nature. Un second argument venant étayer nos estimations résulte des modes de rémunération pratiqués. Il est certain que plus les paiements sont fractionnés moins grande est la capacité d'épargne, toutes choses égales par ailleurs. Or le paiement s'effectue dans de nombreux cas au terme d'un contrat assez long, retardant parfois jusqu'au jour du départ la rémunération.

Ce que nous montrons par le tableau XXVIII.

Tableau XXVIII

Répartition du temps d'emploi et des gains monétaires
selon la périodicité du paiement (en %)

Périodicité de paiement	Fin d'un contrat plus d'1 an	Contrat 6 à 12 mois	Contrat 3 à 6 mois	Contrat 1 à 3 mois	Contrat mensuel	Contrat moins d'1 mois	T
Temps d'emploi	9,3	38,7	3,8	1,0	44,6	2,6	100
Gains monétaires	3,7	31,0	4,5	1,0	56,1	3,7	100

Dans la 1re ligne du tableau XXVIII se trouve répartie la totalité des mois d'embauche de nos migrants, selon la durée de leurs contrats. Il est significatif que près de 50% du temps d'embauche corresponde à des contrats de 6 mois et plus. Inversement les contrats de courte durée, mensuelle ou infra-mensuelle, participent pour moins de la moitié de ce temps global d'embauche.

Certes les gains perçus ne suivent pas exactement le même profil car les contrats de courte durée sont relativement plus rémunérateurs, mais aussi sont-ils le fait des migrants qui s'absentent le moins longtemps et ceux-ci, on l'a vu, ont une fonction d'épargne bien supérieure aux autres... Ils viennent pour amasser le maximum d'argent dans le minimum de temps et peu importe dès lors la fréquence élevée de leurs rémunérations.

Précisons aussi que si les rémunérations perçues dans le cadre de contrats de 6 mois et plus ne représentent que 34,7 % de la masse monétaire, ces mêmes contrats occasionnent près des deux-tiers des versements en nature.

En bref, il est certain que si tous les migrants s'absentaient 19 mois et si tous étaient « mensualisés », sans avantages en nature, le taux brut d'épargne ne serait pas de 49 % mais de 20 à 25 %.

La diminution relative du montant épargné à mesure que l'absence se prolonge ressort clairement du tableau **XXIX**.

Afin de comparer nos chiffres avec ceux fournis par J. M. KOHLER (1) nous utiliserons des intervalles de temps identiques aux siens.

TABLEAU **XXIX**

Épargne brute par mois de migration selon la durée du séjour

Durée	Moins de 6 mois	6 à 12	12 à 24	24 à 36	36 à 60	60 et plus	Moyenne
Épargne mois	5 050	3 010	2 605	1 825	1 930	910	2 040
(KOHLER)	4 500	4 000	2 710	2 250	1 635	890	(1 960) (2)

La répartition de ces épargnes ordonnées par classes de 1 000 F. figure d'autre part au tableau **XXX**.

On obtient une courbe en cloche disymétrique dont le mode correspond à la classe 1 000 à 1 999 et d'écart-type voisin de 1 655.

TABLEAU **XXX**

Répartition des tranches d'épargne

en %	0 à 999	1 000 à 1 999	2 000 à 2 999	3 000 à 3 999	4 000 à 4 999	5 000 à 5 999	6 000 à 6 999	7 000 à 7 999	8 000 et plus
100	9,9	27,0	23,4	16,2	12,6	7,2	1,8	1,8	0

(1) *Les migrations des Mosi de l'Ouest.* Trav. et Doc. de l'ORSTOM, n° 18, 1972, 106 p.

(2) *Chiffre calculé à partir de l'épargne moyenne (47 000) et de la durée moyenne (24 mois) indiqués par l'auteur* (ibid.).

En comparant enfin la distribution des durées de séjour d'un côté (moyenne 19,2, écart-type 8,25 : coefficient de variation = 0,43) à la distribution des épargnes globales réalisées (moyenne 39 165, écart-type 25 850, coefficient de variation = 0,66) on constate que la distribution des épargnes est moins homogène que celle des durées de séjour, ce qui suffirait à montrer combien la constitution de l'épargne demeure entachée d'aléas pour beaucoup de migrants.

L'utilisation de l'épargne

Rappelons que l'épargne se compose de deux masses d'inégales importances :
1 — l'argent possédé au jour du départ.
2 — les envois à la famille antérieurement au retour, sous forme soit de numéraire (2a) soit de marchandises (2b).
Pour l'ensemble des 111 migrations étudiées les valeurs moyennes sont :

$$
\begin{array}{l}
1 \ — \ 36\ 595 \text{ F CFA} \ \rbrace \\
2a \ — \ \ \ 2\ 265 \text{ F CFA} \ \rbrace \ \text{Total} \ \ 39\ 165 \text{ F CFA} \\
2b \ — \ \ \ \ \ \ 305 \text{ F CFA} \ \rbrace
\end{array}
$$

et par mois de migration :

$$
\begin{array}{l}
1 \ — \ 1\ 905 \text{ F CFA} \ \rbrace \\
2a \ — \ \ \ \ 120 \text{ F CFA} \ \rbrace \ \text{Total} \ \ \ \ 2\ 040 \text{ F CFA} \\
2b \ — \ \ \ \ \ \ 15 \text{ F CFA} \ \rbrace
\end{array}
$$

La fraction envoyée tend à augmenter aussi bien en valeur absolue qu'en pourcentage lorsque la migration se prolonge. Si nous ne retenons que les 4 groupes : moins d'1 an, de 1 an à moins de 2 ans, de 2 ans à moins de 3 ans, 3 ans et plus, on obtient les résultats figurant au tableau **XXXI**.

TABLEAU **XXXI**
Montant des fonds envoyés selon la durée de migration

Durée	Moins d'1 an	1 à 2	2 à 3	3 et plus	Ensemble
Valeurs moyennes envoyées	450	2 325	3 800	7 410	2 570
En % de l'épargne globale	2,1	5,7	7,7	10,3	6,6

L'utilisation selon la zone où elle se produit (tabl. XXXII)

1/5 des sommes totales épargnées sont ainsi dépensées à l'étranger.
Si l'on ajoute à ces dépenses celles accomplies par le migrant en cours

TABLEAU XXXII

Lieu de la dépense

	Dépense à l'étranger (Y compris achats de marchandises envoyées)	Dépense en Haute-Volta précédant l'arrivée	Résidu ramené au village (Y compris l'argent envoyé)	Total
Par migration	7 835	9 475	21 855	39 165
En %	20,0	24,2	55,8	100

de séjour, pour son propre entretien, qui représentent on l'a vu 51 % de son gain monétaire, c'est en définitive $51,0 + (20,0 \times 49) = 60,8 \%$ de ses rémunérations qui demeurent dans le pays d'accueil ; la différence, soit 39,2 % revenant à la Haute-Volta.

L'utilisation par rubrique d'achat

A l'étranger deux postes sont déterminants, les effets personnels d'habillement et le coût du transport pour le retour. Parvenu en Haute-Volta le principal objectif est l'acquisition d'une bicyclette (très souvent d'occasion) en vue de poursuivre la route jusqu'au village. Dès l'arrivée au village, la

TABLEAU XXXIII

Structure des dépenses en % (y compris les envois depuis l'étranger)

	Étranger	Haute-Volta	Village	Total
Transport	29,4	8,6	0	8,0
Cycles et accessoires	0,6	71,3	5,1	20,2
Habillement et textiles	50,9	7,9	1,1	12,7
Droguerie diverse	6,6	1,0	0,1	1,6
Transistors, bijoux, lunettes	7,1	6,2	1,8	3,9
Denrées alimentaires et restauration	1,5	0,7	e	0,5
Produits agricoles	0	0,2	1,9	1,1
Céréales	0	0	5,0	2,8
Élevage	0	0,1	6,2	3,5
Poisson	0	0	0,1	e
Habitat	0	0,1	1,9	1,1
Dépenses diverses d'exploitation	0	0	0,2	0,2
Transferts monétaires	0,1	0,4	25,3	14,3
Mariage ou funérailles	0	0	4,7	2,6
Divers et NP	3,8	3,5	24,5	15,3
Disponible	0	0	22,1	12,3
	100	100	100	100

structure des dépenses est plus floue. En effet lorsque l'interview est réalisée plusieurs mois après le retour du migrant, sinon plusieurs années (1), une bonne partie de l'argent ramené a été consacrée à des achats de consommation courante dont l'auteur a perdu tout souvenir, et lorsque l'interview suit de trop près le retour une certaine fraction reste encore inemployée (solde disponible). (L'expérience montre que le délai d'interview le plus pertinent pour ce genre d'analyse serait approximativement 1 mois — 1 mois et demi).

La bicyclette est donc l'article venant au premier rang dans l'ordre des priorités du migrant. Environ 71% procèdent à cet achat. Toutefois plus de la moitié (55,4%) se contente d'engins d'occasion. Vers 1964 une bicyclette neuve coûtait approximativement 12 500 F CFA, vers 1967 14 250 F CFA et vers 1971 16 750 F CFA, or le prix moyen d'achat est de 10 505 F CFA seulement :

- 9 475 F pour les bicyclettes acquises avant 1965 (75,8 % du prix neuf).
- 10 275 F pour celles acquises entre 1965 et 1969 (72,1 % du prix neuf).
- 10 810 F pour celles acquises entre 1970 et 1973 (64,5 % du prix neuf).

Apparemment une proportion croissante de migrants se satisfait d'occasions. Est-ce le signe d'une moindre rentabilité monétaire des migrations depuis quelques années ?

Il est certain que notre chiffre d'épargne brute mensuelle (2 040 F) représente un pouvoir d'achat inférieur à celui qu'avait estimé J. M. KOHLER (1 960 F) vers la fin des années 60, puisque la moyenne de nos observations est d'au moins 3 ou 4 ans postérieure à la sienne.

L'utilisation selon le destinataire

Outre les valeurs réelles et monétaires expédiées à la famille préalablement au retour, le migrant consacre une certaine partie de son épargne « déclarée au départ » à la réalisation de dons d'argent ou à l'acquisition d'articles au profit d'autrui.

Au total 17,6% des sommes possédées au départ sont ainsi utilisées à des fins non personnelles et 23,0% de l'épargne brute si l'on additionne les valeurs envoyées en cours de séjour (cette seconde estimation est d'ailleurs contestable puisqu'une partie des fonds envoyés sert en fait à régler l'impôt de capitation du migrant).

Pour près de 62% ces dons consistent en une remise d'argent sans usage bien défini. Le paiement de l'impôt et l'achat de céréales étant les deux utilisations finales les plus fréquemment citées.

Viennent ensuite les cadeaux de textiles et de vêtements (12,8%), les achats de céréales, notamment dans la région de Tougan (10,3%), puis d'autres dons en espèces en vue d'organiser mariages ou funérailles (8,1%), le solde se répartissant entre des achats de droguerie, d'animaux, de dolo et de cola, des dépenses d'habitat etc. En définitive le migrant témoigne d'un

---

(1) *Les fiches analysées concernent toutes, pratiquement, des retours postérieurs à 1965 (90 %) bien qu'en théorie nous ayons retenu comme année limite 1960.*

comportement empreint d'un haut degré d'autonomie. Durant la brève période qui suit le retour nous avons pu faire la même constatation en analysant systématiquement les budgets familiaux au sein de notre échantillon (1).

LES MOYENS DU DÉPART

Par ordre d'importance décroissante voici la ventilation des moyens de financement auxquels ont recouru les 111 migrants pour couvrir le coût de leur voyage aller (2 550 F CFA en moyenne) :

1. Épargne personnelle	dans 32,4 %	des cas.
2. Vente d'une bicyclette	» 28,8 %	»
3. Dons d'un parent	» 22,5 %	»
4. Vente de produits agricoles	» 16,2 %	»
5. Vente de petit élevage	» 8,1 %	»
6. Embauche salariée	» 6,3 %	»
7. Travail en nature au profit du transporteur	» 1.8 %	»
8. Artisanat	» 0,9 %	»

Le total est supérieur à 100 en raison de la combinaison possible de divers moyens.

Dans la plupart des cas l'épargne personnelle et la vente de bicyclette sont le fait d'individus qui n'en sont pas à leur première expérience de migration.

On tend donc dans une certaine mesure vers un système d'autofinancement de la migration.

BILAN D'ENSEMBLE

Bilan monétaire net d'une migration de 19,2 mois (tabl. XXXIV)

TABLEAU XXXIV
Bilan

| Gain épargné ou envoyé | Coût du voyage | | Gain net monétaire |
	Aller	Retour	
+ 39 165	— 2 550	— 3 110	33 505

---

(1) *Cf. 1re partie : la monnaie mossi, un pouvoir non libératoire de règlement.*

Bilan monétaire net pour la Haute-Volta

TABLEAU **XXXV**

Sommes dépensées en Haute-Volta

Coût du départ payé en H.-V.	Coût du retour payé en H.-V.	Argent envoyé	Dépenses en H.-V. (n.c. transport	Argent apporté au village	Argent remmené à l'extérieur	Total
+ 1 990	+ 910	+ 2 265	+ 8 565	+ 19 590	(— 2 000)?	31 320

Pour établir ce bilan nous avons dû tenir compte de deux postes dont nous n'avions pas parlé jusqu'alors.

— les coûts du départ et du retour payés en Haute-Volta.

— l'argent remmené à l'extérieur en sus du prix du voyage ; le chiffre retenu (2 000 F) n'est qu'une estimation qui doit être cependant assez proche de la réalité.

On peut certes aller plus loin que ce simple calcul en évaluant les « coûts d'opportunité » entraînés par la main-d'œuvre absente.

Nous manquons hélas d'éléments suffisamment sûrs pour le faire, aussi le calcul suivant n'a-t-il qu'une valeur très théorique.

En estimant à 100 F/j la valeur du travail d'un manœuvre agricole et à 5 mois par an sa durée d'emploi possible en Haute-Volta, une absence de 19,2 mois représenterait environ 8 mois de travail effectif s'il était resté au pays, soit 243 jours ou 24 300 F. Ce coût d'opportunité venant en déduction, une migration se traduirait en définitive pour la Haute-Volta par une opération positive de quelque 7 000 F.

Moyennant une autre estimation de la journée de travail non pas à 100 F sur 5 mois mais à 17 100 F pour un an (valeur de la P.I.B. « primaire » par actif — cf. supra) ou 27 360 F pour 19,2 mois, l'opération ne se solde plus que par un excédent de 4 000 F ; mais la P.I.B. incorpore l'*autoconsommation*. Il conviendrait donc soit d'éliminer cette fraction en Haute-Volta, ramenant ainsi la P.I.B. « monétaire » à moins de 10 000 F par an, soit de prendre en considération *l'intégralité des gains*, y compris en nature, que se procure un migrant à l'étranger.

Bien entendu de tels calculs n'ont qu'une signification monétaire et ne tiennent pas compte du manque à gagner que représente pour la Haute-Volta le fait d'être intégrée à un système économique asymétrique, pompant sa force de travail, bloquant son développement interne autant par l'absence d'une part importante de ses classes actives que par l'aggravation de son « disfonctionnement » socio-économique, dans le sens où nous avons convenu de prendre ce terme dans notre étude budgétaire.

2

Le capital foncier
et les structures de production

SURFACES CULTIVÉES PAR EXPLOITATION (culture principale)

TABLEAU XXXVI

Surface moyenne de l'exploitation (ares), par strate

	K.	Y.	Z.	Pays Mossi	D1	D2	D3	D.	T.
Petit mil	198,5	186,2	274,2	205,6	796,8	722,3	778,1	765,7	141,8
Sorgho-mil	240,2	293,4	63,2	234,7					144,3
Maïs	13,9	0,4	16,5	9,1	8,5	2,3	8,2	6,0	9,7
Paddy	13,4	—	0,8	6,1	4,2	17,5	6,4	9,4	—
Arachide	65,8	24,6	29,8	44,0	15,2	23,6	29,1	22,3	4,9
Pois-Haricot	0,7	1,0	9,5	2,1	1,7	0,5	8,2	3,4	0,1
Condiments	—	1,3	0,1	0,6	—	—	—	—	—
Sésame	—	0,4	3	0,7	11,8	5,3	—	6,0	—
Coton	—	5,5	11,0	3,9	6,8	48,3	81,1	44,6	7,9
Tabac	—	—	—	—	—	—	—	—	—
Verger	2,1	—	—	0,9	—	—	—	—	—
Total	534,6	512,8	408,1	507,7	845,0	819,8	911,1	857,4	308,7
Par résident	56,7	52,1	36,4	51,5	106,9	104,2	107,0	106,1	36,2

K. = Koudougou
Y. = Yako
Z. = Zorgho (1 seul village)
D1 = Dedougou, colons de 1972-1971
D2 = Dedougou, colons de 1970-1969-1968
D3 = Dedougou, colons de 1967...
T. = Tougan

Les diverses variétés de mil occupent toujours plus de 82% des surfaces (86,7% en moyenne pour le pays Mossi — 89,3% à Dedougou — 92,6% à Tougan).

On voit qu'à Dedougou où les surfaces dépassent de 69% celles du pays Mossi, l'augmentation ne s'est nullement accompagnée d'une réduction relative de cette culture de base. Tout au plus observe-t-on un léger déclin parallèlement à l'ancienneté d'installation — respectivement 94,3% pour les derniers arrivants (100,9 ares par tête), 88,1% pour les colons de 1970-1969-1968 (91,9 ares par tête) et 85,4% pour les premiers (91,4 ares par tête).

Tougan tranche sur les autres strates par la réduction de ses surfaces. Le rapport exploitations — zakse plus fort qu'ailleurs explique pour partie cette diminution mais aurions-nous ramené ces surfaces à l'unité de résidence qu'elles n'auraient pas dépassé 4 hectares.

Nous avions montré par l'étude des budgets que Tougan vivait essentiellement de ses activités pastorales (plus son commerce et ses revenus de transferts), choix parfaitement rationnel devant les incertitudes climatiques.

A Koudougou malgré des superficies de mil importantes les « opérations finales » sur ce produit s'étaient soldées par un sensible déficit, ce qui nous laisse imaginer une grande usure des terres ne permettant plus que des rendements très bas, sans doute inférieurs à 3 quintaux/hectare.

DISPERSION ET CONCENTRATION DES SUPERFICIES

Les diagrammes suivants (fig. 50) illustrent la dispersion des tailles d'exploitations pour l'ensemble du pays Mossi, pour Tougan et pour Dedougou

C'est à Tougan que la variance de distribution est la plus faible. 43,1% des exploitations se regroupent en effet dans la classe allant de 2 à 2,99 ha. Aucune ne dépasse 10 ha.

En pays Mossi la variance augmente et plus encore à Dedougou.

Afin de mieux apprécier l'importance de cette dispersion et son influence sur l'étendue cultivée *par résident* le tableau **XXXVII** met en rapport les tailles d'exploitations — regroupées par classes de 2 ha — et le nombre d'individus présents résidant à l'intérieur de ces exploitations.

Il apparaît que la taille d'exploitation *progresse beaucoup plus rapidement que le nombre de résidents.* Entre la première et la dernière tranche l'augmentation des surfaces est dans un rapport de 1 à 13,2 alors que l'effectif familial est dans un rapport de 1 à 3,4. Le quotient de ces deux indices (3,9) traduit donc le gain de superficies par résident.

Un calcul d'ajustement, valable au moins pour toutes les exploitations de taille comprise entre 1 et 10 ha, *c'est-à-dire plus de 91% d'entre elles*, montre que la surface cultivée par résident progresse d'environ 4,8 ares par individu supplémentaire.

Bien entendu ce « manque à cultiver » ne signifie pas que si la population absente rentrait au pays (environ 2 personnes par exploitation) les surfaces

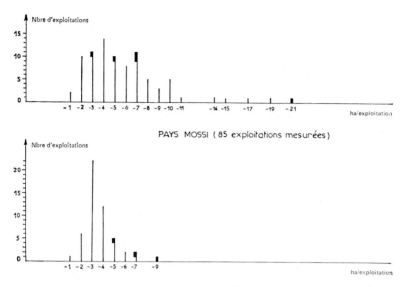

PAYS MOSSI (85 exploitations mesurées)

TOUGAN (51 exploitations mesurées)

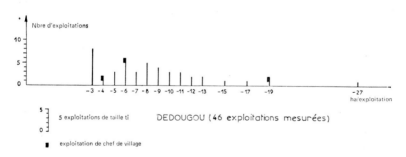

5 exploitations de taille ti   DEDOUGOU (46 exploitations mesurées)

■ exploitation de chef de village

Fig. 50. — *Dispersion des tailles d'exploitations*

n'augmenteraient que de 10 ares en moyenne, car cette population absente ne présente pas la même structure que la population résidente. C'est simplement un indice permettant de chiffrer l'adage « l'union fait la force » et donc le coût des scissions de zakse en « exploitations autonomes ». *On peut dire que si une zaka de 10 résidents cultivant 5 ha se scinde en deux exploitations le total cultivé se réduira de près de 1/2 hectare !* puisque chacun des deux groupes désormais autonomes ne comptera plus que 5 résidents : coût : 4,8 ares × 5 × 2 = 48 ares.

TABLEAU XXXVII

Pays Mossi (chefs pondérés). La surface de l'exploitation (ha)
en fonction de sa dimension démographique

Taille (ha)	Nombre	%	Surface moyenne	Nombre résidents	Nombre moyen	ha résident
- 2	12	14,8	1,28	54,6	4,55	0,28
2 - 3,99	24	29,6	2,98	208,1	8,67	0,34
4 - 5,99	17	21,0	4,80	167,5	9,85	0,49
6 - 7,99	14	17,3	6,63	157,8	11,27	0,59
8 - 9,99	9	11,1	8,75	124,6	13,84	0,63
10 - 14,99	3	3,7	12,39	55	18,33	0,68
15 et +	2	2,5	16,90	31,3	15,65	1,08
	81	100	5,08	798,9	9,86	0,51

N.B. : Les décimales dans les effectifs de résidents tiennent au fait que les « fiches familiales » ayant été régulièrement tenues à jour, enregistrant toutes les absences de quelque
durée qu'elles fussent, l'effectif statistiquement présent sur une année entière ne correspond
pas nécessairement à un chiffre rond.

En d'autres termes chaque scission se traduit par une réduction de près
de 10 % des surfaces cultivées.

TABLEAU XXXVIII

Tougan (chefs pondérés). La surface de l'exploitation (ha)
en fonction de sa dimension démographique

Taille (ha)	Nombre	%	Surface moyenne	Nombre résidents	Nombre moyen	ha résident	
- 1,99	6	12,8	1,79	48,8	8,13	0,22	
2 - 2,99	22	46,8	2,46	142,8	6,49	0,38	0,35
3 - 3,99	11	23,4	3,46	117,5	10,68	0,32	
4 - 4,99	4	8,5	4,35	42,8	10,69	0,41	
5 - 5,99	2	4,25	5,61	23,1	11,58	0,48	0,435
6 - 6,99	2	4,25	6,78	25,7	12,84	0,53	0,53
	47	100	3,09	400,7	8,52	0,36	

Vu la faible dispersion des tailles nous avons retenu des intervalles de
1 ha, moyennant quoi le processus démultiplicateur des surfaces par résident
apparaît plus erratique. La série de quatre coefficients reportés à droite du

tableau **XXXVIII** montre cependant la même progression qu'en pays Mossi — à savoir un « manque à cultiver », après ajustement, de 5,6 ares par résident supplémentaire.

En conséquence, lorsque la zaka moyenne du pays Mossi se scinde en deux la nouvelle surface cultivée se réduit de 9,3%, alors qu'à Tougan la réduction est de 14,5%. Comme la fréquence des scissions est elle-même plus élevée (d'environ 23%) on peut rendre compte ainsi de la diminution des superficies de Tougan relativement au pays Mossi.

TABLEAU XXXIX

Dedougou (chefs pondérés). La surface de l'exploitation (ha)
en fonction de sa dimension démographique

Taille (ha)	Nombre	%	Surface moyenne	Nombre résidents	Nombre moyen	ha résident
2 - 3,99	6	15	3,61	31,6	5,27	0,69
4 - 5,99	7	17,5	5,14	42,9	6,13	0,84
6 - 7,99	8	20	7,18	56,5	7,06	1,02
8 - 9,99	8	20	9,10	65,8	8,22	1,11
10 - 14,99	8	20	11,64	71	8,88	1,31
15 - 19,99	2	5	17,52	28,3	14,12	1,24
20...	1	2,5	26,85	27,2	27,2	0,99
	40	100	8,57	323,3	8,08	1,06

Là encore pour plus de 93% des exploitations — toutes celles comprises entre 2 et 15 ha — le surcroît de culture par unité de résident supplémentaire est extrêmement sensible, de l'ordre de 17,6 ares par individu.

LES CHAMPS INDIVIDUELS (Beolse)

Leur proportion dans l'exploitation

Les champs personnels (éventuellement cultivés en commun par plusieurs membres d'une exploitation) occupent toujours une fraction appréciable des superficies, quoique très variable d'une région à l'autre. J. M. KOHLER avait pu estimer leur part à 11% de l'ensemble des surfaces dans son échantillon de Dakola ; cependant que J. P. LAHUEC parvenait de son côté à un coefficient de 17% pour le terroir de Zaongho.

Dans chacune des strates par culture et globalement les taux auxquels nous avons abouti figurent au tableau XL.

TABLEAU XL

La part des champs individuels dans la surface totale cultivée

	K.	Y.	Z.	D1	D2	D3	D.	T.
Petit mil	39,7	8,4	0,9	8,1	3,8	4,9	5,6	2,2
Sorgho	26,9	15,4	0					8,3
Maïs	3,1	0	9,9	0	0	0	0	0,4
Paddy	60,7	—	100	0	0	0	0	—
Arachide	91,3	100	100	17,2	76,1	81,2	65,1	37,2
Coton	—	61,4	44,2	31,1	22,4	49,4	38,0	50,4
Sésame	—	80,4	27,2	0	100	—	33,3	—
Tabac	—	—	—	—	—	—	—	—
Légumes condiments	28,4	100	42,4	100	0	33,9	42,2	100
Divers	56,0	—	—	—	—	—	—	—
Total	40,0	17,8	10,9	8,3	7,5	11,4	9,1	6,8

Le tableau atteste de la grande diversité des us et coutumes régionaux, qui paraissent néanmoins refléter les différences de mode d'organisation familiale.

Ainsi à Tougan nous avons vu que les scissions internes d'exploitations sont monnaie courante ce qui d'une part entraîne une réduction de la taille effective des groupes de production, d'autre part leur permet une certaine autonomie. N'est dès lors plus ressenti avec la même intensité qu'en pays Mossi le besoin de multiplier les champs personnels. C'est peut-être l'une des raisons qui font qu'à Tougan les enfants mineurs de même que les diverses catégories d'épouses (EpCE, EpEM, EpF...) n'ont qu'un faible poids dans la manipulation monétaire (1).

A Zorgho, le système successoral patrilinéaire qui ne s'accommode guère de zakse « pluri-cellulaires » aboutit au même résultat.

Inversement à Koudougou la complexité du tissu familial, la difficulté de scinder le groupe en exploitations autonomes, peut-être aussi un surcroît de liberté accordé à maintes épouses dont le mari est en migration, paraissent avoir joué en faveur d'une démultiplication des champs individuels (rappelons que les « chefs d'exploitation » n'étaient responsables à Koudougou que pour moins de 30% du total des manipulations monétaires).

A Dedougou, l'extensivité des cultures (double du pays Mossi par résident) jointe à la taille encore restreinte des familles et la simplification de leur composante aboutissent à réduire, au moins relativement, les surfaces consacrées aux cultures individuelles. L'accroissement de surface porte donc exclusivement sur les champs collectifs et de ce point de vue renforce incontestablement l'emprise du chef d'exploitation.

---

(1) Cf. 1re partie : La monnaie mossi, un pouvoir non libératoire de règlement.

Les bénéficiaires des champs personnels

Le tableau **XLI** ventile, par statut social, les superficies cultivées sur « beolse ».

TABLEAU **XLI**

La répartition des champs individuels entre bénéficiaires, par strate

	K.	Y.	Z.	Pays Mossi	D.	T.
CE	11,2	4,6	51,5	11,6	11,0	15,9
CE-EpCE	0,2	—	—	0,1	—	—
EpCE	47,5	35,5	35,5	43,5	30,4	49,5
EpCE-EC	0,6	0,7	6,9	0,9	—	—
EC	3,8	9,3	4,1	5,4	25,8	3,7
EM	13,1	17,2	0,9	13,6	2,1	—
EM-EpEM	0,6	2,6	1,1	1,1	—	1,5
EpEM	12,2	7,6	—	10,3	0,7	1,5
EEM	0,2	1,4	—	0,5	—	—
FM	—	6,1	—	1,7	4,2	4,9
FM-EpF	—	4,0	—	1,1	1,4	7,7
EpF	0,2	4,7	—	1,5	0,9	2,5
EF	0,6	—	—	0,4	6,6	—
FC	0,1	2,0	—	0,7	8,4	—
A	7,6	4,3	—	6,3	7,5	12,8
+ autres combinaisons						
CE-EF	0,2	—	—	0,1	—	—
CE-FC	0,8	—	—	0,5	—	—
EpCE-A	1,1	—	—	0,7	—	—
EF-A	—	—	—	—	1,0	—
	100	100	100	100	100	100

Partout les épouses de chefs d'exploitation apparaissent comme les principales attributaires de champs individuels. A Koudougou, à titre personnel, elles cultivent environ 1 ha (dont plus des deux-tiers en mil et sorgho) par exploitation à quoi s'ajoutent quelques parcelles en collaboration avec d'autres membres familiaux (petit mil avec leurs enfants ou leurs belles-mères, arachide avec leurs maris).

Nous avions signalé en étudiant la composante familiale, la sous-représentation numérique du groupe des frères par rapport à celui des enfants mariés, faiblesse que l'on retrouve dans la distribution des beolse.

A Yako où les champs personnels occupent des surfaces plus modestes (91 ares par exploitation — contre 214 à Koudougou) leur concentration au profit de certaines catégories tend à diminuer. Pour moitié ils appartiennent à des membres familiaux ne relevant pas de la cellule élémentaire G1 (CE — EpCE — EC).

Zorgho présente la particularité, unique, de concentrer la majorité des beolse entre les mains des chefs d'exploitation (on peut d'ailleurs s'interroger sur la véritable nature de ces champs individuels) et presque la totalité à l'intérieur du groupe G1. Or les autres cellules élémentaires totalisent pourtant près de 20 % des résidents présents. Ces derniers n'ont donc la possibilité d'acquérir une pleine autonomie monétaire qu'en s'évinçant de la zaka — la scission interne n'est guère possible, ou qu'en recourant à des activités extra-agricoles (petit élevage — artisanat — commerce ou migration).

A Dedougou, en raison de leur grande similarité — tant par les surfaces totales cultivées que par la proportion des beolse — nous n'avons pas estimé nécessaire de faire une distinction entre nos trois groupes de colons.

En moyenne 78 ares sont cultivés sur beolse (70 ares pour les colons de 1972-1971 ; 62 ares pour ceux arrivés entre 1968 et 1970 ; 104 pour leurs prédécesseurs).

Le point le plus intéressant à faire observer est la liberté de culture sensiblement accrue des enfants célibataires. Certes ils représentent 52,9 % des résidents présents (contre 37,5 % en pays Mossi), il n'en reste pas moins qu'ils multiplient par près de 3, comparativement au pays Mossi, leur participation à l'ensemble des cultures individuelles, alors que les beolse d'épouses subissent une notable régression.

Enfin Tougan, en retrait par rapport aux autres zones, avec guère plus de 20 ares de culture personnelle par exploitation (1) en accorde près de 70 % à l'ensemble des femmes adultes (EpCE — EpEM — EpF — A.) qu'elles cultivent pour partie (9,2 %) de concert avec leurs époux. Les surfaces ainsi cultivées restant très faibles — à peine 14 ares — on conçoit qu'elles n'aient guère permis aux différentes catégories d'épouses d'accroître leurs revenus monétaires individuels (cf. L'analyse des aspects monétaires ; 1re partie).

L'ACCESSION A LA TERRE
PROBLÈMES DE JACHÈRE ET TYPES DE TERROIRS

Les modes d'accession à la terre _____

A travers un questionnaire relatif aux modes d'acquisition des droits de culture nous avons tenté d'appréhender les différents types de statuts fonciers en vigueur.

Deux cas sont possibles, regroupant chacun plusieurs sous-variantes.

1 . *L'exploitant se reconnaît comme le « maître du terrain »* (ziig-soba), c'est-à-dire qu'il détient un « droit d'appropriation collective » — propriété au sens africain du terme — lui donnant pouvoir soit de s'en réserver les droits d'usage

---

(1) *Chefs non pondérés le % de beolse aurait toutefois dépassé 10 % des surfaces cultivées — 31,7 ares en valeur absolue — (4,9 % seulement pour les autres exploitations).*

personnels soit d'en faire profiter tout autre individu de son lignage. Il a pu obtenir ce droit de diverses manières : par *héritage lignager* (H. L.), par *débroussement* de terres considérées comme inoccupées depuis un temps immémorial (D), par *achat* (A), par *échange* (E).

Disons immédiatement qu'aucun exemple d'achat n'a été rencontré.

2 . *L'exploitant n'exerce qu'un simple droit d'usage* (puug-soba). Deux possibilités :

. *Le maître du terrain — ziig-soba — est un membre de son lignage* (U. L.).

Le droit d'usage sera *permanent* (U. L. P.) ou *temporaire* (U. L. T.).

. *Le maître du terrain est étranger au lignage* (U. E.).

Trois sous-variantes :

— L'exploitant a demandé lui-même, *directement*, le droit d'usage à ce ziig-soba étranger : (UE.D.).

— L'exploitant a dû s'adresser à un membre de son *lignage* précédent usager (UE.L.).

— L'exploitant a dû s'adresser à un autre étranger, précédent usager (UE.E.).

Le droit d'usage ainsi accordé pouvant être dans chacun des cas soit permanent (UED.P. — UEL.P. — UEE.P.) soit temporaire (UED.T. — UEL.T. — UEE.T.).

Tableau XLII

La répartition des surfaces cultivées
selon le statut foncier de l'exploitant, par strate

	K.	*Y.*	*Z.*	*Pays Mossi*	*D1*	*D2*	*D3*	*D.*	*T.*
HL	79,9	67,0	74,6	74,5	—	—	—	—	—
1 - D	—	29,0	12,2	12,2	—	—	—	—	—
E	3,0	—	—	1,5	—	—	—	—	—
T. 1	82,9	96,0	86,8	88,2	—	—	—	—	—
2 ⎰ ULP	10,4	—	8,8	6,4	—	—	—	—	—
⎱ ULT	—	4,0	0,5	1,5	—	—	—	—	—
T. 2	10,4	4,0	9,3	7,9	—	—	—	—	—
UEDP	2,6	—	3,9	1,8	59,7	91,9	83,2	78,9	49,7
UEDT	—	—	—	—	1,5	—	—	0,4	1,1
3 UELP	4,1	—	—	2,1	1,2	—	10,5	4,6	34,9
UELT	—	—	—	—	0,7	—	—	0,2	0,5
UEEP	—	—	—	—	33,5	7,2	5,9	14,4	12,6
UEET	—	—	—	—	3,4	0,9	0,4	1,5	1,2
T. 3	6,7	—	—	3,9	100	100	100	100	100
Total	100	100	100	100	100	100	100	100	100

Le tableau **XLII** répartit l'ensemble des surfaces cultivées de notre échantillon en fonction de ces différentes possibilités.

Bien qu'apparaissent quelques déviantes d'une région à l'autre, dans aucune des strates du pays Mossi le pourcentage des terres cultivées en vertu de droit d'appropriation ne tombe au-dessous de 80%. C'est l'indice d'une répartition foncière de longue date établie, parfaitement cristallisée dans sa structure. La faiblesse des droits d'usage homo-lignagers (7,9% du total) et hétéro-lignagers implique en conséquence l'établissement d'un certain statu-quo socio-économique et finalement l'autonomie à laquelle se trouvent contraintes la majorité des exploitations. A noter cependant la part relativement importante des appropriations au moyen de débroussements dans nos villages de Yako. Le tableau récapitulatif des paramètres d'exploitations, que nous présenterons plus loin, fera ressortir entre autres choses un allongement significatif des distances entre les champs périphériques et les lieux d'habitation. On aurait donc actuellement un processus de desserrement du terroir. Comme nous le verrons en effet le phénomène est assez récent.

Dans les zones de colonisation les cultivateurs ne se reconnaissent, bien naturellement, que de simples droits d'usage. Une observation attentive des trois sous-échantillons de Dedougou (D1 = colons 1972-1971 ; D2 = colons 1970-1968 ; D3 = colons 1967...) est fort instructive.

Les derniers arrivants paraissent de plus en plus éprouver de difficultés à obtenir directement des terres des maîtres du sol. La différence est si nette entre D1 et D2 qu'on peut dater à 1970 cette prise de conscience de la population bobo. Pour plus d'un tiers ils se trouvent désormais dans l'obligation de *récupérer* des surfaces abandonnées par leurs prédécesseurs. La population autochtone qui a dû jusqu'en 1970 rester totalement désarmée à la fois devant l'afflux des étrangers et plus encore devant leur fringale insatiable de terres (en 4 ans on renouvelait complètement une exploitation de plus de 8 ha !) paraît avoir mis le holà à ce pillage foncier ou du moins l'avoir en partie « fixé » et canalisé à l'intérieur de la population mossi. La part du feu en quelque sorte semble faite.

Un second indice confirmant cette hypothèse est la tendance qui paraît se faire jour à accorder en proportion croissante des droits d'usage précaires (UEDT — UELT — UEET).

Les colons arrivés dans la zone avant 1968 (après pondération des zakse de chefs, notamment celle comprenant 7 exploitations du chef Mossi de Kary, leur année moyenne d'installation s'établit en 1958 et 1964 en éliminant cette zaka) ont renouvelé déjà plusieurs fois leur « stock » foncier. Ils se retrouvent donc aujourd'hui en position de demandeurs, ce qui fait que près de 1/5 de leurs surfaces cultivées en 1973 a dû être obtenu auprès d'autres colons durant ces deux ou trois dernières années. On comprend dès lors que ce soient les colons arrivés vers 1969, juste avant que les Bobo n'aient réellement pris conscience du problème, qui détiennent en 1973 la plus forte proportion de droits d'usage accordés directement par les maîtres du terrain.

Comme on pouvait le prévoir Tougan présente des schémas d'accession apparemment stabilisés. La moitié des surfaces obtenues directement de l'hôte samo, la moitié récupérée auprès d'autres Mossi, dont 70% à l'intérieur du lignage. Il convient néanmoins de préciser que les transactions foncières réalisées entre colons impliquent toujours le droit de regard — au moins symbolique (1) car l'accord va de soi — de la population autochtone.

L'époque d'accession

Le tableau XLIII reprend en lignes les modalités d'accession et indique pour chacune le millesime (pondéré par les surfaces) au cours duquel l'accession s'est réalisée.

TABLEAU XLIII

Modalités et années d'accession au foncier, par strate (2)

		K.	*Y.*	*Z.*	*Pays Mossi*	*D1*	*D2*	*D3*	*D.*	*T.*
1	HL	40,2	47,1	41,7	42,7	—	—	—	—	—
	D	—	67,3	57,1	66	—	—	—	—	—
	E	41	—	—	41	—	—	—	—	—
T. 1		40,3	53,2	43,8	45,9	—	—	—	—	—
2	ULP	61,8	—	59,7	61,4	—	—	—	—	—
	ULT	—	64	73	64,4	—	—	—	—	—
T. 2		61,8	64	60,4	62	—	—	—	—	—
3	UEDP	61,2	—	70,6	63,9	72	69,5	68,7	69,7	59,2
	UEDT	—	—	—	—	72	—	—	72	72,9
	UELP	44	—	—	44	72	—	71,7	71,7	62,1
	UELT	—	—	—	—	72	—	—	72	73
	UEEP	—	—	—	—	72,1	70,6	71,9	71,8	54,7
	UEET	—	—	—	—	72,2	71,1	72,1	72	73
T. 3		50,7	—	70,6	53,4	72	69,6	69,2	70	60
Total		43,2	53,6	46,4	47,5	72	69,6	69,2	70	60

Il y a donc 25 ans et demi si l'on considère l'ensemble des terres et 27,1 ans pour les terres détenues en pleine propriété que les chefs d'exploitations du pays Mossi sont entrés en possession de leurs droits sur les sols

---

(1) *Symbole manifesté par des dons annuels (volailles – chèvres – mils...) aux ziig-ramba (pl. de ziig-soba) primitifs.*

(2) *Les chiffres correspondent au millésime, exprimé en décimales, par exemple : 40,2 = 1940,2.*

qu'ils cultivent en 1973. Or l'âge moyen des 81 chefs d'exploitations de nos strates de Koudougou, Yako et Zorgho (chefs de village pondérés) sur lesquels le relevé parcellaire a pu être effectué est d'environ 58 ans et demi. Ils avaient donc 33 ans lors de l'accession à leurs droits, âge que l'on peut assimiler à l'âge moyen d'obtention du *titre de chef d'exploitation*. L'enquête statistique confirmera la validité de ce chiffre.

Deux autres remarques peuvent être faites :

1. Les débroussements sont assez récents. Ils ont été faits en moyenne il y a sept ans.

2. Les retransmissions de droits de simple usage intra-lignager datent également de peu de temps (onze ans) par rapport aux droits d'appropriation obtenus par héritage.

Ceci peut s'interpréter comme l'une des conséquences indirectes des migrations qui ont pu dans une certaine mesure rendre à partir des années 60 davantage de liberté de manœuvre à des chefs de lignage détenteurs coutumiers du droit de disposition sur les terres qu'ils contrôlent.

En ce qui concerne Dedougou, la comparaison des trois colonnes D1 — D2 — D3 montre l'extrême rapidité du renouvellement des droits d'occupation, qui ne va pas sans entraîner un grave gaspillage du patrimoine foncier,

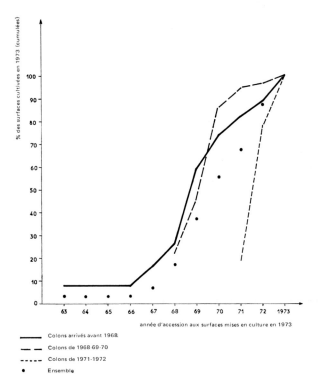

Fig. 51. — *Dedougou — Illustration du pillage foncier*

bien que la population autochtone paraisse désormais réagir. Il aura fallu 10 ans pour cela et une multiplication par six de la population immigrante. Si l'on songe que l'année moyenne, pondérée, d'installation du groupe D3 remonte à 1958 — celle du groupe D2 à 1968,9 — celle du groupe D1 à 1971,6 on aboutit à la conclusion que les plus anciens installés ont en moyenne déjà « utilisé » 3 terroirs, qu'ils vont entamer leur quatrième, ceux arrivés vers 1969, les plus économes, se sont contentés de renouveler 20 % mais les derniers installés en sont déjà à un taux de renouvellement de 40 %. Pour l'ensemble la vitesse de rotation serait de 1,28 en 82 mois de présence, soit *1 renouvellement complet tous les 64 mois* ou une consommation annuelle de 1,61 ha/an/exploitation. Plus de 7 fois le niveau observé à l'intérieur du pays Mossi... *près du décuple* (9,5) *si l'on en calcule la valeur par résident.*

Or les revenus monétaires « finaux » (cf. 1re partie, chapitre 2) procurés directement de l'exploitation (vivriers bruts ou élaborés + non vivriers) non compris l'artisanat et l'élevage, sont environ 2,8 fois supérieurs par résident à Dedougou qu'en pays Mossi.

Ainsi la rentabilisation monétaire de l'espace consommé est *trois fois plus faible* à Dedougou qu'en pays Mossi même si la rentabilisation de l'hectare effectivement cultivé est de 36 % supérieure.

Les colons arrivés après 1970 fonctionnent actuellement sur un rythme de « turn-over » proche de 2,40 ha/an. On a vu cependant qu'ils n'ont pu atteindre pareil taux qu'en récupérant pour près de 40 % des terres venant d'être abandonnées.

Le graphique (fig. 51) apporte illustration de ce pillage foncier.

La dernière colonne du tableau XLIII confirme la structure relativement stabilisée de Tougan avec une durée moyenne d'obtention des droits intermédiaire entre celle du pays Mossi et celle de Dedougou. Treize ans d'ancienneté paraît un délai raisonnable pour des chefs d'exploitations arrivés en moyenne dans la zone vers 1937-1938 et âgés aujourd'hui d'environ 51-52 ans.

Les droits accordés à titre précaire le sont généralement pour une seule saison agricole, toujours dans le but de produire soit du coton (65 %) soit de l'arachide (35 %) et dans la moitié des cas à des fins personnelles.

Le paradoxe de la jachère
Types de terroirs ———————————————————————

Afin d'apprécier d'une part la longueur des jachères réellement pratiquées, d'autre part leur longueur théoriquement permise en fonction du rapport existant entre la surface totale disponible et la surface effectivement cultivée, nous avons intégré à notre questionnaire des techniques culturales deux renseignements complémentaires :

1. Pour chaque parcelle, indication de l'année depuis laquelle la culture a été ininterrompue.

2. Pour chaque champ, appréciation par l'exploitant de l'espace disponible alentour.

Nous sommes partis de l'hypothèse qu'un chef d'exploitation était parfaitement capable d'estimer l'espace libre environnant *par rapport à la surface du champ considéré.* Il répondait ainsi par 0 s'il considérait son champ comme totalement inamovible, 1/3 — 1/2 si sa marge de manœuvre était évaluée au tiers ou à la moitié de l'espace cultivé, 1, 2, 3... s'il l'estimait égale, double

TABLEAU XLIV

Paramètres d'exploitation

Strate village	(1)	(2)	(3)	(4)	(5)	(6)	(7)	(8)	(9)	(10)	(11)
Z. Gandaogo	11,2	4,7	0,364	62,6	0,25	1,21	0,61	9,1	1 946,4	1 951,9	0,26
Y. Bibiou	12,6	20,5	0,516	18,3	0	0,86	0,70	30,7	1 951,8	1 953,7	0,10
Siguinonguin	12,4	5,4	0,517	72,3	0	0	0	11,6	1 955,7	1 957,1	0,09
Nyonyogo	5,65	11,4	0,536	34,7	0	0,36	0,24	26,3	1 954,9	1 956,4	0,09
Moy. Y.	9,84	13,6	0,521	40,7	0	0,58	0,35	26,1	1 953,6	1 955,4	0,10
K. Ramongo	9,2	15,0	0,269	32,0	0	1,51	1,03	20,1	1 951,8	1 931,4	0
Kabinou	10,7	26,2	0,458	49,5	0,29	1,52	0,91	15.8	1 944,6	1 947,3	0,11
Namaneguena	8,6	32,6	0,955	33,0	0,42	1,50	1,14	10,7	1 940,2	1 942,2	0,06
Moy. K.	9,44	25,3	0,567	37,6	0,32	1,50	1,06	13,4	1 943,2	1 942,5	0
Moy. Pays Mossi	9,86	17,7	0,515	42,0	0,19	1,13	0,73	18,7	1 947,5	1 948,5	0,04
T. Namassa	9,4	19,4	0,334	42,0	0,09	3,81	2,24	14	1 960,3	1 962,8	0,25
Bompela	7,65	10,2	0,372	43,0	2,89	3,43	3,20	14	1 957,3	1 963,1	0,59
Sissilé	7,64	17,7	0,412	44,1	0,25	3,03	1,80	16	1 962,6	1 963,4	0,08
Moy. T.	8,52	16,6	0,362	43,0	0,95	3,51	2,41	14,5	1 960	1 963	0,30
D. colons (72-71)	7,9	5,6	1,069	25,0	1,86	3,30	2,94	50	1 972	1 971,9	0
Colons (70-69-68)	7,9	2,7	1,042	15,0	0,34	2,23	1,94	50	1 969,6	1 969,8	0,06
Colons 67...	8,5	13,7	1,070	4,9	0,29	1,43	1,38	60	1 969,2	1 968,5	0
Moy. D.	8,08	7,6	1,061	14,9	1,17	2,24	2,08	53,7	1 970	1 969,9	0

N.B. — Seules sont prises en compte les exploitations ayant fait l'objet de levés parcellaires.

(1) *Population présente (moyenne annuelle) par exploitation (estimation pour les seules exploitations mesurées). Chefs pondérés.*
(2) *En % — taux global de population absente. Chefs pondérés.*
(3) *En ha — surface cultivée par résident présent.*
(4) *En % — proportion des champs de case par rapport à la surface totale cultivée.*
(5) *En proportion de (4) — espace libre disponible pour déplacer les champs de case (indice de concentration de l'habitat).*
(6) *En proportion des champs autres que ceux de cases (S — (4)), espace libre disponible pour déplacer les champs (indice de densité d'occupation du terroir).*
(7) *Proportion moyenne (5 + 6).*
(8) *En hectomètres, distances moyennes, pondérées par les surfaces, des champs autres que les champs de case (indice d'éclatement du terroir).*
(9) *Millésime moyen, pondéré par les surfaces, d'accession soit à la « propriété » soit au « droit d'usage » des terres cultivées en 1973.*
(10) *Millésime moyen, pondéré par les surfaces, depuis lequel la terre est cultivée de façon ininterrompue.*
(11) *Proportion des durées moyennes de jachères (10 – 9) par rapport à la mise ininterrompue en cultures (1973 – millésime (10)) = (rapport J/C).*

ou triple du même espace cultivé. Les résultats ne nous ont pas déçu bien que ce moyen d'évaluation ne fut jamais, à notre connaissance, utilisé.

La différence enregistrée entre la durée de culture continue (ex. 15 ans) et celle d'accession à la terre (ex. 20 ans) équivaut donc, statistiquement, au délai moyen de jachères pour une durée de culture déterminée.

Si J = durée de jachère, C = durée de culture :

$\dfrac{J + C}{C}$ est le rapport indiquant l'extension totale nécessaire à l'exploitation par unité de surface cultivée. (1,33 dans l'exemple théorique ci-dessus) ou, ce qui revient au même, J/C l'espace *nécessaire* disponible (0,33 dans le même exemple théorique).

L'appréciation *directe* de l'espace disponible par le procédé indiqué plus haut permet alors de voir s'il y a ou non cohérence entre les valeurs réelles et théoriques, par suite de conclure à une gestion rationnelle ou irrationnelle de cet espace disponible.

Le tableau XLIV regroupe par zone et village une série de 11 paramètres dont les paramètres n° 5 - 6 - 7 concernent l'espace disponible sur champs

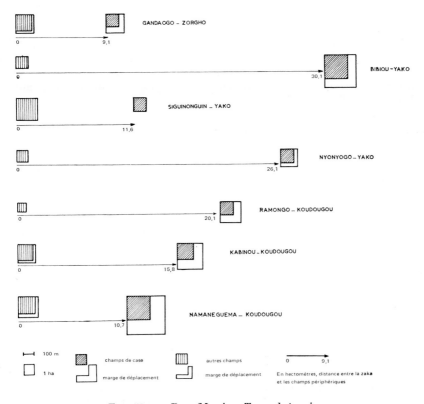

FIG. 52. — *Pays Mossi — Types de terroirs*

de case (n° 5), sur champs périphériques (n° 6) et pour l'ensemble (n° 7) et les paramètres n° 9 - 10 - 11 la longueur des cycles culturaux réellement pratiqués. Les taux à confronter sont donc ceux reportés dans les colonnes n° 7 et 11.

La lecture des deux séries de coefficients n° 7 et 11 justifie l'intitulé de ce paragraphe : le paradoxe de la jachère. En effet l'on s'aperçoit que dans bien des cas les villageois reconnaissent simultanément ne plus pratiquer de jachère et posséder néanmoins des terres *disponibles en quantité appréciable.*

Conséquences

Compte tenu de l'espace disponible il serait possible soit d'accroître le temps de jachère (J. théorique supérieur à J. réel) soit de réduire le cycle de culture (C. théorique inférieur à C. réel) soit en maintenant identique le rapport J/C d'augmenter les surfaces cultivées par résident.

Dans le village de Zorgho

— J pourrait s'allonger de 2,35 fois (12,9 années au lieu de 5,5).
— C se réduire à 0,43 (9,1 années au lieu de 21,1).
— S augmenter de 27,8% (46,5 ares par résident au lieu de 36,4).

A Yako

Hormis le cas de Siguinonguin où il conviendrait au contraire de réduire le temps de jachère, mais comme ce n'est pas souhaitable, de réduire plutôt les surfaces cultivées afin de débloquer le goulot d'étranglement qu'est l'absence totale de terre disponible, il serait possible sur les deux autres villages de porter :

— J à 8,8 années au lieu de 1,7 ($\times$ 5,2).
— C à 3,5 années au lieu de 18 ($\times$ 0,19).
— S à 38% de plus (72 ares par résident).

A Koudougou

Le système présent se révèle peu rationnel puisqu'il n'existe pratiquement plus de jachère (dans la plupart des cas les surfaces sont cultivées depuis plus longtemps que les exploitants actuels n'en ont obtenu eux-mêmes le droit d'usage) alors que les terres déclarées disponibles dépassent en surface les terres cultivées.

Le rapport J/C pourrait théoriquement atteindre 1,06, donc au moins *une égalité des temps de repos et de culture,* dans une zone qui, nous le rappelons, passe pour l'archétype des terroirs saturés.

L'ensemble de nos exploitations intérieures au pays Mossi paraissent ainsi *beaucoup trop économes d'espace.* L'on ne comprend pas pourquoi les temps de jachère sont si brefs (4% des temps de culture) quand les terres déclarées disponibles par les villageois eux-mêmes sont en définitive largement sous-employées. Sous-emploi qu'on pourrait évaluer à 94% ! (0,73 — 0,04/ 0,73). Même à supposer qu'une bonne partie des terres déclarées disponibles sont en fait inutilisables (mauvais sols — épuisement — contraintes sociales...) nous avons la conviction qu'il demeurerait possible d'accroître de *plusieurs*

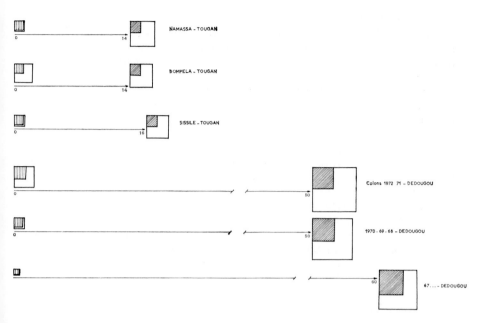

Fig. 53. — *Zones de colonisation — Types de terroirs*

fois le rapport actuel J/C. S'il existe en réalité une solution spécifiquement nationale (cf. les conclusions de notre étude monétaire) aux mouvements internes de population, elle se trouve peut-être bien à l'intérieur du pays Mossi, plutôt qu'à sa périphérie (1).

A Tougan

Le rythme actuel revient à laisser se reposer 3 années la terre pour 10 années de culture, ce qui exige un terroir utile de 1,30 ha pour 1 ha cultivé. Or le rapport réel est de 3,41 pour 1 ha cultivé. Il serait donc possible :

— de multiplier par 8,03 le temps de jachère (24,1 ans au lieu de 3), ou

— de ramener le temps de culture à 0,12 de ce qu'il est (1,2 an contre 10), ou

— de développer les superficies de 162,3% (950,3 ares contre 362).

_____

(1) *Le fait que les villageois déclarent comme « disponibles » des terres que pratiquement ils n'utilisent pas est une manifestation de la gérontocratie du système. Du simple fait de leur appartenance lignagère ils continueraient ainsi à faire référence à des terres, non cultivées depuis plus ou moins longtemps, mais auxquelles ils n'ont en réalité aucune chance de pouvoir accéder un jour.*

GÉRARD ANCEY

Enfin à Dedougou

Le modèle est tel qu'il n'y a *encore* aucune période de jachère intégrée au système cultural, mais c'est le signe ici, contrairement au pays Mossi, d'une culture de type itinérant entraînant une *sur-consommation de l'espace* par des rotations excessives.

En retenant les plus anciens colons comme population de référence, le système pourrait se stabiliser avec des exploitations moyennes de 8,5 ha si l'on respectait les contraintes suivantes :

— 8,5 ha mis en culture.
— 20,2 ha de terroir utile (dont 11,7 en jachère).
— un cycle cultural de 4,5 ans (C).
— un cycle de repos de 6,2 ans (J).
J/C = 1,38.

Nous sommes très éloignés pour le moment de ce schéma stabilisé mais il ne serait guère difficile d'y parvenir.

Les deux planches de croquis (fig. 52 et 53) illustrent quelques-uns des paramètres du tableau XLIV.

L'EMPLOI - TEMPS D'OCCUPATION

Méthodologie

Le relevé des temps d'occupation s'est effectué parallèlement aux observations budgétaires. A chacun des passages de l'enquêteur celui-ci remplissait une fiche individuelle d'occupation périodique, sur laquelle étaient reportées les activités de l'individu concerné *au jour de la visite*. La fiche se trouvait ainsi remplie à la fin du mois et comme le passage se répétait tous les trois jours, du 1 au 24, le taux de sondage individuel était d'environ 8 jours sur 30 — à chaque cycle d'observation. Le cycle se renouvelant tous les trimestres, un individu constamment présent a donc en principe été interrogé à 32 reprises différentes (taux de sondage : 8,8 %).

Tous les individus présents au jour du passage, *âgés de 12 ans et plus* — sans limite supérieure — exception faite des personnes totalement invalides — avaient une fiche nominative particulière.

Pour l'ensemble de l'échantillon 28 160 journées — individus ont été ainsi observées (1) — Moyenne : 5 632 journées par strate.

Les occupations peuvent se regrouper sous trois rubriques :

(1) *Notre sondage monétaire*, rétrospectif sur 3 jours, *avait porté sur 18 022 journées-zaka. Statistiquement nous avons donc (28 160/18 022) × 3 = 4,69 individus dans chaque zaka à avoir répondu au questionnaire, dont 3,63 âgés de 15 à 59 ans et 1,06 appartenant aux classes d'âge « dites » inactives.*

— *Agricoles*
  1. *façons culturales :*
     1a   . préparation des sols (défrichement, brûlis, labour...).
     1b   . semis.
     1c1 . entretien, sarclage, ...
     1c2 . protection contre rongeurs et oiseaux.
  2. *récoltes.*

— *Para-agricoles :*
  3. soins au bétail.
  4. ramassage de produits divers (bois, fruits...).
  5. chasse — pêche — ramassage de termites.
  6a. artisanat lié à l'agriculture (entretien des bâtiments, confection de puits, greniers, réparation d'outillage).

— *Diverses :*
  6b. finition des produits (éventage, battage...) et artisanat.
  7. corvées ménagères (préparation, corvée d'eau, autres corvées).
  8. marchés, colportage...
  9. activités sociales (école, palabre, festivités...) et déplacements divers sous réserve qu'ils ne dépassent pas le cadre de la journée. Les absences supérieures à 24 h n'ont pas été comptabilisées.

Le dépouillement a été mené à la fois par statut de parenté (CE — EpCE etc.) mais il n'en sera pas fait état ici, et par classe d'âges — en distinguant hommes et femmes.

— de 12 à moins de 15 ans — et 60 ans et plus — pour les classes dites inactives.

— 15 à 29, 30 à 44, 45 à 59 ans pour les classes dites actives.

Le temps total d'occupation

Voici d'abord en agrégeant les strates du pays Mossi, la longueur totale du temps d'occupation, selon la tranche d'âge considérée. (Moyenne journalière, calculée en heures, sur l'ensemble de l'année) (tabl. XLV).

On voit qu'à l'intérieur du pays Mossi — sans doute aussi à Dédougou si l'on néglige la valeur 6,8 des hommes âgés de 60 ans — les femmes à tout âge ont des journées d'occupations plus longues que les hommes. Sur l'année entière la différence est d'environ 220 heures. C'est surtout entre 15 et 44 ans que l'écart est le plus net (1 heure par jour en moyenne) et c'est toujours entre 30 et 44 ans que l'on se montre le plus laborieux. Seule exception, à Tougan les garçonnets sont plus occupés que les fillettes du même âge. Cela tient ici à leurs activités de gardiennage des troupeaux notamment au mois de juillet lorsqu'il s'agit d'éviter que les animaux n'aillent piétiner les pousses de mil et en octobre pour les empêcher de dévorer les premiers épis récoltés jonchant le sol.

Partout les enfants de moins de 15 ans ont des journées plus chargées que les personnes âgées.

TABLEAU XLV

Le temps journalier moyen annuel d'occupation (heures en décimales)
selon le sexe et l'âge, par strate

Hommes	Pays Mossi	Dedougou	Tougan
-15	4,7	4,5	5,5
15-29	5,2	5,5	6,3
30-44	5,8	5,8	6,4
45-59	5,7	5,0	5,7
+ 60	3,3	6,8 (1)	3,7
Total hommes	5,0	5,3	5,8
Femmes			
-15	4,8	5,2	5,1
15-29	6,3	6,2	6,3
30-44	6,7	6,2	6,7
45-49	5,7	6,0	6,4
+ 60	3,8	3,2	4,0
Total femmes	6,0	5,8	6,1
Moyenne	5,6	5,6	6,0

TABLEAU XLVI

Le temps journalier d'occupation selon la classe d'âge, par strate

	— 15 ans	15-59	60 et plus	Total
Zorgho	5,4	6,5	2,6	6,0
Koudougou	4,2	5,2	3,9	4,9
Yako	4,9	6,4	3,6	5,9
Pays Mossi	4,7	6,0	3,5	5,6
Dedougou	4,9	5,8	3,7	5,6
Tougan	5,3	6,3	3,8	6,0
Ensemble	4,9	6,1	3,6	5,7

(1) *Chiffre non significatif : 40 journées d'observation pour ce groupe d'âge.*

Hommes et femmes confondus et ne retenant que les trois groupes : — moins de 15 ans — 15 à 59 ans — 60 ans et plus, les moyennes journalières figurent au tableau XLVI.

Le fait le plus notable est en définitive la relative homogénéité des coefficients aussi bien globaux que par sexe et groupes d'âges dans toutes les strates de l'échantillon.

A cet égard nous ne constatons *aucune corrélation* entre la durée de l'occupation et la superficie moyenne cultivée. Dedougou est au même niveau que l'ensemble du pays Mossi, malgré des superficies deux fois plus étendues. Tougan et Zorgho atteignent des maxima avec des tailles d'exploitation réduites...

Le calendrier agricole

Intensité de l'effort

Observe-t-on au moins une corrélation avec la durée des occupations spécifiquement agricoles ? Les séries de valeurs suivantes nous permettent de répondre :

Occupations agricoles

(En heures/jour/individu — selon la strate, le groupe d'âge et le sexe).

Deux groupes d'âges considérés : 1 — âges « actifs » 15-59 ans
2 — âges « inactifs » 12-14 et 60 ans
et plus.

Tableau XLVII

Le temps journalier d'occupations agricoles selon le groupe d'appartenance, par strate

Strate	« Actifs »			« Inactifs »			Ensemble	% des activités agricoles dans occupations totales
	H.	F.	T.	H.	F.	T.		
Zorgho	2,35	2,05	2,16	1,66	1,37	1,54	2,05	0,35
Yako	3,20	2,57	2,85	1,77	1,64	1,70	2,57	0,44
Koudougou	2,54	1,86	2,09	1,90	1,76	1,84	2,02	0,41
T. pays Mossi	2,77	2,15	2,39	1,81	1,65	1,73	2,23	0,40
Dedougou	2,82	1,82	2,30	2,08	1,33	1,60	2,16	0,40
Tougan	3,73	2,31	2,91	1,87	1,37	1,61	2,63	0,44

Les catégories considérées comme actives consacrent donc entre 2 et 3 h quotidiennement aux activités agricoles.

Minimum : Koudougou = 2 h 05 mn.

Maximum : Tougan = 2 h 55 mn.

L'absence de corrélation « surface cultivée » — « temps d'occupation agricole des classes actives » se trouve ainsi confirmée.

Selon le tableau XLVII l'intensité du travail agricole par unité de superficie cultivée est environ *moitié moindre à Dédougou* qu'ailleurs.

Que la rentabilisation monétaire de l'hectare cultivé demeure comme on l'a pu voir de 36% supérieure (cf. 2ᵉ partie, chapitre 2, « l'époque d'accession ») donne une idée de la différence *naturelle* des rendements.

A partir de ces chiffres nous pouvons, connaissant la structure démographique des exploitations, calculer la durée totale du travail agricole par unité de surface : (Nombre de résidents du groupe concerné × Nombre d'heures × 365). En admettant par ailleurs qu'une heure de travail fournie par un « inactif » ne représente en efficacité que 0,8 heure fournie par un « actif » on obtient, tous calculs faits, les valeurs suivantes par unité de surface (ha).

TABLEAU XLVIII

Répartition entre agents du total d'heures de travail
reçues annuellement par 1 ha, par strate

	Actifs			Inactifs pondérés à 0,8			Total
	H.	F.	T.	H.	F.	T.	
Zorgho	200	310	510	40	22	62	572
Yako	378	377	755	60	54	114	869
Koudougou	221	319	540	87	62	149	689
Pays Mossi	255	321	576	61	44	105	681
Dedougou	194	138	332	21	23	44	376
Tougan	634	539	1 173	82	63	145	1 318

Le tableau XLVIII signifie qu'un hectare en pays Mossi reçoit *681 heures de travail par an*, dont 255 fournies par les hommes adultes (37,4%), 321 par les femmes adultes (47,1%) et 105 par les « inactifs » des deux sexes (105 résultant d'une pondération à 0,8 du chiffre réel observé). L'exploitation moyenne étant de 5,08 ha c'est annuellement 3 457 heures de travail qui lui sont consacrées. Si l'on admet cette convention que 1 heure au rythme traditionnel correspond à 0,75 Heure — Unité — Travailleur (HUT) le total équivaut à 2 593 HUT, soit *une U.T. occupée 324 jours par an* pour chaque exploitation (324 JUT).

A noter le faible apport des hommes adultes dans la zone de Koudougou (30,4% en temps réel — 32,1% en temps pondéré), conséquence de la fonction migratoire, compensé par *le travail des classes inactives* (25,6% en temps réel, 21,6% en temps pondéré).

A Dedougou l'extensification des surfaces n'a eu pour corollaire qu'une réduction proportionnelle du temps de tâche à l'hectare, chaque exploitation n'ayant nécessité que 3 224 h de travail ou l'équivalent d'une *U.T. employée 302 jours par an.*

Inversement la petitesse des exploitations de Tougan, jointe à des conditions climatiques particulièrement difficiles qui se traduisent par un doublement des temps de sarclage, aboutit à un surcroît appréciable de travail : 4 059 h par exploitation ou l'emploi d'une U.T. *380 jours par an.*

TABLEAU XLIX

Moyenne annuelle du temps de travail/ha par groupe d'appartenance et strate.
(Durée des catégories 3 et 4 pondérée à 0,8)

	1	*2*	*Moyenne 1 + 2*	*3*	*4*	*Moyenne 3 + 4*	*Ensemble pondéré*
Zorgho	211	183	193	121	100	113	179
Yako	216	174	193	95	89	92	168
Koudougou	169	124	139	101	94	98	127
Pays Mossi	193	150	166	102	92	97	150
Dedougou	111	72	90	66	41	50	82
Tougan	347	215	270	139	102	121	238

1. Pour les hommes âgés de 15 à 59 ans.
2. Pour les femmes âgées de 15 à 59 ans.
3. Pour les hommes de 12 à 14 et 60 et plus.
4. Pour les femmes de 12 à 14 et 60 et plus.

LES VARIATIONS MENSUELLES

Le tableau L résume mois par mois l'évolution du temps journalier d'occupation agricole de l'individu moyen. C'est dire qu'il reprend tels quels les chiffres relatifs aux groupes d'âge « actifs » et qu'il pondère à 0,8 (coefficient admis d'efficacité) les valeurs propres aux classes dites inactives.

Les mois de février — mars — juin — juillet n'ont pas été retenus sur

Zorgho pour les motifs évoqués dans la première partie. Mars a été également éliminé à Koudougou en raison d'un changement d'enquêteur.

Comme dans les tableaux précédents les valeurs horaires sont reportées en décimales (3,6 = 3 h 36 mn).

TABLEAU L

Le temps journalier d'occupations agricoles (individu moyen)
selon le mois, par strate

Mois	Z.	Y.	K.	Pays Mossi	D.	T.	Ensemble
J	0,53	0,30	0,06	0,29	0,67	ε	0,30
F	—	0,06	0	0,03	0,26	0,02	0,06
M	—	0,38	—	0,38	0,18	0,21	0,24
A	0,15	0,77	0,53	0,50	0,43	0,14	0,43
M	0,58	1,79	1,75	1,52	3,82	0,61	1,74
J	—	4,92	4,48	4,67	3,31	3,49	4,01
J	—	4,59	4,95	4,73	3,97	5,55	4,85
A	3,90	5,57	3,93	4,41	3,91	5,60	4,62
S	3,56	3,44	1,76	3,0	1,99	4,20	3,0
O	3,07	3,69	1,18	2,81	2,54	4,49	3,12
N	2,27	4,37	2,29	3,0	3,62	3,51	3,21
D	0,77	0,11	0,09	0,29	0,96	0,01	0,39
Total	2,0	2,49	1,92	2,15	2,10	2,56	2,23

Février est le mois le plus creux. Pour l'ensemble, moins de 4 mn par travailleur. La campagne agricole ne commence réellement qu'en mai avec les semis auxquels on consacre alors plus de 70 % du temps ouvré. En juin pour 4 h de travail, encore un peu plus de la moitié est due aux semis (53,4 %), un peu plus du quart aux premiers sarclages (27,7 %), 15,4 % à des préparations tardives de sols, le reste (3,5 %) à la surveillance contre les rongeurs et autres nuisibles. En juillet l'effort atteint son palier, un peu moins de 5 h par jour (5 h 15 mn pour les hommes adultes — 5 h 18 mn pour les femmes, mais moins de 3 h pour l'ensemble des « inactifs » qui n'atteindront leur durée d'emploi maximum qu'en août car en juillet ils consacrent beaucoup de leur temps au gardiennage des animaux).

Les sarclages monopolisent alors près de 80 % du temps utile, les semailles ou le remplacement des manquants 17,9 %, le résidu (2,8 %) étant toujours consacré à la préparation des sols (maïs, arachide, pois de terre et coton).

Août est un mois d'intenses sarclages, occupant 98,8 % du temps affecté à l'agriculture. A partir de septembre le calendrier s'allège sensiblement. C'est un mois au cours duquel l'effort peut se relâcher, les principaux sarclages étant terminés (2 h 44 mn/jour contre 4 h 40 mn le mois précédent) et les productions non encore arrivées à maturité, hormis le maïs.

En octobre et novembre on constate une légère remontée de la durée

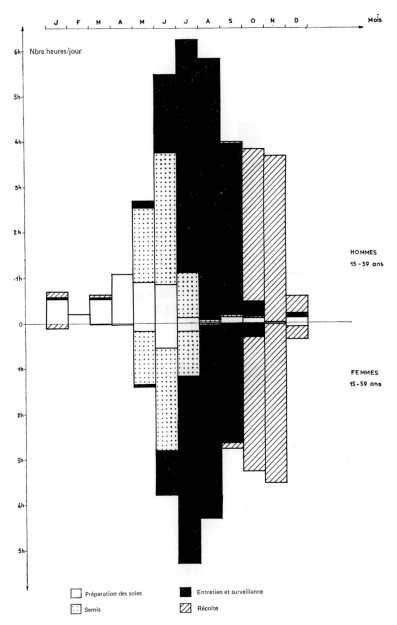

F<small>IG</small>. 54. — *Activité agricole — Durée d'occupation quotidienne selon le mois*
(Groupes « actifs »)

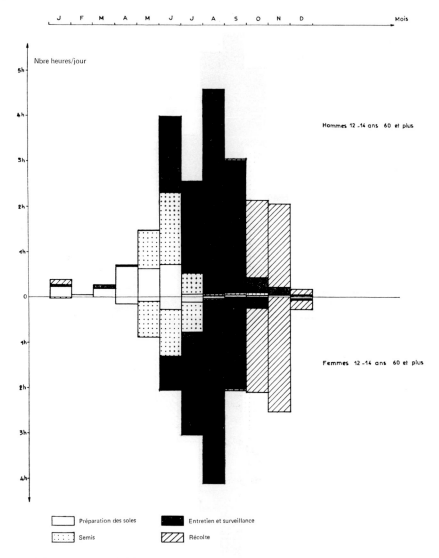

Fig. 55. — *Activités agricoles — Durée d'occupation quotidienne selon le mois
(Groupes « inactifs »)*

d'occupation, directement liée aux récoltes représentant 89 % des temps de travaux d'octobre et 99 % en novembre.

On peut dire que la saison agricole s'achève à ce moment là. Pendant six mois (juin-novembre) elle aura donc exigé de chacun environ 3 h 50 mn

de travail quotidien et pendant les six autres mois (décembre à mai) environ 43 mn. *Au total 814 heures réparties sur un an.*
dont :
— 1 095 pour les hommes âgés de 15 à 59 ans.
—   774 pour les femmes âgées de 15 à 59 ans.
(moyenne des classes actives : 905 heures).
— 675 × 0,8 = 540 pour les hommes dits « inactifs ».
— 551 × 0,8 = 441 pour les femmes dites « inactives ».
(moyenne des classes « inactives » : 591 × 0,8 = 473 heures).

Les activités para-agricoles

MOYENNES ANNUELLES

Ces activités pour lesquelles nous estimons superflu d'appliquer aux classes « inactives », qui moins que jamais méritent ici leur nom, un coefficient dépondérateur d'efficacité, représentent à peu près partout la même fraction, voisine de 10%, du temps global d'occupation, soit environ 1/4 du temps dévolu aux activités agricoles.

A Yako leur durée relativement importante provient en grande partie du *ramassage des termites destinés aux volailles,* alors qu'à Tougan elle est due en premier lieu au gardiennage des troupeaux par les garçonnets, notamment aux deux mois de juillet et d'octobre. De ce fait Tougan est la seule zone où les inactifs masculins consacrent annuellement plus de temps à ces activités annexes qu'aux occupations proprement agricoles.

TABLEAU LI

Le temps journalier d'occupations para-agricoles
selon le groupe d'appartenance, par strate

Strate	« Actifs »			« Inactifs »			Ensemble	% des activités para-agricoles dans occupations totales
	H.	F.	T.	H.	F.	T.		
Zorgho	0,91	0,30	0,52	0,61	0,19	0,44	0,51	0,09
Yako	0,86	0,23	0,51	1,62	1,24	1,43	0,73	0,12
Koudougou	0,61	0,27	0,38	0,62	0,32	0,49	0,41	0,09
Pays Mossi	0,80	0,26	0,47	0,96	0,67	0,83	0,56	0,10
Dedougou	0,79	0,31	0,54	1,37	0,35	0,72	0,57	0,11
Tougan	0,75	0,27	0,47	2,20	1,01	1,59	0,71	0,12

VARIATIONS MENSUELLES (tabl. LII)

TABLEAU LII

Le temps journalier d'occupations para-agricoles (individu moyen)
selon le mois, par strate

Mois	Z.	Y.	K.	Pays Mossi	D.	T.	Ensemble
J	0,42	0,68	0,43	0,49	0,62	1,04	0,62
F	—	0,60	0,56	0,58	1,42	0,28	0,65
M	—	0,49	—	0,49	0,68	0,54	0,59
A	0,71	0,71	0,60	0,68	0,91	0,87	0,75
M	0,82	0,82	0,33	0,64	0,52	0,48	0,59
J	—	0,48	0,14	0,28	0,34	0,41	0,33
J	—	1,13	0,06	0,70	0,18	0,90	0,67
A	0,17	0,26	0,43	0,35	0,32	0,45	0,37
S	0,24	0,31	0,45	0,32	0,29	1,06	0,44
O	0,50	0,97	0,50	0,65	0,32	0,97	0,67
N	0,80	1,02	0,53	0,76	0,72	0,79	0,76
D	0,60	0,75	0,42	0,56	0,73	0,76	0,64
Total	0,51	0,73	0,41	0,56	0,57	0,71	0,59

Les durées sont relativement étales par suite des changements qui s'opèrent entre activités (greniers et puits en saison sèche, gardiennage des animaux en hivernage), par suite aussi d'une compensation « actifs-inactifs » particulièrement sensible à certains moments de l'année, comme permet de le vérifier la figure 56.

On remarquera le creux des 4 mois : juin – juillet – août – septembre pour les groupes d'âges actifs, qui n'ont alors guère plus de 10 mn à 1/4 d'heure à consacrer chaque jour à leurs occupations para-agricoles.

Le minimum absolu de juillet (que l'on retrouvera également dans les activités diverses) est donc bien la conséquence directe du temps consacré par les « inactifs » à la surveillance du cheptel devenue prioritaire, qui, en les détournant des activités de sarclages contraint les classes « actives » à un surcroît d'effort dans le domaine agricole.

Les activités diverses

MOYENNES ANNUELLES (tabl. LIII)

On peut constater une nouvelle fois l'extrême homogénéité inter-régionale (le chiffre un peu supérieur de Zorgho tient pour beaucoup à la fabrication de kalogho dont il est fait une ample consommation dans la zone).

Dans ce genre d'activités les femmes âgées de 15 à 59 ans fournissent

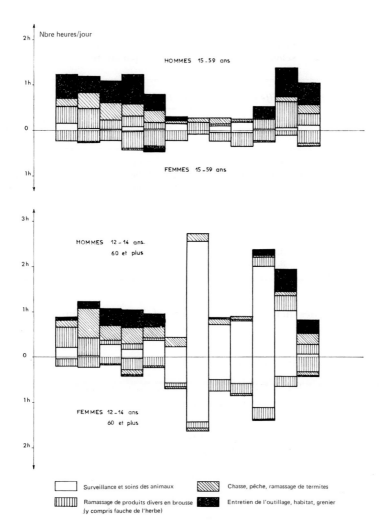

2 h. Nbre heures/jour

1 h.

0

1 h.

HOMMES 15 - 59 ans

FEMMES 15 - 59 ans

3 h.

2 h.

1 h.

0

1 h.

2 h.

HOMMES 12 - 14 ans.
60 et plus

FEMMES 12 - 14 ans
60 et plus

Surveillance et soins des animaux

Ramassage de produits divers en brousse
(y compris fauche de l'herbe)

Chasse, pêche, ramassage de termites

Entretien de l'outillage, habitat, grenier

FIG. 56. — *Activités para-agricoles — Durée d'occupation quotidienne selon le mois*

TABLEAU LIII

Le temps journalier d'occupations diverses
selon le groupe d'appartenance, par strate

Strate	« Actifs »			« Inactifs »			Ensemble	% des activités diverses dans occupations totales
	H.	F.	T.	H.	F.	T.		
Zorgho	2,47	4,15	3,54	1,97	2,41	2,14	3,30	0,56
Yako	1,68	4,09	3,01	0,41	2,19	1,28	2,60	0,44
Koudougou	1,81	3,26	2,77	1,28	2,01	1,60	2,44	0,50
Pays Mossi	1,92	3,78	3,07	1,12	2,15	1,58	2,71	0,50
Dedougou	1,82	3,84	2,88	1,28	2,53	2,08	2,73	0,49
Tougan	1,62	3,92	2,95	0,70	2,23	1,49	2,64	0,44

environ les 2/3 des heures comptabilisées et l'ensemble féminin de 71% à 77% selon la zone.

VARIATIONS MENSUELLES (tabl. LIV)

Comme pour les activités para-agricoles aucun coefficient d'efficacité ne sera appliqué aux classes inactives.

TABLEAU LIV

Le temps journalier d'occupations diverses (individu moyen)
selon le mois, par strate

Mois	Z.	Y.	K.	Pays Mossi	D.	T.	Ensemble
J	3,80	4,05	1,72	3,06	3,64	2,61	3,08
F	—	5,32	2,97	4,19	4,97	3,56	4,17
M	—	4,60	—	4,60	3,59	2,97	3,68
A	5,55	4,55	4,40	4,82	3,61	4,66	4,60
M	5,89	3,08	2,48	3,46	2,45	3,15	3,22
J	—	0,98	1,52	1,29	2,28	2,25	1,79
J	—	0,63	1,12	0,83	2,17	1,93	1,41
A	2,52	1,31	1,39	1,52	1,58	1,77	1,60
S	1,82	1,16	1,69	1,66	2,10	2,02	1,81
O	2,02	1,02	2,25	1,76	1,83	2,34	1,88
N	3,43	1,03	2,83	2,35	1,44	2,41	2,20
D	3,63	2,88	4,51	3,81	3,31	2,74	3,46
Total	3,30	2,60	2,44	2,71	2,73	2,64	2,70

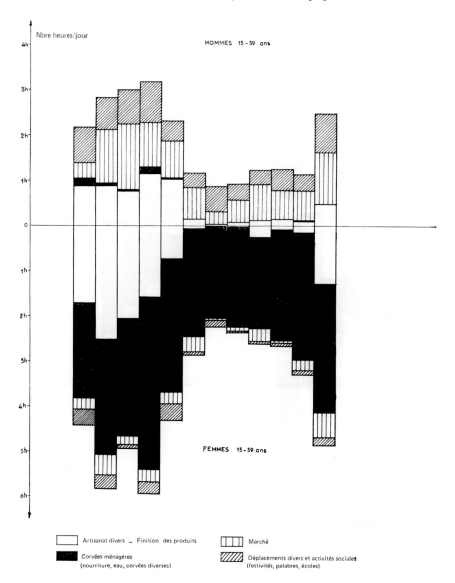

Nbre heures/jour

HOMMES 15 - 59 ans

FEMMES 15 - 59 ans

	Artisanat divers _ Finition des produits		Marché
	Corvées ménagères (nourriture, eau, corvées diverses)		Déplacements divers et activités sociales (festivités, palabres, écoles)

Fig. 57. — *Activités diverses — Durée d'occupation quotidienne selon le mois (groupes « actifs »)*

Le mouvement annuel montre que ces activités s'insèrent dans le creux des occupations agricoles. Cependant les corvées ménagères représentent pour l'ensemble de la population féminine un goulot d'étranglement à peu près incompressible tout au long de l'année, ainsi qu'en témoignent les deux graphiques ci-joints. Chaque jour une femme adulte doit consacrer environ

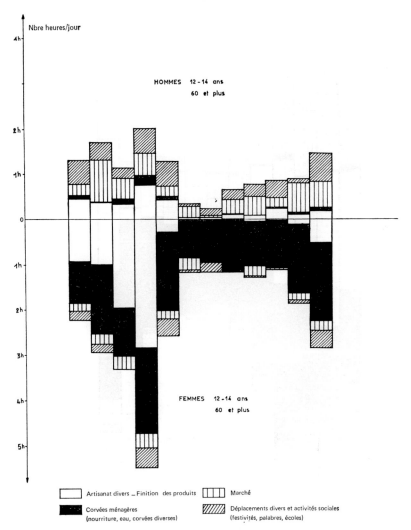

FIG. 58. — *Activités diverses — Durée d'occupation quotidienne selon le mois (groupes « inactifs »)*

2 h à la préparation des repas et à diverses autres corvées, auxquelles s'ajoutent en saison sèche près de deux autres heures pour la finition des produits (égrenage, décorticage, battage, éventage, fabrication de dolo etc.).

Cette étude des temps de travaux aura en définitive permis de mettre en évidence une assez étonnante homogénéité entre zones à la fois quant à la répartition sexuelle des tâches, leur répartition par groupes d'âges et leur répartition annuelle. La contribution des classes d'âge dites inactives n'est nulle part négligeable.

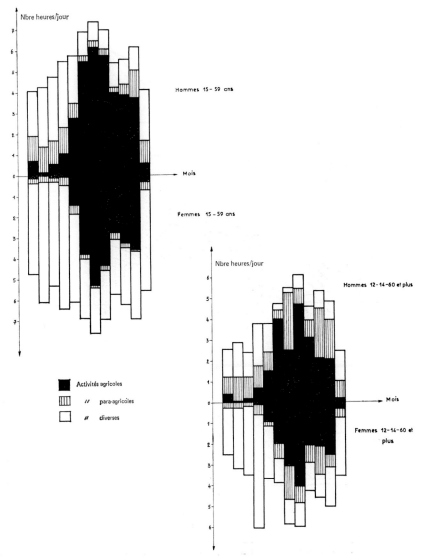

FIG. 59. — *Ensemble échantillon (temps réel observé)*

Si l'on considère les durées réellement observées ces personnes « inactives » fournissent entre 13 et 16% des heures comptabilisées en activités agricoles dans les 4 strates de Zorgho, Yako, Dedougou et Tougan, mais près du double à Koudougou (25,6%), Leur apport varie davantage dans les occupations para-agricoles (15% au minimum à Zorgho, 48,3% au maximum à Tougan) et dans les activités diverses leur contribution oscille de 11 à 15%

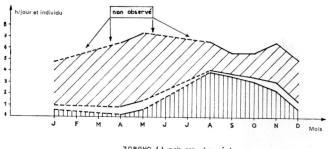

ZORGHO (4 mois non observés)

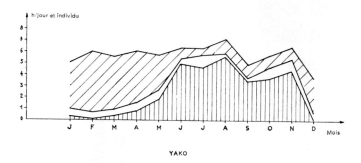

YAKO

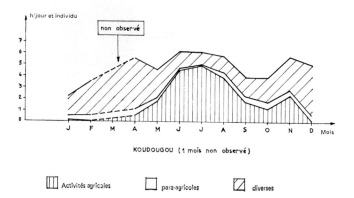

KOUDOUGOU (1 mois non observé)

|||| Activités agricoles   [ ] para-agricoles   [/] diverses

FIG. 60. — *Pays Mossi — Occupations journalières de l'individu moyen*
(« inactifs » pondérés à 0,8 en activités agricoles)

sauf à Koudougou où elle dépasse 18%. Ces chiffres prennent tout leur sens
si l'on rappelle que l'ensemble des « inactifs » ont totalisé moins du quart
(cf. paragraphe « Méthodologie » p. 150 — note (1) des journées d'observation).

Monnaie et structures d'exploitations en pays Mossi

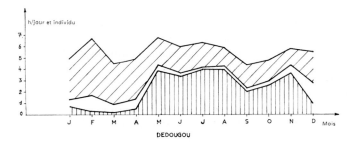

DEDOUGOU

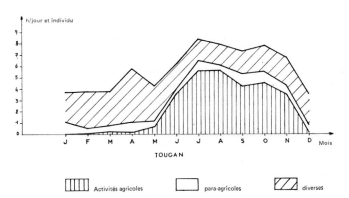

TOUGAN

|||||| Activités agricoles   ☐ para-agricoles   ▨ diverses

Fig. 61. — *Zones de colonisation — Occupations journalières de l'individu moyen («inactifs» pondérés à 0,8 en activités agricoles)*

LES ÉCHANGES D'ENTRAIDE ET LE SALARIAT

Dans son étude déjà citée J. M. KOHLER a décrit avec beaucoup de minutie ce qu'il appelle les «formes d'organisation du travail communautaire libre» (rabense et sosose), aussi nous contenterons-nous de renvoyer à cet ouvrage le lecteur désireux d'approfondir les diverses modalités d'entraide pratiquées au sein de la société Mossi.

Les résultats présentés ici ont été recueillis au moyen d'interviews rétrospectives mensuelles effectuées entre le 25 et le 30-31 de chaque mois sur l'ensemble des exploitations (simultanément aux «rétrospectifs mensuels budgétaires»).

Le questionnaire était divisé en quatre parties :

— entraide reçue : (date, durée, nombre de participants, éventuellement indication des relations de parenté, travail accompli, bénéficiaire de l'entraide reçue — contreprestation versée).

— entraide fournie : (mêmes questions complémentaires).

— main d'œuvre salariée utilisée.

— embauche hors de l'exploitation.

Très vite nous avons pu nous rendre compte d'un biais systématique déséquilibrant le côté « gauche » de notre questionnaire (entraide reçue et main-d'œuvre utilisée) relativement au côté « droit ». Les journées de travail *reçues* ont été semble-t-il correctement mémorisées alors que les journées rendues paraissent avoir été notablement sous-estimées. Cela tient au fait qu'un appel à l'entraide extérieure sollicitant parfois un nombre élevé de travailleurs est un événement marquant pour celui qui l'organise. Par contre les journées rendues à chacun des participants prennent nécessairement un caractère discontinu et répétitif qu'il est plus difficile de restituer dans leur totalité. Mieux vaut dans ces conditions ne retenir que les journées reçues et admettre ainsi que J. M. KOHLER l'a montré, une réciprocité de l'échange. Les valeurs reportées ci-dessous indiquent pour chacune des strates :

EA : nombre mensuel de *journées* reçues d'entraide agricole par exploitation.

ED : idem — entraide diverse (constructions de cases, greniers, puits...). (entraide purement ménagère non considérée).

SA : *en francs* CFA, salaires agricoles versés mensuellement par exploitation.

SD : idem — salaires divers.

Pour évaluer la durée totale d'entraide, nous convertirons les salaires versés en « équivalent-journée » sur la base de 100 F CFA = 1 jour (coût moyen des journées de manœuvre).

Nous isolerons d'autre part les chefs des villageois ordinaires avant d'en calculer la moyenne pondérée.

Pays Mossi

L'exploitation moyenne reçoit en pays Mossi 2,5 journées de travail mensuellement soit 30 journées par an, dont un peu moins des deux tiers (19,2 journées) au cours des 4 mois : juin – juillet – août – septembre. Au moment où la saison agricole bat son plein les échanges de travail sont donc environ deux fois plus intenses qu'en moyenne annuelle et 3,5 fois plus intenses que durant les 8 autres mois.

Converties en journées de 6 h, l'échange peut ainsi s'évaluer à 22,5 J.U.T., moins de 7 % de la « force active » d'une exploitation.

A l'intérieur d'une exploitation de chef, dont la force active peut s'évaluer au double de celle d'une famille ordinaire, le rapport J.U.T. « externe » — J.U.T. « interne » est également le double et si l'on ne considère que les formes d'entraide pure, l'avantage de la chefferie est encore plus net

TABLEAU LV
Nombre de journées d'entraide ou salariées reçues en 1 mois,
selon le statut de l'exploitant

| | (1) Chefs | | | | | (2) Villageois | | | | | Moyenne |
Strate	EA	ED	SA	SD	T1	EA	ED	SA	SD	T2	T1 + T2
K.	7,57	2,05	22,7	72,7	10,6	2,2	0,15	53,6	14,2	3,0	3,2
Y.	2,4	0,13	27,8	—	2,8	1,61	0,10	30,0	—	2,0	2,0
Z.	16,07	9,64	—	—	25,7	1,8	—	6,3	—	1,9	2,2
Pays Mossi	6,63	2,57	20,8	22,2	9,6	1,87	0,10	36,0	5,7	2,4	2,5

(82,8 J.U.T. pour les chefs, 17,7 J.U.T. pour les gens du commun, soit 14%
dans un cas et 5% dans l'autre).

Tougan

TABLEAU LVI
Nombre de journées d'entraide ou salariées reçues en 1 mois
selon le statut de l'exploitant

| (1) Chefs | | | | | (2) Villageois | | | | | Moyenne |
EA	ED	SA	SD	T1	EA	ED	SA	SD	T2	T1 + T2
1,69	0,14	187,5	—	3,7	0,43	0,02	44,9	6,9	1	1

Si la différence relative entre les exploitations de chefs et celles de leurs
assujettis reste du même ordre qu'à l'intérieur du pays Mossi, on constate
un recul important des échanges de travail. La pratique des scissions entre
exploitations autonomes n'a donc pas entraîné, bien au contraire, un accroissement des formes d'entraide. Une autre déviante, liée probablement au
même ensemble de facteurs, apparaît dans le rôle accru des formules salariées. Plus de la moitié des journées reçues, contre 16% seulement en pays
Mossi, l'ont été dans le cadre de contrats monétaires. Le recours à la véritable entraide est donc en définitive quatre fois plus rare qu'en pays Mossi,
et ne représente guère plus de *1% de la force active* d'une exploitation, apport
absolument négligeable.

Dedougou ou l'échange inégal

Comme partout le biais d'observation a faussé l'équilibre entre les journées offertes et reçues. En admettant toutefois l'hypothèse que les échanges de prestations s'effectuent à l'intérieur de la communauté mossi,

TABLEAU LVII

Dedougou : évolution mensuelle du nombre de journées d'entraide reçues
et offertes, selon la catégorie de colon

Mois	D1		B1	D2		B2	D3		B3
	R	O		R	O		R	O	
J	12,1	7,7	+ 4,4	0,9	7,4	— 6,5	9,1	6,8	+ 2,3
F	10,2	7,2	+ 3	7,1	7,3	— 0,2	2,8	5,7	— 2,9
M	5,8	8,7	— 2,9	4,8	3,2	+ 1,6	5,5	4,7	+ 0,8
A	5,3	7,8	— 2,5	2,7	1,2	+ 1,5	4,8	4,2	+ 0,6
M	2,6	2,6	0	2,9	4	— 1,1	7,2	6,1	+ 1,1
J	4,7	8,8	— 4,1	7,5	5,6	+ 1,9	5,6	4,6	+ 1
J	7,4	25,9	— 18,5	18,1	19,7	— 1,6	36,9	21	+ 15,9
A	6,2	19,7	— 13,5	18,5	13,7	+ 4,8	22,8	15,9	+ 6,9
S	4	11,4	— 7,4	8	6,1	+ 1,9	10,2	6,3	+ 3,9
O	2	5,5	— 3,5	3,9	2,4	+ 1,5	1,6	0,4	+ 1,2
N	8,2	11,7	— 3,5	10,9	8,6	+ 2,3	8,7	8,5	+ 0,2
D	7,1	3,1	+ 4	0,6	1,8	— 1,2	1,4	3,6	— 2,2
Moyenne mensuelle	6,5	10	— 3,5	7,5	6,7	+ 0,8	9,6	7,3	+ 2,3

D1 : Colons arrivés en 1972-1971.
D2 : Colons arrivés en 1970-1969-1968.
D3 : Colons arrivés en 1967 et avant (y compris chefs pondérés).
R : Nombre de journées reçues par exploitation.
O : Nombre de journées offertes par exploitation.
B : Bilan mensuel (R — O).

ce qui est d'ailleurs presque toujours le cas, on peut en se donnant un coefficient correcteur uniforme ramener au même niveau les totaux de journées offertes et reçues (bilan globalement équilibré pour la communauté). Il apparaît alors des choses hautement significatives et surprenantes.

Négligeons dans un premier temps les prestations salariées et comparons mois par mois les journées reçues et rendues dans chacun des trois groupes :

Un colon arrivé depuis moins de 3 ans (1972-1971) reçoit donc 78 journées d'entraide extérieure dont 41 (3,4 j/mois) pour des travaux agricoles et 37 (3,1 j/mois) pour l'aider à s'établir (construction de la zaka...). Cette entraide « diverse » est tout entière concentrée entre les mois de décembre – janvier – février – mars et avril, morte-saison agricole. Il rend 120 journées,

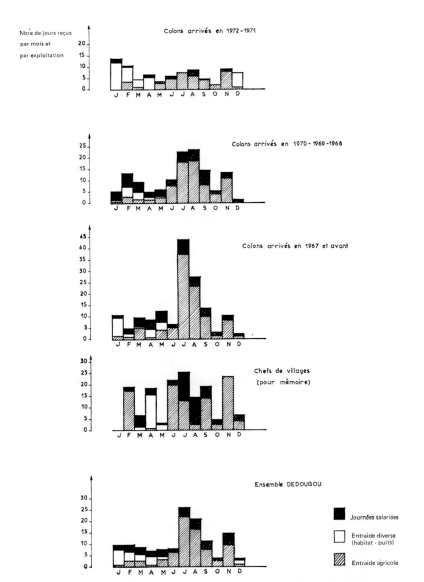

Fig. 62. — *Entraide de travail reçue et salariat utilisé à Dedougou
(Nombre de journées par mois et exploitation)*

soit un déficit global de 42 jours (3,5 jours chaque mois) *dont près de la moitié
dans les 3 mois de pointe du calendrier agricole* (juin – juillet – août). Durant
cette période cruciale il doit donc en moyenne *fournir net 9 J.U.T. mensuellement* à des colons plus anciennement installés, ce qui représente alors plus
du tiers de sa force active disponible.

Les colons de la seconde génération (1970-1969-1968) parviennent à un échange à peu près équilibré avec un excédent net d'à peine 10 journées sur l'année. (90 journées reçues — dont 12 seulement d'entraide diverse et 80 journées rendues).

Les vrais bénéficiaires de l'échange sont ainsi les premiers arrivés, 88 journées offertes mais 115 journées reçues dont 97 d'entraide agricole sur lesquelles 60 sont concentrées dans les deux mois : juillet – août, époque des sarclages intensifs. A cet instant précis de l'année ils réussissent par ce moyen à doubler, ou peu s'en faut, leur force active théoriquement disponible. Dans notre analyse des budgets familiaux (cf. 1re partie, chapitre 2), nous avions

TABLEAU LVIII

La main-d'œuvre salariée utilisée (F CFA/mois/exploitation)

Mois	D1	D2	D3
J	154	425	92
F	54	579	199
M	0	436	419
A	108	221	375
M	77	304	447
J	119	268	128
J	0	443	736
A	238	593	524
S	23	628	355
O	0	129	155
N	92	229	158
D	0	61	113
Moyenne mensuelle	72	360	308

montré comment ces colons de la première génération avaient pu accroître leurs revenus monétaires d'exploitation sans augmenter parallèlement leur capital technique agricole.

Part des salaires « divers » dans l'ensemble :

5% pour D1 (4 F./mois)
8% pour D2 (29 F./mois)
19% pour D3 (59F./mois).

La réduction des dépenses salariales chez les plus anciennement installés tient vraisemblablement à leur capacité à solliciter une entraide bénévole lorsque le besoin s'en fait sentir.

3

Le capital technique d'exploitation

L'équipement des exploitations a été évalué à trois reprises successives.
— Un premier état dressé au début janvier 1973.
— Une mise à jour à notre second passage (entre avril et juin selon les villages).
— Un dernier pointage en fin d'année.
Les valeurs que nous considérons sont celles obtenues au second passage.
La fiche utilisée se composait de trois parties :
— des indicateurs relatifs à l'habitat, au nombre de huit.
— sept indicateurs concernant l'équipement agricole et les cycles.
— quatorze indicateurs du cheptel (volaille, petit et gros bétail).

LES STRATES INTÉRIEURES AU PAYS MOSSI

Distribution du capital ————————————————————
(Nombre d'exploitations)

En face de chaque poste d'équipement était indiqué le nombre d'unités possédées, leurs usagers ou propriétaires, la date d'acquisition ou l'âge, éventuellement le coût monétaire. La valeur du cheptel a été estimée sur la base des prix de commercialisation observés en cours d'année.
La valeur du capital (stock) est pour l'ensemble du pays Mossi inférieure au revenu monétaire net annuel (flux) bien que l'on observe des variations assez importantes d'une zone à l'autre.
Ramené au niveau de l'exploitation le coefficient C/RMN (C = capital) s'établit à :
0,70 pour Zorgho
0,86 pour Yako
0,55 pour Koudougou
et en moyenne à 0,72.

Tableau LIX

Classement des exploitations en fonction de la valeur du capital détenu

Valeur 1 000 F CFA	Séries brutes Z.	Y.	K.	Total pays mossi (chefs pondérés)	Valeur moyenne (F CFA)	(1)	Structure en % (2)	(3)	(4)	Total
— 5	3	3	2	8	3 035	100	0	0	0	100
5-9	8	5	6	19	6 900	57,5	0	32,6	9,9	100
10-14	3	5	9	17	12 775	61,2	0	31,9	6,9	100
15-19	3	4	6	13	17 785	62,8	0	31,6	5,6	100
20-29	3	10	9	22	23 980	56,6	7,1	26,5	9,8	100
30-39	1	4	1	5	34 415	57,0	0	30,5	12,5	100
40-49	3	5	2	7	42 735	52,7	17,9	24,2	5,2	100
50-74	1	3	1	5	57 455	70,9	0	14,1	15,0	100
75-99	1		1	4	88 660	83,9	4,1	10,7	1,3	100
100-149			1	—	—	—	—	—	—	—
150-199				—	—	—	—	—	—	—
200-249				—	—	—	—	—	—	—
250-299		1		1	268 875	88,5	0	11,5	—	100
300-399			1	—	—	—	—	—	—	—
Total	26	40	39	101	24 885	66,5	4,1	22,3	7,1	100

(Écart-type = 31 030 — coefficient de variation : 1,25).
Pour la structure en % :
   (1) : Cheptel et volaille.
   (2) : Outillage.
   (3) : Cycles.
   (4) : Divers (habitat).

Tableau LX

Structure par strate (en F CFA)

	Valeur moyenne	(1)	Structure (2)	(3)	(4)
Z.	19 760	14 230	2 245	2 855	430
Y.	30 070	21 120	925	6 825	1 200
K.	22 530	13 095	340	5 900	3 195
Ensemble	24 885	16 550	1 030	5 550	1 755

L'amplitude de ces écarts montre une corrélation peu prononcée entre le niveau d'équipement et les flux monétaires.

Calculé par rapport au revenu monétaire brut (RMB) le ratio est encore plus faible (0,56) :

0,52 à Zorgho
0,64 à Yako
0,46 à Koudougou

mais tend à se resserrer.

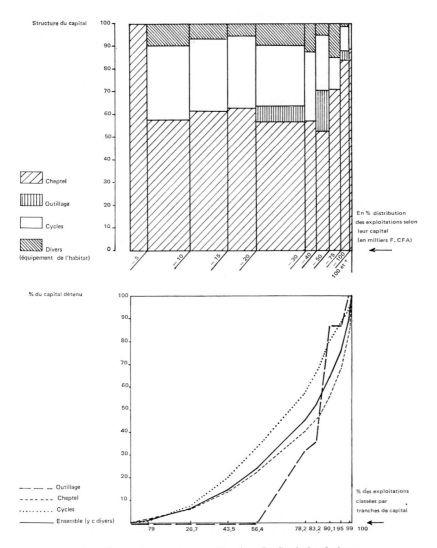

FIG. 63. — *Strates du pays Mossi — Le Capital technique*

La formule : $r = 1 - \dfrac{6.\,(S.D2)}{n.\,(n2\text{-}1)}$ appliquée aux deux variables RMB et Capital confirme la faiblesse de cette corrélation ($r = 0,43$).

De toute évidence le capital technique n'est pas perçu comme le moyen indispensable à l'obtention de revenus. Réciproquement les revenus monétaires ne sont guère utilisés à développer l'équipement.

Cependant si l'on ne retient que le stock — capital cheptel et qu'on le confronte aux ventes finales de produits d'élevage (cf. 1re partie, chapitre 2 : les poste n° 6a (PAL), colonnes RF des tableaux par postes sur les structures de recettes et de consommations) les coefficients valeur du capital cheptel/ recettes monétaires des postes d'élevage dépassent nettement l'unité.

— Koudougou : 2,22
— Yako : 2,35
— Zorgho : 5,22

Des chiffres voisins de 2 pour Koudougou et Yako signifient donc une rotation de ce cheptel assez rapide, mis à la consommation pour près de la moitié annuellement, mais aussi une structure favorable au petit élevage (volaille, porc, chèvres, moutons) à cycle court conçu comme un moyen privilégié de trésorerie.

TABLEAU LXI

Distribution, en %, des exploitations suivant leur capital-cheptel
et taux de concentration des espèces

Classes (1 000 F CFA)	% des exploitations	Concentration selon l'espèce animale considérée (1)	(2)	(3)	Ensemble
— 5	29,7	9,6	5,9	0	4,3
5-9	19,8	16,7	13,4	0	8,9
10-14	21,8	24,3	21,8	6,8	16,5
15-19	9,9	8,0	14,1	7,4	10,4
20-29	7,9	17,5	16,5	3,0	11,5
30-39	2,0	2,9	5,7	2,4	4,0
40-49	2,0	4,5	6,3	4,2	5,1
50-74	3,9	9,3	9,4	24,5	15,2
75-99	2,0	5,9	4,9	17,2	9,8
200-249	1,0	1,3	2,0	34,5	14,3
	100	100	100	100	100

Espèces animales :

(1) : Volailles (18,5 % de la valeur du capital-cheptel).
(2) Petit bétail (ovin - caprin - porcin) (43,2 % du capital-cheptel).
(3) : Gros bétail (bovins - asins - équins) (bovins : 30,4 %, asins, équins : 7,9 % du capital-cheptel).

La distribution du cheptel traduit toutefois un taux élevé de concentration, faible pour la volaille (99,1% des exploitations en possèdent) moyen pour le petit bétail (88,8% des exploitations en élèvent), fort pour le gros élevage (bovins, asins, équins — 9% des exploitations élèvent des bovins et 19% des ânes ou des chevaux). (cf. fig. 63).

On voit que 1% des exploitations détient 1,3% des volailles — 2% du petit bétail mais plus du tiers des gros ruminants. Les trois-quarts de ceux-ci sont la propriété de moins de 7% des exploitations.

Le statut social et le contrôle du capital

TABLEAU LXII

Valeur du capital détenu (F CFA) selon le statut de l'individu, par strate

Statut	*K.*	*Y.*	*Z.*	*Total pays Mossi*
CV	182 425	39 187	34 735	78 840
CZ	14 538	19 718	16 511	16 974
CE	50 000	24 170	—	32 780 (3 cas seulement)
Moy. CZ et CE	15 497	19 953	16 511	17 453
Ep	79	54	643	207
EC	378	676	152	419
EM	3 427	8 955	1 649	5 454
EpEM	6	469	0	183
EEM	0	191	8	160
FM	2 375	2 745	3 402	2 730
EpF	0	898	29	448
EF	519	511	0	392
FC	0	1 223	1 983	1 052
A	0	295	209	154

Statut CV   : Chef de village.
       CZ   : Chef de zaka.
       CE   : Chef de simple exploitation.
       Ep (CZ et CE) : Épouses de chefs de zaka ou d'exploitation.
       EC   : Enfants célibataires de chefs de zaka ou d'exploitation.
       etc. pour les autres catégories.

Si l'on néglige l'écart non significatif CZ – CE dû à la faiblesse de notre échantillon (3 chefs d'exploitations autonomes pour 96 chefs de zaka) on constate que le capital, *contrairement à ce que nous avions pu observer pour la manipulation des flux monétaires,* reste très largement contrôlé par les individus détenant l'autorité familiale. La part revenant à chaque type de statut est beaucoup plus à mettre en rapport avec la hiérarchie définie par le contrôle des *transactions en nature* (cf. la monnaie mossi... Annexe II.) que par le jeu des manipulations monétaires. Une nouvelle fois est ainsi mis en évidence le dédoublement de la société mossi avec ses deux champs de signifiants, ceux qui comptent réellement : la fortune, le capital, le prestige social, les offrandes de produits et ceux qui ne comptent pas. De là vient cette difficulté de comprendre la véritable nature de la société mossi et les avis totalement contradictoires qu'ont pu émettre certains auteurs. Société hiérarchisée selon les uns, égalitaire selon les autres. En fait les uns et les autres ont raison, mais privilégient un seul aspect de la réalité.

Il est bien évident qu'un pouvoir monétaire qui s'accompagnerait d'un pouvoir social équivalent, depuis longtemps aurait permis aux cadets (EM — FM — FC — EC...) d'accumuler non seulement autant d'épouses que les aînés mais autant, et plus encore, d'outillage ou d'animaux. Inversement si le capital détenu remplissait réellement une fonction marchande on retrouverait la même hiérarchie entre les individus détenant le capital et ceux participant à la circulation monétaire. Ce n'est pas du tout ce qui apparaît. Le simple fait que la valeur d'un animal (à l'exception du porc ne conférant à son propriétaire aucun prestige social et qui ne saurait être consommé à l'occasion de cérémonies rituelles, fût-ce chez les animistes) ne s'estime pas en fonction de son poids en viande mais de son espérance de vie et de ses capacités génitrices (pour un mâle) ou de son potentiel de descendance (pour une femelle), traduit la même conception générale de ce qui permet d'accéder à une véritable richesse.

La composition du capital détenu par les différentes catégories d'individus varie d'ailleurs comme l'atteste le tableau LXIII.

TABLEAU LXIII

Ensemble pays Mossi. Structure du capital
selon les groupes de statuts (en %)

Statuts	(1)	(2)	(3)	(4)	T.	Capital par tête	Indice
CV	82,7	9,8	5,3	2,2	100	78 840	100
CZ-CE	76,5	3,1	14,0	6,4	100	17 453	22
EM-FM	40,1	0	52,1	7,8	100	4 844	6
EC-EEM-EF-FC	21,2	0	69,3	9,5	100	393	0,5
= Ep et A	74,7	0	20,3	5,0	100	213	0,3

(1) : Élevage.
(2) : Outillage.
(3) : Cycles.
(4) : Divers.
et en lignes les statuts sociaux regroupant certaines catégories : CV : chefs de village ; CZ ou CE ; EM ou FM ; EC, EEM, EF ou FC ; EpCZ ou EpCE, EpEM, EpF et A.

Exception faite des femmes mariées (et autres catégories) (A : marâtres de CE le plus souvent) on constate que plus régresse le statut social, plus s'accroît la part des cycles et équipements de confort ménager au détriment du seul capital réellement prestigieux : le troupeau. On pourrait d'ailleurs montrer qu'en ce qui concerne le troupeau, plus régresse le statut social, plus s'accroît la part relative des volailles ou petits animaux. A noter également qu'aucun instrument aratoire (charrue, charrette,...) n'est possédé par des individus n'étant pas au minimum chefs d'exploitations.

TOUGAN

Distribution du capital
(nombre d'exploitations)

TABLEAU LXIV

Classement des exploitations en fonction de la valeur du capital détenu

| Valeur (1 000 F CFA) | Chefs pondérés | Valeur (F CFA) | (1) | Structure en % | | | T. |
				(2)	(3)	(4)	
— 5	2	3 335	100	0	0	0	100
5-9	5	8 900	74,2	0	19,1	6,7	100
10-14	4	12 500	54,5	4,5	28,0	13,0	100
15-19	3	17 010	63,7	0	25,5	10,8	100
20-29	10	26 095	68,7	1,1	24,3	5,9	100
30-39	5	33 170	69,5	0	15,4	15,1	100
40-49	6	44 500	64,4	0	29,0	6,6	100
50-74	7	61 100	69,2	0	23,1	7,7	100
75-99	3	82 800	60,7	0	33,4	5,9	100
100-149	1	100 610	94,0	0	6,0	0	100
150-199	1	179 300	98,0	0	2,0	0	100
200-249	1	232 000	82,1	12,9	1,5	3,5	100
250-299	1	259 355	92,8	0	4,2	3,0	100
300-399	3	339 545	94,9	0	3,5	1,6	100
Total	52	63 690	80,9	1,1	13,4	4,6	100

Structure en % :
  (1) : Cheptel et volaille.
  (2) : Outillage.
  (3) : Cycles.
  (4) : Divers.

Tougan détient donc un stock capital important, égal à 2,56 fois celui des exploitations du pays Mossi. Cette progression est due principalement à sa vocation d'élevage. La valeur des animaux représente en effet un capital supérieur à 51 500 F CFA par exploitation, dont il est tiré un excellent parti du point de vue monétaire. Nous avions dans notre première partie montré à quel prix Tougan parvenait à maintenir son équilibre économique grâce à son élevage. (Statistiquement chaque zaka a dû en 1973 amputer son patrimoine de l'équivalent de 18 ou 19 têtes de petit bétail, soit 20 000 F CFA, afin de compenser son déficit en mil — sans compter les 3 ou 4 unités supplémentaires nécessaires au paiement de l'impôt).

Pour l'ensemble des exploitations le coefficient valeur — cheptel/ventes finales de produits animaux s'élève cette année à 2,86. Compte tenu de la dépendance absolue de la zone à l'égard de son troupeau, qui seul lui permet d'essuyer les à-coups de sa production agricole, ce taux paraît extrêmement faible. Si la sécheresse est égale pour tous il n'en va pas en effet de même pour le contrôle de ce capital tout aussi concentré qu'en pays Mossi et donc dans les moyens de surmonter le handicap climatique.

TABLEAU LXV

Distribution, en %, des exploitations suivant leur capital-cheptel
et taux de concentration des espèces

Classes (1 000 F CFA)	% des exploitations	Concentration selon l'espèce animale considérée			Ensemble
		(1)	(2)	(3)	
— 5	9,6	6,1	0,4	0	0,6
5-9	13,5	8,4	4,6	0	2,0
10-14	9,6	4,1	6,8	0	2,2
15-19	15,4	13,2	11,6	1,5	5,3
20-29	15,4	16,0	19,3	1,3	7,6
30-39	11,5	16,2	16,0	2,5	7,4
40-49	1,9	3,4	0,9	1,8	1,7
50-74	9,6	10,9	15,6	8,9	11,0
75-99	1,9	2,1	6,3	2,5	3,5
100-149	—	—	—	—	—
150-199	3,9	3,4	3,7	19,4	13,7
200-249	1,9	4,1	1,8	12,8	9,0
250-299	1,9	2,4	2,6	15,4	10,7
300-399	3,9	9,7	10,4	33,9	25,3
	100	100	100	100	100

Espèces animales :
    (1) : Volailles (8,0 % de la valeur totale).
    (2) : Petit bétail (28,4 %).
    (3) : Gros bétail (63,6 %).

Le gros bétail est certes un peu moins concentré qu'en pays Mossi, mais en raison de sa pondération deux fois supérieure dans la composition du cheptel (63,6% du total contre 38,3%) le taux global de concentration pour l'ensemble des espèces est nettement plus élevé.

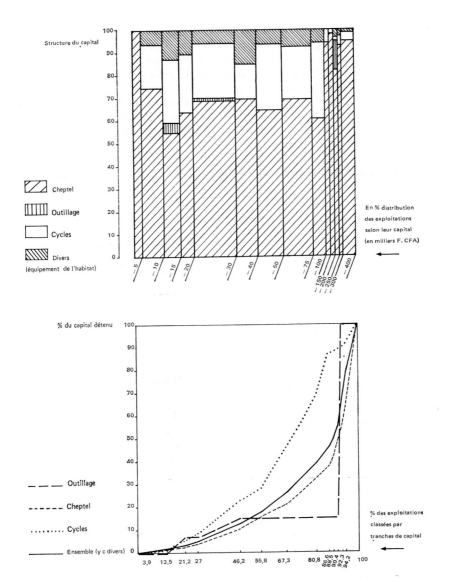

FIG. 64. — *Tougan*. — *Le Capital technique*

Les 11,6% d'exploitations possédant entre 150 et 400 000 F CFA de bétail se partagent 58,7% du total alors qu'en pays Mossi les 10,9% d'exploitations les plus riches ne concentrent « que » 48,4% de ce capital.

Nous avons émis l'opinion à propos des structures budgétaires de Tougan que ces anciens colons se montraient certainement très avisés, compte tenu de la versatilité climatique, de se satisfaire d'un niveau primaire d'intégration agriculture — élevage, conçu plus comme un moyen de trésorerie que comme un outil de production. La condition nécessaire pour qu'un tel système fonctionne sans heurts exigerait donc que la part du gros bétail — à la fois parce qu'il est le plus concentré, le plus lent à se reproduire et dont les prix sont les plus susceptibles de décliner lorsque sévit une grave sécheresse (1) — recule au niveau observé en pays Mossi ou à Dedougou, soit de 40 à 50% seulement de la valeur du cheptel au lieu de 63,6% comme actuellement.

Le statut social et le contrôle du capital

TABLEAU LXVI

Tougan. Valeur du capital détenu (F CFA) selon le statut de l'individu

Statut	Capital par individu (F CFA)
CV	303 772
CZ	47 125
CE	45 585
Moyenne CZ et CE	46 716
Ep	944
EC	679
EM	11 591
EpEM	57
EEM	0
FM	4 936
EpF	146
EF	135
FC	5 379
A	296

On retrouve la même accumulation qu'en pays Mossi, encore accentuée, par les classes de statuts dominants. L'écart de fortune entre les chefs de villages et les gens du commun tend à se creuser, de même que celui entre les chefs de zaka ou d'exploitation et les hommes adultes vivant auprès d'eux (EM — FM) puis l'écart entre ces derniers et les enfants célibataires.

La légère remontée du cheptel dans la constitution du capital des enfants célibataires par rapport à celle des hommes mariés peut s'expliquer, sem- ble-t-il, par le rôle du commerce. Il est en effet impossible lorsque l'on dresse l'inventaire du capital d'en isoler la fraction destinée éventuellement à la

(1) *Contrairement au prix des volailles ou du petit bétail (cf. Annexe III — quelques aperçus de prix).*

TABLEAU LXVII

Structure du capital selon les groupes de statuts (en %)

Statuts	(1)	(2)	(3)	(4)	Total	Capital par tête	Indice
CV	92,7	0	5,0	2,3	100	303 772	100
CZ-CE	88,5	0,7	8,0	2,8	100	46 716	15
EM-FM	38,5	0	52,1	9,4	100	9 555	3
EC-EEM-							
EF-FC	42,7	0	46,1	11,2	100	664	0,2
= Ep et A	51,3	0	14,6	34,1	100	619	0,2

(1) : Elevage
(2) : Outillage
(3) : Cycles
(4) : Divers

revente, or le commerce, notamment sur petit et moyen élevage, joue un rôle important et comme toujours les activités commerciales ne sont pas nécessairement le fait des individus les plus âgés.

DEDOUGOU

Distribution du capital
(Nombre d'exploitations)

Pour une valeur capitalistique à peine supérieure à celle du pays Mossi on remarque une augmentation importante du poste « outillage » — le triple en montant absolu (plus du quadruple par rapport à Tougan).

Cet accroissement tient selon toute vraisemblance davantage à l'éloignement des champs (de 5 à 6 km en moyenne) qu'à l'agrandissement des surfaces car pour l'essentiel l'outillage se compose ici de charrettes, alors qu'il se compose plus souvent de charrues à traction asine en pays Mossi.

La réduction du capital au sein des plus vieilles exploitations avait été signalée dans notre première partie et nous l'avions expliquée par le fait qu'elles se placent en position de force dans l'échange inégalitaire des entraides de travail.

La formule $r = 1 - \dfrac{6\,(S.D^2)}{n\,(n^2\text{-}1)}$ atteste cependant d'une meilleure corrélation entre le niveau du revenu monétaire (RMB) et le stock capital qu'en pays Mossi : $r = 0,69$ — ce qui n'est en rien contradictoire avec une accumulation également plus concentrée du capital.

TABLEAU LXVIII

Classement des exploitations en fonction de la valeur du capital détenu

Valeur (1 000 F CFA)	D1	D2	D3	Total	Valeur moyenne (F CFA)	Structure en % (1)	(2)	(3)	(4)	T.
— 5	3	3	5	11	3 015	35,2	6,0	55,8	3,0	100
5-9	5	2	3	10	6 905	46,4	0	50,7	2,9	100
10-14	2	1	1	4	11 745	44,9	0	42,6	12,5	100
15-19	1	1	2	4	16 925	38,5	6,4	30,2	24,9	100
20-29		2	1	3	26 325	48,7	1,9	31,7	17,7	100
30-39	1	2	1	4	32 240	60,6	0	17,1	22,3	100
40-49		1	1	2	44 405	15,8	54,0	21,1	9,1	100
50-74	1		1	2	63 075	59,8	5,5	27,9	6,8	100
75-99		1		1	77 730	75,3	16,7	4,1	3,9	100
100-149					—	—	—	—	—	100
150-199		1		1	199 415	80,7	0	13,8	5,5	100
—					—	—	—	—	—	—
250-299			1	1	298 205	44,2	18,6	18,4	18,8	100
Total	13	14	16	43	28 260	53,3	10,8	23,2	12,7	100

D1 : colons 1972-1971 ; D2 : colons 1970-1969-1968 ; D3 : colons 1967...
   (1) : Cheptel et volaille.
   (2) : Outillage.
   (3) : Cycles.
   (4) : Divers (habitat).

TABLEAU LXIX

Structure selon l'ancienneté d'arrivée

	Valeur moyenne	(1)	(2)	Structure en % (3)	(4)	T.
D1	13 915	66,4	0	30,7	2,9	100
D2	35 325	62,2	6,6	19,5	11,7	100
D3	33 030	40,7	18,3	24,1	16,9	100
T.	28 260	53,3	10,8	23,2	12,7	100

De même que les disparités monétaires ne cessent de s'accentuer parallèlement à l'ancienneté d'installation, le taux de concentration du capital ne cesse d'augmenter, comme le montre le graphique ci-contre (Fig. 65-66).

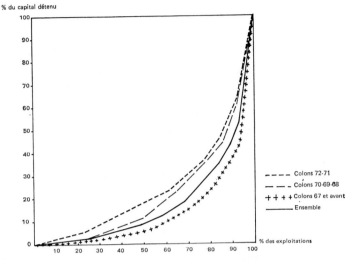

FIG. 65. — *Dedougou — Le Capital technique*

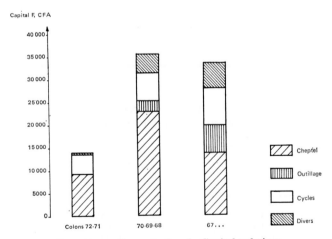

FIG. 66. — *Concentration du Capital technique*

Comme partout, plus le « format » de l'espèce augmente plus la concentration est nette (Tabl. LXX).

Moins de 10% des exploitations contrôlent respectivement 18,4% des volailles, 40,3% du petit bétail et 88,3% des gros ruminants (bovins — asins — équins).

Quoiqu'en définitive plus concentrée qu'ailleurs, cette structure de capital nous paraît toutefois beaucoup plus saine ne serait-ce que parce que

Tableau LXX

Distribution, en %, des exploitations suivant leur capital-cheptel
et taux de concentration des espèces

Classes (1 000 F CFA)	% des exploitations	Concentration selon l'espèce animale considérée (1)	(2)	(3)	Ensemble
— 5	53,5	23,7	9,2	1,0	7,0
5-9	18,6	24,5	16,0	0	8,5
10-14	9,3	13,6	18,3	0	7,5
15-19	2,3	6,2	5,5	0	2,6
20-29	7,0	13,6	10,7	10,7	11,2
50-74	4,7	5,3	14,1	23,8	18,1
100-149	2,3	2,5	10,2	30,9	20,3
150-199	2,3	10,6	16,0	33,6	24,8
	100	100	100	100	100

Espèces animales :
(1) : Volailles (15,5 % de la valeur totale).
(2) : Petit bétail (29,6 %).
(3) : Gros bétail (54,9 %).

Tableau LXXI

Dedougou. Valeur du capital détenu (F CFA) selon le statut de l'individu

Statut	Capital par individu (F CFA)
CV	20 000
CZ	29 949
CE	4 488
Moyenne CZ et CE	26 312
Ep	137
EC	209
EM	600
EpEM	0
EEM	0
FM	7 466
EpF	0
EF	161
FC	1 758
A	0

le rapport capital — revenu monétaire brut ne dépasse pas *0,24* en moyenne (0,28 pour les colons de 1972-1971-1970-1969-1968 et 0,17 pour les plus anciens).

Le statut social et le contrôle du capital

TABLEAU LXXII
Structure du capital selon les groupes de statuts (en %)

Statuts	(1)	(2)	(3)	(4)	Total	Capital par tête	Indice
CV	50,9	25,8	12,9	10,4	100	20 000	100
CZ-CE	56,3	17,1	14,6	12,0	100	26 312	132
EM-FM	11,4	0	68,9	19,7	100	6 093	31
EC-EEM-EF-FC	17,9	0	69,3	12,8	100	287	1,4
Ep et A	36,2	0	0	63,8	100	82	0,4

(1) : Cheptel et volaille ; (2) : Outillage ; (3) : Cycles ; (4) : Divers (habitat).

Surprise ! les chefs de village ne disposent individuellement que d'un capital restreint. Il est vrai que l'un d'entre eux (Souri) est, notoirement, reconnu par les Mossi eux-mêmes comme un personnage falot, fils du premier colon arrivé au village en 1961, infirme de surcroît, fortement contesté par ses assujettis qui lui reprochent entre autres griefs d'avoir abandonné le village du vivant de son vieux père de sorte que celui-ci devait désigner un quelconque villageois chaque fois qu'il était nécessaire d'effectuer des démarches administratives au cercle. Ce chef détient un si faible prestige social qu'il s'est retrouvé contraint à plusieurs reprises au cours de l'année de se livrer à du tâcheronnage salarié auprès de certains de ses voisins plus fortunés.

Quant au chef de Kary, fils d'imam réputé, il parvient à se procurer d'assez hauts revenus sans effort capitalistique important. Périodiquement il accomplit en effet un voyage à Abidjan, rendant visite aux anciens élèves coraniques de son défunt père, qui le remercient en espèces de ces bienfaits passés. Le seul à jouir d'un réel prestige est donc le chef de Kamandéna. Cultivant une superficie supérieure à 18 ha, pour un groupe familial relativement modeste (12-13 résidents présents en moyenne annuelle) il a pu sans trop de peine recevoir de janvier à décembre plus de 200 journées d'entraide agricole et une cinquantaine pour des travaux divers.

Ainsi ne sacrifiant pas au gros élevage, on comprend pourquoi les chefs colons de Dédougou apparaissent si modestes par leur capital et à l'exception du premier cité n'en souffrent guère.

Conclusion

Sans prétendre en rien à l'exhaustivité, le premier chapitre aura permis de montrer à quel point la société mossi peut se révéler diverse. Du système prévalant à Koudougou à celui rencontré à Zorgho il faut bien reconnaître de réelles divergences tant dans la composante familiale que dans les modalités de transmission et de segmentation des unités de résidence. D'une manière ou d'une autre ces divergences ne peuvent pas ne pas infléchir les systèmes de production ou les courants migratoires, encore que ces derniers paraissent dans une assez large mesure *indépendants* des particularités *objectives* locales.

A bien des égards les courants migratoires défient l'analyse dès l'instant où l'on voudrait les réduire à une combinaison de facteurs simples soi-disant évidents tels que densité de population, taux d'occupation du sol ou, nous l'avons montré par notre étude budgétaire, niveau absolu des revenus monétaires.

Le problème des taux d'occupation du sol est sans doute l'un des plus inquiétants actuellement mais aussi l'un des plus déroutants. Économie d'espace exagérée d'un côté (intérieur du plateau mossi), gaspillage abusif de l'autre (nouvelles aires de colonisation) de sorte que le premier objectif qu'il conviendrait de se fixer serait de tendre, ici et là, vers une gestion plus rationnelle de ce potentiel disponible.

Le simple calcul des coefficients théoriques $\dfrac{J + C}{C}$ a montré qu'il existait un peu partout une marge de manœuvre importante pour une meilleure organisation de l'espace, à condition d'assouplir le mode de tenure foncière.

Une formalisation plus poussée impliquerait toutefois que l'on intègre dans un modèle mathématique, de programmation linéaire, ou quelque autre modèle dérivé, un certain nombre de variables supplémentaires telles que la proportion du revenu affectée aux investissements, le capital technique d'exploitation, la force de travail etc.

Le temps d'occupation, les entraides de travail, le salariat et le capital continuent en effet à fixer les contraintes technologiques à des niveaux extrêmement bas, quelle que soit la zone étudiée, en raison, essentiellement, de leur *concentration massive* sur certaines périodes de l'année (exemple : le temps d'occupation) ou dans certaines fractions bien définies de la population (entraide de travail, capital technique d'exploitation). Or en aucune manière les courants et revenus migratoires ne paraissent susceptibles de conférer une plus grande souplesse à cet ensemble de contraintes, pour les raisons suivantes :

— ils ne semblent pas systématiquement liés à un équilibre déficient du rapport population — ressources.

— ils n'obéissent pas davantage à une relation simple avec le taux d'occupation du sol.

— les revenus procurés ne sont pas socialement perçus comme devant participer prioritairement à la rénovation ou à l'extension du capital technique.

En d'autres termes ils n'interviennent pas en tant que facteurs rééquilibrants ou modernisants.

Localement, le rôle du « capital » n'est pas « capitaliste ». Sa fonction sociale sert à usage interne en distribuant les rôles, les signes et les pouvoirs, entre cadets, femmes, migrants, commerçants, aînés, chefs. Mais c'est en cela qu'il se fait l'agent inconscient d'une liaison asymétrique au profit exclusif d'un système capitaliste *extérieur* qui le dépasse et le perpétue. Tant que les aînés continueront à contrôler étroitement les quatre bastions de leur fonction : terres, femmes, prestations en nature et cheptel ils pourront sans grand danger abandonner à leurs cadets quelques bribes de champs personnels et un large accès à la monnaie.

REMARQUES COMPLÉMENTAIRES

L'alternative « migration de travail » ou « migration agraire »

Il faut bien comprendre que les deux populations de migrants ne sont pas homogènes. Un « migrant de travail » cesse en général ses migrations vers 35 ans et un « migrant-colon » décide de partir au moment où il a atteint l'âge de *devenir chef d'exploitation...* C'est-à-dire vers 34 ans, de sorte que beaucoup de colons ont dans leur jeunesse connu l'expérience de la migration et beaucoup de fils de colons sont, ni plus ni moins que les autres, actuellement des migrants. Songer à remplacer le phénomène « migration de travail » par le phénomène « colonat » est donc un leurre et témoigne d'une incompréhension du problème tant sur le plan quantitatif (quelques milliers d'individus d'un côté, concernés chaque année, contre quelques dizaines de milliers de l'autre) que qualitatif.

Le rôle des « beolse » au sein de l'exploitation

Dans une zone comme Koudougou, à très fort courants migratoires, où les scissions de zaka entre exploitations autonomes sont assez difficiles — 40% des superficies — taux énorme — correspondent à des « beolse », sans qu'il soit permis d'interpréter ce fait comme le système d'autorégulation sociale propre à cette zone, car la plupart de ces champs appartiennent à la fraction féminine de la population. *C'est donc un signe de désorganisation profonde des structures productives*, éclatant l'exploitation en une pluralité de centres de décision, rendant difficile une bonne coordination des tâches, au niveau des rotations d'assolement, dans le choix des spéculations, dans la mise en œuvre de la force de travail. Comment dans ces conditions pourrait-il y avoir une gestion saine de l'espace ? Le processus est d'ailleurs cumulatif car plus le courant migratoire est fort moins les « anciens » acceptent la scission interne des exploitations. Les migrants, de retour provisoire au pays, mariés ou célibataires, restent en outre partagés entre leurs deux pôles d'intérêt économique et ne voient pas un avantage déterminant dans le fait de pouvoir bénéficier d'une autonomie d'exploitation. Ils sont donc portés à orienter leur effort plutôt sur des activités extra-agricoles, d'où l'appel massif adressé aux femmes et aux « inactifs » pour les travaux agraires... et l'explication des 40% de champs « beolse ».

Conclusion générale

La signification
du fait migratoire

Qu'est-ce qu'un migrant ? C'est au sens le plus profond du terme un individu qui s'évade, mais le déplacement physique n'est qu'une des manifestations de cette évasion. Tout Mossi qui n'a pas encore enterré son aîné poursuit de fait son cheminement migratoire « intérieur » par un repli sur soi de sa capacité monétaire.

J. M. KOHLER énonçait par une boutade que « seuls les débiles mentaux et les culs-de-jatte » ne migrent pas (1). Nous dirions plutôt, sinon des débiles mentaux, du moins des culs-de-jatte qu'ils sont eux-aussi parfaitement capables de migrer ; en d'autres termes qu'on ne leur demande pas leur avis mais qu'on leur impose une certaine structure de consommation.

En restant à un niveau descriptif, le fait de migrer traduit donc avant tout l'obligation sociale d'utiliser son pouvoir monétaire à certaines fins, à l'exclusion de certaines autres.

Répondre maintenant à la question : Pourquoi la migration ? Exige si l'on ne veut pas indéfiniment tourner en rond, c'est-à-dire rendre compte du fait individuel (le migrant) par le fait collectif (la structure sociale) puis du fait collectif (la migration) par le fait individuel (une collection de migrants) que l'on dépasse cette voie de garage sans issue (la poule ou l'œuf ?) ou du moins très pauvre au niveau de l'explication et que l'on essaie de voir pourquoi la société Voltaïque, Mossi et autre, se trouve dans la position de devoir migrer, c'est-à-dire en dernière analyse de vendre une fraction importante de sa force de travail ?

Les analyses de SAMIR AMIN (2) pour critiquables qu'elles soient sur certains détails très secondaires (notamment l'illusion que les apports monétaires migratoires permettent à moyen terme de bousculer les débris d'autorités coutumières déjà plus ou moins rendus à leur état fossile (3) forment

---

(1) J. M. KOHLER, *Les migrations des Mosi de l'Ouest* — Trav. et Doc. de l'ORSTOM., n° 18, 1972, 106 p.

(2) *Cf. Les migrations contemporaines en Afrique de l'Ouest. Communication au colloque IDEP – IEDES – IDS – CLACSO.*

(3) Le fossile survit en général au paléontologue.

sans aucun doute le seul corpus de démonstrations scientifiquement irréfutables, auxquelles on puisse se référer, en l'état actuel des connaissances qui peu à peu se sont décantées d'un magma d'analyses de divers spécialistes.

Dans la stratégie planétaire menée par les firmes multi-nationales les pays de l'Afrique côtière ne jouent en effet qu'un rôle de tête-de-pont par rapport aux véritables centres de décision qui leur sont extérieurs. Ces pays côtiers vendent donc leurs matières premières. Or les activités primaires de plantations, à savoir : hévéas, palmiers à huile, ananas, bananes, café, cacao, forêt, qui constituent la majeure partie de ces exportations sont du type « labour-using » beaucoup plus que « capital-using », ce qui signifie qu'un investissement monétaire limité implique la disposition d'un nombre relativement très élevé de travailleurs. Leur insuffisance locale n'est pas un obstacle s'il y a possibilité d'en recruter au même tarif sinon moins cher à l'extérieur. C'est même un avantage considérable pour l'économie côtière puisque de par leur statut d'étrangers ces manœuvres se montrent à la fois plus dociles, moins politisés et finalement plus vulnérables. Le pays côtier a ainsi toute latitude pour répercuter la dégradation de ses propres termes d'échange (les cours de ses exportations étant fixés par les lois du marché mondial) sur ces travailleurs émigrés. Comment comprendre autrement cette réalité que nous avons démontrée ailleurs (1) attestant que le salaire mensuel moyen d'un migrant en Côte d'Ivoire est à peu près égal à la moitié du salaire minimum garanti ?

Le pays dont la principale exportation est sa force de travail subit donc de ce fait deux fois la dégradation de ses termes d'échange. Une première fois en exportant le peu de produits dont il dispose, une seconde fois par la compression des salaires qu'il se procure en exportant le produit des autres.

Devant un tel constat les mouvements intérieurs de populations pourront sembler une voie alternative préférable, en admettant bien entendu qu'il puisse y avoir alternative, ce dont nous sommes assez loin d'être convaincu. Admettons néanmoins qu'elle existe, qu'il y ait effectivement possibilité de choix. La réponse au problème dépendra pratiquement de ce que l'on escompte retirer de ces transhumances de populations.

Est-ce l'amélioration de la ration individuelle alimentaire ? Dans ce cas il existe certainement des solutions infiniment plus satisfaisantes que le « laisser-faire » actuel, revenant à avaliser les pratiques de pillage foncier dans l'anarchie la plus complète et qui aboutissent en fin de compte aux disparités économiques que l'on a mises en évidence.

L'une de ces solutions serait par exemple d'instaurer sur l'ensemble du pays des circuits de commercialisation aussi cohérents et efficaces pour les produits vivriers de grande consommation que pour les cultures de rente.

Est-ce l'accroissement du revenu monétaire ? Encore faut-il savoir que cet accroissement ne ralentira nullement l'ensemble des courants migratoires (cf. Tougan).

Est-ce alors le développement des cultures de rente ? Se tenant le raisonnement suivant : Puisque les travailleurs de ce pays migrent au plus grand

---

(1) *Cf. 2e partie, chapitre 1, § L'impact des migrations.*

profit des cultures de rente étrangères, pourquoi ne pas favoriser plutôt les cultures de rente en Haute-Volta ? En somme remplacer un double assujettissement par un seul. Qu'est-ce en effet qu'une culture de rente pour la Haute-Volta sinon le coton dont le prix moyen au kg, fixé par le cours mondial de l'industrie textile, n'a pour ainsi dire pas bougé en douze ans et qui permet aujourd'hui tout juste d'acheter 750 g de mil, 500 g en période de soudure, moins encore lorsqu'il y a disette.

Pour nous résumer les migrations de travail nous paraissent être dans l'état actuel des structures économiques mondiales, faites de relations asymétriques ni un bien ni un mal, mais un fait dont les tenants et aboutissants ne peuvent se juger en terme de morale individuelle, non plus que nationale mais internationale. C'est à ce niveau seul qu'un remède peut être peu à peu défini et des solutions apportées.

Des « solutions » aussi partielles que la mise en valeur (comment ? par qui ? au profit de qui ?) de terres neuves auront à peu de choses près l'efficacité du fameux cautère sur la jambe de bois tant qu'elles-mêmes ne seront pas réintroduites au niveau de l'explication dans cet ensemble de structures dont elles ne constituent qu'un épiphénomène marginal.

ANNEXE I

La spécificité de la consommation des migrants de retour

Chaque fois qu'un migrant de travail a regagné la zaka familiale au cours d'une de nos périodes mensuelles d'observation nous avons été particulièrement attentif à sa structure personnelle de consommation, ce qui nous a permis d'une part d'évaluer son coefficient d'autonomie, d'autre part ses préférences consommatoires.

L'autonomie du migrant de retour

82,2% des achats réalisés par le migrant dans les trente jours qui suivent le retour répondent à la satisfaction de besoins personnels. 10,4% profitent au groupe de parenté dans lequel il réside et 7,4% représentent des transferts (essentiellement monétaires) à destination de parents divers, de voisins, d'amis n'appartenant pas à son groupe de résidence. Les différences que l'on peut enregistrer d'une zone à l'autre ne nous paraissent pas significatives. (Considérant la seule fraction d'auto-fourniture on relève un taux minimum de 73% à Koudougou; 74,8% à Dedougou; 81,8% à Yako; 87,7% à Tougan et 91,9% à Zorgho).

L'existence d'un circuit monétaire de financement clos ressort ainsi de façon évidente.

La liaison entre la migration et le commerce

Nous allons au tableau 1 reprendre notre nomenclature par rubriques de dépenses en comparant sucessivement la structure des dépenses totales (D), commerciales (DC) et finales (DF) d'un migrant.

TABLEAU 1

Structure des dépenses des migrants de retour

Rubriques	*D.*	*DC. en % de D.*	*DC.*	*DF.*
1. VLB	11,42	39,6	9,68	12,94
dont mil	6,63	47,7	6,78	6,50
2. VLE	1,39	54,0	1,60	1,20
3. NVLB	0,10	0	0	0,19
4. NVLE	0,82	0	0	1,53
5. ST	0,19	0	0	0,35
6a. PAL	18,15	90,8	35,33	3,11
dont poisson	16,74	98,5	35,33	0,5
6b. cola	23,12	95,4	47,29	1,98
7. PAI	1,10	0	0	2,07
8. PNAI	36,08	7,9	6,10	62,32
dont cycles	27,75	4,7	2,81	49,57
9. TM	7,63	0	0	14,31
Total	100	46,7	100	100

La première colonne montre que plus des deux-tiers de la dépense globale se concentrent en trois postes: cycles, cola, poisson; les deux derniers composés presque en totalité d'achats intermédiaires, 95,4% pour la cola et 98,5% pour le poisson (cf. ce que nous disions à propos de Tougan).

La proportion des dépenses commerciales égales à 46,7% *dépasse sensiblement la moyenne générale de notre échantillon.* Ainsi se trouve confirmée la liaison entre les deux circuits de financement clos, migratoires et commerciaux.

En revanche l'absence quasi absolue de relation entre le revenu migratoire et les dépenses participant directement à la modernisation agricole (engrais, pesticides, salaires à main-d'œuvre) est tout aussi évidente.

Les migrants de retour n'affectent à ce genre de dépenses qu'une fraction insignifiante de 0,2%.

Pour plus de précisions sur le mode général de ventilation des dépenses réalisées par les migrants de retour on voudra bien se reporter à la 2e partie du présent ouvrage, chapitre 1 § Aspects monétaires.

ANNEXE II

Les transactions en nature

Les transactions en nature comptabilisées parallèlement aux flux monétaires remplissent essentiellement une *fonction sociale*. La même remarque vaut également pour les opérations de transferts que nous avions regroupées à l'intérieur des deux colonnes (D + Dm) de nos matrices monétaires (1). On avait d'ailleurs mentionné le rôle prédominant des chefs d'exploitation, sinon dans la masse globale de numéraire manipulée, du moins dans sa fraction constitutive d'opérations de transferts.

Quoique secondaire leur rôle économique n'est pourtant pas négligeable. Nous verrons qu'elles peuvent représenter dans certains cas un volume appréciable relativement au revenu monétaire.

Valeur des produits « offerts » et « reçus », un biais systématique (estimation en F CFA par jour et zaka)

TABLEAU 2
Montant des transactions en nature, en F CFA par jour et zaka

Strates	Offert villageois	Reçu villageois	Offert chefs	Reçu chefs	Ensemble	
					offert	reçu
K.	48,2	23,9	153,5	126,9	51,2	26,8
Y.	22,2	10,8	37,5	7,8	22,6	10,7
Z.	13,4	12,9	161,6	136,2	15,5	14,6
T. Pays Mossi	27,4	15,8	115,1	87,6	29,3	17,2
D.	38,0	36,1	105,7	129,3	39,4	38,2
T.	10,2	19,2	362,3	486,5	19,5	31,5

Ce tableau fait apparaître un biais systématique à l'intérieur du pays Mossi entre les valeurs offertes et reçues. Il ne fait aucun doute que les produits reçus ont dans une large mesure échappé à l'observation. L'une des causes de cette sous-estimation peut tenir au fait que les produits reçus sont en partie des contre-prestations perçues à la suite d'un quelconque service rendu. Or dans la comptabilisation de l'entraide traditionnelle échangée de zaka à zaka on observe le même biais mais inversé. Les personnes interrogées se souviennent sans grand-peine des séances d'entraide qu'elles ont elles-mêmes organisées et par suite des « offres » de produits que celles-ci ont entraînées mais perdent le souvenir des journées de travail rendues, à celui-ci ou celui-là et donc des produits qu'elles ont pu, à leur tour recevoir.

---

(1) cf. 1re partie, chapitre 1.

Pourtant à Dedougou ce biais n'a pas joué, ou très peu, alors que les séances d'entraide y sont davantage pratiquées. La qualité de l'enquêteur doit donc être prise en considération. A Tougan les valeurs reçues ont très nettement excédé les valeurs offertes. Cela tient ici aux secours publics distribués par l'entremise des chefs aux populations sinistrées (1).

La fonction sociale des transactions en nature (entendons par là leur côté à la fois *relationnel*, ouvrant la cellule familiale — en même temps qu'elle la réinsère — à son univers «extérieur», et *traditionnel*, c'est-à-dire destiné à perpétuer par des actes d'allégeance répétés le véritable sens des valeurs hiérarchiques assurant la cohésion du groupe) l'emporte donc sur sa fonction strictement économique.

Il suffit pour s'en convaincre de voir le fossé, autrement plus accentué qu'en matière monétaire, entre les familles ordinaires (colonne « villageois ») et celles détenant la chefferie.

Une confirmation de cette fonction sociale. Le rôle déterminant des chefs d'exploitation

Le tableau 3, reprenant notre décomposition familiale par statuts utilisés dans toute la première partie de l'ouvrage, indique pour chacune des strates la participation des divers agents dans l'ensemble des valeurs offertes en nature:

TABLEAU 3

Selon la strate, % de l'offre effectuée par :

	K.	Y.	Z.	D.	T.	Moyenne	Rappel des manipulations monétaires
CE.	89,2	82,6	94,0	79,0	94,4	87,6	49,1
EpCE.	3,1	1,4	2,1	6,3	0,6	3,0	7,3
EC.	1,6	0,8	2,0	2,0	2,2	1,8	10,4
EM.	4,4	12,7	1,3	0,2	1,9	3,5	13,5
EpEM.	0,2	0,2	0,1	0,1	e	0,1	0,8
EEM.	0	0,1	0	0	0	0,01	0,06
FM.	0,3	1,7	0,1	1,4	0,3	0,7	4,3
EpF.	0	0,1	e	0,2	0,1	0,08	0,2
EF.	e	e	0	0,2	e	0,07	0,7
FC.	1,1	0,1	0,2	5,2	0,3	1,7	13,1
A.	0,1	0,3	0,2	5,4	0,1	1,5	0,5
Total	100	100	100	100	100	100	100

La part revenant au chef d'exploitation révèle que partout il conserve la haute-main sur les transactions en nature. En aucun cas il ne se laisse supplanter dans cette fonction sociale, alors qu'il le tolérait pour la manipulation monétaire. C'est à travers ces «petits gestes» qu'il continue à marquer, aussi bien sur ses dépendants qu'aux yeux des parents, alliés, voisins ou amis, sa véritable suprématie. Libre aux cadets de manipuler tout l'argent qu'ils désirent, libre à eux de l'employer à des fins personnelles, cela leur est même fortement conseillé, mais qu'ils ne s'aventurent point à en tirer d'autres avantages, notamment reléguer l'« aîné » au second rang dans ses attributs « relationnels » et « traditionnels », c'est-à-dire dans sa fonction sociale.

_____

(1) Sans faire de vaine polémique il est tout de même indispensable de signaler l'énorme avantage de la chefferie dans ces distributions de secours. Un chef touchant 20 sacs de céréales en distribue 17 aux quelque trente ou cinquante chefs de zaka de son village et ceux-ci lui rendent « en remerciement » la valeur de 2 sacs...

Les enfants mariés (EM), les frères mariés ou célibataires (FM-FC) qui ensemble contrôlaient 30,9% des dépenses monétaires n'ont donc été à la source que de 5,9% des produits offerts en nature. Il convient d'ailleurs d'ajouter que plus de 40% de ces offres résultent d'une opération monétaire antérieure (du genre : dolo payé à un ami rencontré au marché), alors que cette fraction ne représente que 30% des produits offerts par les chefs d'exploitation.

Les valeurs offertes en nature, comparativement au RMB

La valeur des offres en nature apparaît dans son ensemble très peu liée au niveau du revenu monétaire. Cette assertion se vérifie aussi bien à l'intérieur de chaque strate si l'on compare le revenu des familles à l'importance de leur offre qu'entre les strates intérieures au pays Mossi d'une part et les strates de colonisation d'autre part.

Le premier point peut se démontrer à travers la série de coefficients de corrélation de rangs suivants :

Taux de corrélation entre l'offre en nature et le RMB (par zaka).

$$
\begin{aligned}
\text{Zorgho} &= 0,72 \\
\text{Tougan} &= 0,68 \\
\text{Koudougou} &= 0,48 \\
\text{Yako} &= 0,43 \\
\text{Dedougou} &= 0,29
\end{aligned}
$$

Quant au second point, le ratio offre en nature/RMB suffit à constater que l'accroissement du revenu monétaire en zones de colonisation ne s'est pas accompagné d'un accroissement proportionnel des offres en nature :

$$
\begin{aligned}
\text{Koudougou} &= 36,3\% \\
\text{Yako} &= 16,8\% \\
\text{Zorgho} &= 14,9\% \\
\text{Ensemble « Pays Mossi »} &= 23,2\% \\
\text{Dedougou} &= 11,1\% \\
\text{Tougan} &= 6,1\%
\end{aligned}
$$

Nous avons donc bien deux champs de signifiants — celui de l'argent et celui des prestations en nature — dont le contenu socio-économique ne répond pas au même ensemble de valeurs.

ANNEXE III

Quelques aperçus de prix en 1973

Prix à la tine (F CFA).

TABLEAU 4
Mil - Sorgho (Prix 1973)

Mois	K.	Y.	Z.	D.	T.	Moyenne	Indice min.-max.
J.	350	305	450	385	385	375	58
F.	395	515	475	385	430	440	
M.	500	535	500	405	450	480	
A.	610	700	525	495	570	580	
M.	615	750	670	560	600	640	
J.	655	790	700	630	900	735	
J.	790	1015	800	700	1200	900	
A.	1010	1090	825	960	1000	975	151
S.	950	765	1000	1055	890	930	
O.	745	585	535	805	700	675	
N.	505	430	510	575	355	475	
D.	575	500	510	490	495	515	
Moyenne annuelle	640	665	625	620	675	645 (40 F/KG)	100

Marge à la revente pour le mil-sorgho: 23,5 % du chiffre d'affaires.

Ce taux de marge pour des transactions observées en milieu rural sur un produit de première nécessité n'est que de peu inférieur à l'écart de prix enregistré entre la campagne et Ouagadougou. (Prix d'achat en août 1973 à Ouagadougou: 1 250 F CFA la tine soit 28 % de plus qu'en « brousse »).

A Tougan le prix moyen a atteint son plafond en juillet 1975, alors qu'il continuait à grimper jusqu'en septembre dans d'autres zones. Il faut voir là l'effet modérateur qu'ont eu les ventes de maïs et de sorgho, faites par le « cercle » au titre des secours aux populations sinistrées, à un prix fixe de 600 F CFA le sac de 50 kg. Des secours gratuits ont également été distribués par l'intermédiaire des chefferies de villages.

TABLEAU 5

Arachide coque (séries incomplètes) (Prix 1973)

Mois	K.	Y.	Z.	D.	T.	Moyenne	Indice min.-max.
J.	250	—	225	265	—	245	
F.	250	—	—	200	230	225	
M.	250	215	—	—	—	235	
A.	—	—	250	250	—	250	
M.	250	—	300	250	—	265	
J.	250	—	—	—	—	250	
J.	300	365	300	365	375	340	
A.	300	485	330	500	410	405	147
S.	300	—	205	450	—	320	
O.	200	—	205	280	200	220	80
N.	240	—	245	255	—	245	
D.	265	—	—	—	300	280	
Moyenne	260	355	260	315	305	275 (17 F/KG)	100

Les prix de l'arachide sont restés très stables tout le premier semestre 1973. La hausse de juillet correspond à la période des semences et la pointe d'août à la vague qui a entraîné tous les produits vivriers.

TABLEAU 6

Poules et pintades (l'unité) (Prix 1973)

Mois	K.	Y.	Z.	D.	T.	Moyenne	
J.	121	128	100	121	111	116	
F.	126	120	100	136	118	120	117
M.	126	137	100	97	119	116	
A.	133	142	117	128	117	127	
M.	139	144	125	112	111	126	129
J.	141	153	—	117	122	133	
J.	142	150	—	112	133	129	
A.	131	132	100	121	136	124	127
S.	146	144	113	122	120	129	
O.	123	148	135	138	116	132	
N.	124	147	150	160	124	141	141
D.	173	143	—	138	142	149	
Moyenne	135	141	116	125	121	129	

Marge commerciale sur les volailles: 15%. A noter l'élévation du prix passant de 120 F CFA environ, au premier trimestre de 1973 à 140 F CFA en fin de période.

Tableau 7

Chèvres - Moutons (Prix 1973)

Mois	K.	Y.	Z.	D.	T.	Moyenne	
J.	888	931	—	1027	978	956	
F.	767	925	—	755	946	848	909
M.	1129	877	933	800	875	923	
A.	843	938	800	575	966	804	
M.	743	927	906	725	1086	877	831
J.	510	726	—	890	1117	811	
J.	714	805	938	922	963	868	
A.	950	741	—	1241	847	945	938
S.	688	1082	950	1096	1189	1001	
O.	654	800	875	1431	1092	970	
N.	850	875	665	1312	1212	983	1046
D.	795	1040	—	1187	1712	1184	
Moyenne	794	880	867	997	1082	924	

NB: Comme pour les volailles ces prix reflètent exclusivement la valeur des animaux commercialisés. Le mouton vaut environ 1 070 F CFA l'unité et la chèvre 835 F CFA.

Ce tableau montre qu'il n'y a pas eu d'effondrement de prix, par suite de la sécheresse, comme il a été affirmé un peu hâtivement. Cependant si la vente d'une unité d'ovin-caprin représente en moyenne annuelle la valeur de 23 kg de mil-sorgho, le rapport est tombé à 16 kg pour les trois mois de juillet, août et septembre (15,5 kg à Tougan).

A Tougan, le déficit final enregistré sur le mil (475 kg par an et zaka) a ainsi correspondu à une réduction du patrimoine cheptel équivalent à 18-19 têtes de petit bétail.

ANNEXE IV

Le temps et l'oubli

L'enquête extensive par sondage menée parallèlement par l'ORSTOM dans 101 villages mossi (et bissa) durant le premier semestre de 1973 n'avait évidemment pas pour principal objectif d'établir des budgets de famille. Il serait bien entendu parfaitement irréaliste de s'attendre en la matière, fût-ce comme ordre de grandeur, à beaucoup de précision. Il est essentiel néanmoins que l'on sache l'importance de la marge d'erreur commise découlant d'une interrogation unique portant sur une période rétrospective d'un an. Quel degré de confiance peut-on lui accorder? Quelles déformations de structures entraîne-t-elle, et éventuellement comment y remédier?

Pour répondre, au moins partiellement, à ces diverses questions nous avons recouru nous-même au sein de notre échantillon à toute une série d'enquêtes rétrospectives qui nous ont permis de recouper:

— mensuellement,

— semestriellement,

— annuellement,

les informations recueillies par nos enquêtes quotidiennes.

Il fallait toutefois tenir compte du biais *d'accoutumance au questionnaire* susceptible d'améliorer sensiblement la capacité de mémorisation, notamment en fin d'année, dans les familles de notre échantillon.

Aussi avons-nous mis un point final à nos enquêtes en passant également notre questionnaire-budget « rétrospectif annuel » dans 150 zakse (30 par strate) prises hors échantil-

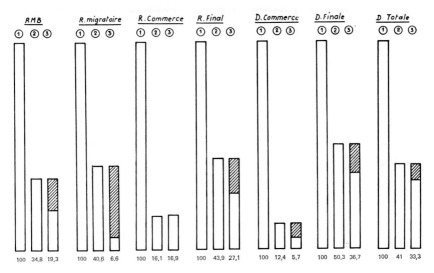

FIG. 67. — *Pays Mossi - Taux d'oubli sur 1 an*

GÉRARD ANCEY

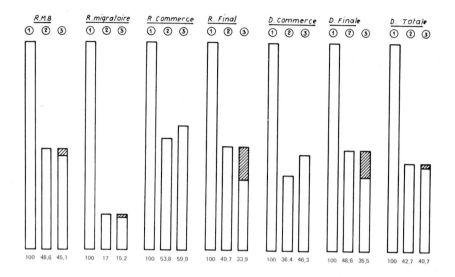

FIG. 68. — *Colons - Taux d'oubli sur 1 an*

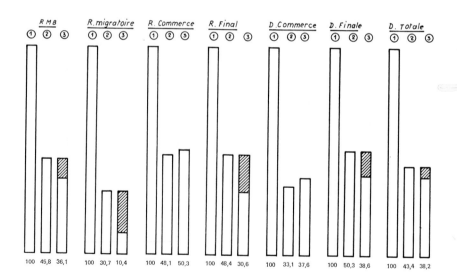

FIG. 69. — *Ensemble de 5 strates - Taux d'oubli sur 1 an*

lon. En admettant que ces dernières soient semblables, à tous égards, aux familles de l'échantillon, les différences enregistrées sur un «rétrospectif-annuel» passé dans des conditions strictement identiques (même date, même questionnaire, même enquêteur) pourront être imputées directement au phénomène d'accoutumance.

La triple série de diagrammes (figs. 67, 68, 69) illustre ainsi, par références à des niveaux d'agrégats obtenus grâce à nos observations quotidiennes (bâtonnet n° 1), les pourcentages mémorisés au bout d'un an dans les familles-échantillon (bâtonnet n° 2) et dans les familles-témoin hors échantillon (bâtonnet n° 3). La partie hachurée, différence entre les résultats n° 2 et n° 3 représente donc, sur un intervalle d'un an, le surplus mémorisé chez des individus exercés de longue date à ce genre de questionnaire.

Première constatation

La fonction-mémoire n'est pas une fonction mathématique linéaire. Cela a pour conséquence d'interdire de multiplier par un coefficient scalaire uniforme, déterminé, les valeurs obtenues par enquêtes rétrospectives.

Selon l'agrégat considéré la fraction retenue par des personnes déjà sensibilisées aux questionnaires varie en effet de 30 à 50%. Par contre chez des personnes non accoutumées l'amplitude de variation peut s'accroître considérablement. A cet égard l'accoutumance a donc pour effet dans une certaine mesure de «linéariser» davantage la capacité de mémorisation.

Deuxième constatation

La structure de l'oubli, comme on peut le vérifier en comparant les résultats des strates intérieures et extérieures au pays Mossi, révèle également d'assez nettes distorsions.

On voit par exemple que dans les strates où le revenu migratoire représente une fraction importante des rentrées monétaires, sous réserve que l'on s'en tienne aux familles entraînées à répondre — car l'effet d'accoutumance sur ce poste est ultra-sensible — le souvenir de ces recettes s'améliore. Inversement dans les strates de colonisation où le commerce joue un rôle déterminant ce sont les recettes commerciales qui paraissent le moins oubliées.

A noter que l'effet d'accoutumance est nul sur l'ensemble des opérations commerciales, mais que les dépenses sont systématiquement minorisées par rapport aux recettes, ce qui a pour effet de sur-estimer les marges bénéficiaires, par suite le revenu monétaire net, et en dernière analyse la capacité d'épargne.

Dans l'ensemble ce sont donc les opérations finales (ventes des produits de l'exploitation, consommations directes des ménages) qui résistent le mieux à l'usure du temps, mais ce sont elles également, hormis les revenus migratoires, les plus sujettes aux effets d'accoutumance.

La « Fiche-Exploitation » utilisée dans l'enquête extensive par sondage n'étant pas directement comparable à notre propre jeu de questionnaires — elle se limitait aux recettes finales — il convenait dans un second temps de réaliser la jonction entre ces deux matériaux d'information. Pour ce faire nous avons donc passé en fin d'année la « Fiche-Exploitation » à l'intérieur de notre propre échantillon, ce qui nous autorise à *comparer la structure des recettes finales obtenues par trois sources différentes*:

1 — BQ   : Source de nos budgets quotidiens.

2 — Rétro: Source de notre enquête rétrospective annuelle.

3 — FE   : Source de la « Fiche-Exploitation » de l'enquête par sondage.

Les valeurs sont dans tous les cas estimées en F CFA par jour et *zaka*.

Les postes de recettes sont les suivants:

1 — Mil-sorgho.

11 — Autres vivriers non élaborés.

2 — Vivriers élaborés.

3 — Non vivriers (coton, tabac...).

4 — Non vivriers élaborés (artisanat).
5 — Services traditionnels.
6 — Elevage et produits animaux.
7 — Revenus migratoires.
71 — Autres transferts.

TABLEAU 8

Structure de recettes selon le type de questionnaire employé
(F CFA/jour et zaka - Strates du pays Mossi)

Poste	BQ	%	Rétro	%	FE	%
1.	8,3	9,4	3,3	8,7	2,0	8,7
11.	13,3	15,0	4,4	11,6	3,7	15,6
2.	7,3	8,3	0,8	2,1	0	0
3.	1,9	2,1	1,7	4,5	1,2	5,3
4.	2,8	3,1	0,6	1,6	1,1	4,5
5.	e	e	0	0	0	0
6.	16,4	18,5	10,2	26,8	9,6	41,0
7.	28,8	32,5	11,8	31,0	5,6	23,9
71.	9,7	11,1	5,2	13,7	0,2	1,0
Total	88,5	100	38	100	23,4	100

Ce tableau atteste qu'à l'intérieur d'un même agrégat (ici l'agrégat « Recettes finales » + apport migratoire) la fonction-mémoire n'est pas non plus linéaire.

Ne considérant d'abord que les deux premières colonnes BQ-Rétro, on s'aperçoit que l'oubli biaise davantage certains postes que d'autres. Ainsi le souvenir des produits vivriers élaborés (dolo, plats cuisinés, beignets-galettes, kalogho, beurre de karité...) s'estompe presque totalement des mémoires.

En revanche le poste n° 3 (non vivriers) portant malheureusement sur des sommes très faibles, ainsi que le poste n° 6 (l'élevage) traduisent plus fidèlement la réalité.

Quant à la Fiche-Exploitation de l'enquête extensive, il semble qu'elle se soit avérée comme très pertinente sur les postes n° 3, n° 4 et n° 6, mais fort insuffisante sur l'ensemble des transferts, médiocre sur les produits vivriers, nulle sur les produits élaborés.

Il est donc permis de conclure :

1. à la bonne représentativité de notre échantillon.

2. à *l'absence d'effets d'accoutumance* pour la Fiche-Exploitation.

Selon toute vraisemblance si l'effet d'accoutumance avait existé le niveau de revenus obtenu dans l'enquête par sondage ne se serait pas établi aux environs de 20 F CFA par jour et par zaka mais plutôt aux alentours de 13 F CFA.

La raison de ce phénomène tient semble-t-il au fait que le questionnaire revenu inséré dans la Fiche-Exploitation était « fermé », ce qui éliminait le facteur négatif qu'aurait pu être le manque d'accoutumance. Par ailleurs la structure interne des recettes finales découlant de la Fiche-Exploitation ne s'avère pas plus mauvaise que celle à laquelle aboutit notre questionnaire rétrospectif annuel de type « ouvert » pour les familles choisies hors-échantillon.

En conséquence il est certainement préférable lorsque l'on se trouve contraint de procéder à des enquêtes-budgets rétrospectives sur une année, moyennant un seul et unique passage, de recourir à des questionnaires fermés. Ils permettent globalement d'améliorer la « performance » des réponses d'environ 30% (taux calculé par rapport à nos résultats obtenus hors-échantillon) sans en aggraver sensiblement les distorsions internes, de toute façon importantes et inévitables.

TABLEAU 9

Structure de recettes selon le type de questionnaire employé
(F CFA/jour et zaka - Strates de colonisation)

Poste	BQ	%	Rétro	%	FE	%
1.	15,4	8,5	10,7	13,6	9,6	14,9
11.	10,3	5,8	4,2	5,3	4,2	6,6
2.	6,3	3,5	1,6	2,0	0	0
3.	24,6	13,6	11,4	14,5	11,1	17,3
4.	6,8	3,7	3,0	3,8	2,2	3,3
5.	4,2	2,3	4,8	6,1	2,1	3,3
6.	50,9	28,1	28,8	36,6	28,2	43,8
7.	34,2	18,9	5,8	7,4	6,2	9,7
71.	28,1	15,6	8,4	10,7	0,7	1,1
Total	180,8	100	78,7	100	64,3	100

Ici encore la Fiche-Exploitation n'a pas égalé par ses performances le questionnaire-rétrospectif annuel, pour autant qu'on s'en tienne à notre échantillon, mais comme en pays Mossi, l'aurait remplacée avantageusement hors-échantillon.

Remarque finale

Un rétrospectif semestriel effectué à la fin du mois de juin 1973 s'était soldé pour chacun des grands agrégats (RMB-D-DC-RC-RF...) par un taux d'oubli *supérieur* à celui enregistré sur un an. En d'autres termes la fonction d'oubli n'est pas *non plus linéaire en fonction du temps*.

ANNEXE V a

Localisation de l'échantillon

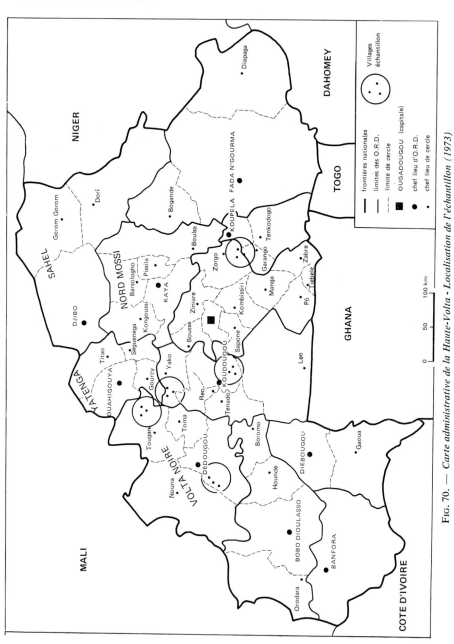

FIG. 70. — *Carte administrative de la Haute-Volta - Localisation de l'échantillon (1973)*

ANNEXE V b

Le jeu des questionnaires d'enquête utilisés (1)

Les fiches :

B — Chef d'Exploitation, Chef de Zaka
C — Fiche résumé migration
D1 — Fiche migration - Départ
D2 — Fiche migration - Séjour
D3 — Fiche migration - Retour ou visite

sont les mêmes que celles utilisées dans le cadre de l'enquête statistique extensive, par sondage aléatoire, réalisée par l'équipe des Sciences Humaines de l'ORSTOM en 1973.

Les autres questionnaires sont spécifiques à notre enquête ponctuelle approfondie. Ils se composent des fiches suivantes :

— Fiche collective, remplie une première fois et réactualisée à chacun des passages.
— Fiche Dépense/Recette périodique monétaire : valable 3 jours.
— Fiche Transactions en nature périodiques : valable 3 jours.
— Fiche Dépense/Recette rétrospective (utilisée mensuellement, semestriellement et annuellement).
— Fiche Entraide et Salariat : remplie mensuellement.
— Fiche Occupation périodique : fiche individuelle remplie en principe à chacun des 8 passages, du mois d'interview.
— Fiche Parcelles - Mode d'acquisition des droits de culture.
— Fiche Parcelles - Techniques.
— Fiche Equipement : remplie une première fois et réactualisée à l'aide de feuillets mobiles tous les 3 mois.

---

(1) La « Fiche-Exploitation » destinée à l'enquête-budget « extensive » n'a pu être retrouvée.

[B] **Chef d'Exploitation, Chef de Zaka**

Village . . . . N°V. . . . . Date de l'enquête . . . . .
C.Z. . . . . N°Z. . . . . Enquêteur . . . . . .
C.E. . . . . N°E. . . . Date de Contrôle . . . . .
Rattaché à CE . . . . Contrôleur . . . . .
Répondant lui-même ? Autre. Nom : . . . .
Titre coutumier . . . . Sexe . . . .
Chef d'Exploitation, depuis combien d'années ? . . . .
Est-il aussi Chef de Zaka ? Oui Non . . . .
Si oui depuis combien d'années . . . .
Depuis combien d'années le zaka est-il construit ? . . .
Par qui ? . . . .
Activités professionnelles du C.E. :
A   R   C
Installation éventuelle du CE.
Sur son pu-kasenga, quels hommes l'ont aidé en permanence à la dernière saison de culture

NOM	Parenté	Même Zaka N°I	Activités	Installation éventuelle

Pensions Ancien Combattant, autres pensions, salaires
Equipement depuis combien d'années acheté ou construit

	NB	Durée		NB	Durée
Case rectangulaire			Houe-Manga		
Toit en tôle			Rayonneur		
Transistor			Gammagrain		
Fusil			Tioral		
Vélo en état			Charrette		
Vélomoteur			Ane		

TOURNEZ LA

Impôt total payé l'an passé Montant . . . . H . . . . F . . . .
D'où vient l'argent de l'impôt de l'an passé. Migration... Salaire.
Vente de récolte . . . . . Petit élevage . . . . . Gros élevage . . . .
Volailles . . . . Autres . . . .

Achat et vente de céréales l'an passé

Votre récolte de l'année passée de mil et de sorgho vous a-t-elle
suffi jusqu'à celle de cette année ? OUI NON
Si NON Saison premier achat pour la soudure ? . . . OUI NON
A ce moment, vos greniers étaient-ils vides ? OUI NON

Quantité	Montant	Auprès de qui	Origine de l'argent
Achat ou dons reçus de céréales			

Avez-vous vendu du mil-sorgho de la récolte précédente ? Oui Non
si oui à partir de quelle saison
Vente de produits de l'exploitation pendant l'année agricole passée

Produits	Quantité	Montant	Produits	Quantité	Montant
Petit mil blanc Kanwya			Légumes		
Gros mil blanc Beninga			Fruits		
Gros mil rouge Kazinga			Sésame		
Maïs			Coton		
Riz paddy			Tabac		
Arachide			Volailles		
Igname			Mouton-chèvre		
Manioc			Bovins		
Patates			Anes		
Tissus					
Bois					

Pendant l'année agricole passée, le CE a-t-il reçu de l'argent d'un
migrant ? OUI NON
De qui ? . . . . Parenté . . . . Combien . . . .

FICHE RESUME MIGRATION C

Village............N°V............
CZ............N°Z............
Nom............N°I............
Sexe............
Age en 1960............

date enquête............
enquêteur............
date contrôle............
contrôleur............

Répondant lui même............
Autre Nom............
Parenté............

N°	M	I	G	Départ					Séjour				Retour				Evénements matrimoniaux		Observations
				Nb données	Saison	SM	Accomp Ep. Enf.	AF CE CZ	Lieu	V B	Durée	Emploi	Nb données	Saison	SM	Accomp Ep. Enf.	Nature	Date	

FICHE ENQUETE D 1

Village . . . .
CZ . . . . Nov. . . . . . .
Nom . . . . Nol. . . . Enquêteur . . .
. . . . . . Nol. . . . Date . . .
Sexe . . . Age en 1950 . . . . Contrôleur . . .
Date . . . .

Répondant lui-même autre non . . .
De Migration . . . .

DEPART Depuis combien d'années . . . Saison . . .

Statut Economique CZ CR A F O

Situation matrimoniale . . . Nombre d'enfants

Célibataires : Une fille normalement désignée vous était-elle promise comme épouse ? Non . . . Age . . .

Marié : Départ avec épouses avec enfants

Tous : avec autres (préciser) . . . . .

Destination prévue . . . . .
Y a-t-il été auparavant ? . . . .
Auprès de qui va-t-il ? . . . .
Avait-il un travail qui l'attendait ? . . .
Motifs du départ . . . . .

Moyens de transport . . .
Jusqu'à . . .

Prix total . . . . . .
Origine argent du voyage . . . .

SEJOUR

Durée avant de trouver le premier emploi . . . .
Première visite au village Jamais
Depuis combien d'années . . . saison

Observations :

TOURNER LA PAGE

Pour le dernier lieu de travail

Locataire ☐ Loyer ☐
Hébergé ☐ Par qui ? Patron ☐ Parent ☐
Propriétaire ☐ Copropriétaire ☐ Nb de cases bois.... banco ....
dur .... autre ....

Cultivait-il des champs ? Nombre . . . Nature
A t-il des plantations ? Nombre . . . Nature

Argent ou marchandise : Dern com- : Moyen :Destinaire:Utilisation:
envoyée : bien d'années : (parenté)

En son absence a-t-on pris l'impôt pour lui l'année dernière ?
Oui ☐ Non ☐
Si non depuis combien d'années ne vous-ont-ils plus ?
Qui a payé la dernière fois ? Quelqu'un de même sein ☐
Quelqu'un d'un autre sein ☐
Avec l'argent du migrant Oui ☐ Non
Dernière visite ? Jamais. Depuis combien d'années . . .
Dernières nouvelles ? Jamais. Depuis combien d'années
Saison

FICHE MIGRATION D 2 SEJOUR EMPLOIS Nom ___________

N° village N° zaka N° individu sexe âge en 1960 Repondant N° migration

1 (5)	2	7	12	14	15	16	17

N°	Lieu		Emploi	situation dans l'emploi	Activité de l'entreprise	Employeur	REMUNERATION						Durée		Motif du départ
	Nom	V B					Nature (valeur)	Salaire Montant	M	P	LOGE	NOURRI	An	Mois	
19	20	23	24	26	27	29	30	33		35			37		40
19	20	23	24	26	27	29	30	33		35			37		40
19	20	23	24	26	27	29	30	33		35			37		40

N° Village ..... N° zone ...
N° ..... N° individu .... Sexe .. Age en 60 ..
Répondent lui-même autre ...
N° Migration ...

RETOUR OU VISITE (rayer la mention inutile)
N° Village ...

Moyen de transport ..
Jusqu'à ..
Prix total ...
Depuis combien d'année ..... Saison ...
Durée depuis le dernier départ (ou visite) ...
Situation matrimoniale   Nombre d'enfants
Retour avec épouse   Avec enfants
Motif du retour (ou visite) ...
SI RETOUR intention d'un nouveau départ Oui Non NP
Durée prévue entre le retour et départ
Si encore VISITE Durée prévue de la visite
SI REMARI Durée effective de la visite
     Situation matrimoniale   Nombre d'enfants
     Départ avec épouse   Avec enfants
          avec autre

OBSERVATIONS :

TOURNEZ LA PAGE

1°/- en revenant de migration avec combien d'argent est-il parti .....
2°/- qu'a-t-il fait de cet argent ? Suivre les étapes du voyage et demander ce qu'il a dépensé en chaque lieu.
3°/- Faire le total des dépenses avant l'arrivée au village ...
4°/- Demander combien il lui restait à l'arrivée au village ...
5°/- Contrôle : Total 1 = Total 2+4 ...
6°/- Qu'a-t-il fait de l'argent ramené en village ...
7°/- Faire le total des dépenses au village ...
8°/- lui reste-t-il aujourd'hui de l'argent Combien ...
9°/- Total 7+8 ...
10°/- Contrôle Total 4 = Total 9 si non demander quelles sortes de petites dépenses il a faites.

Marchandises	Argent	Marchandises et argent
Nature : Lieu : Valeur : achat	donné : marqué	Destinataire: Utilisation de l'argent marchandise donnée, revendue

Renvoyer dépenses :voyages:

218

Cercle : Tougan......
Canton : Bla............

Village : Namassa....
Quartier : Nab-Saba...
Zaka N° : 2...

Nom C.Z : Bougram Bouila Nbre d'exploitations : 1...

N°	NOM ET -PRENOM	Parenté	S	A	SM	R	Ethnie	Né à	Arrivée en	SR	Durée	Lieu	Motif (Absents)	École	S	Activité I	Activité 2	Migration	Projet	S	A	Observations
1	Bouila Bagyan	CZ	M	1918	Ma	MNP	Harde	Tongo	1918	P			·		0	lettré. and	0	0	0			—
2	Savadogo Kotibou	+EP 1	F	1936	M	MNP	Mossi	Ouahigouya	1943	P					0	0	0	0	0			—
3	Bagyan Rashma'ne	Fils x 2	M	1916	C	MNP	Yarsé	V	1916	P					0	0	0	0	0			—
4	Bagyan Adama Boukari	Fils x 2	M	1951	C	MNP	Yarsé	V	1951	P	Sans Couacy	École française EC2			0	0	0	+	0			école rurale
5	Billé Yossia	Fils x 2	M	1951	C	MNP	Yarsé	Bompta C	1951	P	1918 CI	Arlézaf française	PB		0	0	+	0			
6	Billé Kautoum	2EP 1	F	1958	M	MNP	Mossi	V	1970	P					0	0	0	0	0			—
7	VB. Mizgata	Fille x6	F	1971	C	MNP	Harde	V	1971	P					0	0	0	0				—
8	B. Rabimata	Fille x D	F	1958	C	MNP	Yarsé	V	1958	P					0	0	0	0	0			—
9	B. Alidou	Fils x D	M	1944	C	MNP	Yarsé	V	1944	P					0	0	0	0	+			'
10	B. Noaga	EMY×Fils×D	M	1948	M	A	Mossi	V	1948	P					0	0	0	0				—
11	Savadogo Mariam	EPH x	F	1950	M	A	Mossi	V	1950	P					O	0	0	0	0			—
12		EEh	F.E b.x×M	1972	C	A	Yarcé	V	1972	P					0	0	0	0				13 et 14. Soeur
13	B. Hadama		Fille x×A	1969	C	A	Yarcé	V	1969	P					0	0	0	0				Soeurs jumelles
14	B. Haya	'	F.E b.x×A	1969	C	A	Yarcé	V	1969	A					0	0	0	0				'
15	B. Alézfa		F. b.10×M	1968	C	A	Yarcé	V	1968	A	2 ans Bompta	C			0	0	0	0				'
16	B. Boulomlagolé Fth	x (Verso)	H	1936	M	A	Yarcé	V	1936	A			(Verso)		0	0	0	0				Couture jalouse ... 1/73
17	Boundé Fath	P. F.	F. x 6	1917	M	A	Mossi	Sémilé C	1917	P					O	O	0	0				'
18	B. Alézfa	Ehf	F.E b.16×M	1972	C	A	Yarce	V	1972	P					O	0	0	0				'
19	B. Alidou Boukan	'	E.b.16×M	1966	C	A	Yarcé	V	1966	P					O	0	0	0				'
20	B. Mariam	'	F.b.16×F	1963	C	A	Yarcé	V	1963	P					O	0	0	0				'
21	B. Laura	'	F.b.16×M F	1960	C	A	Yarcé	V	1960	P	1972 Ouaga École	EP3			O	0	0	0				'
22	B. Gardzé Fr.C	(Verso) H	1930	M	A	Yarcé	V	1930	P.9					O	0	0	+				'
23	B. Hamidou FM x	(Verso)	M	1922	EM	A	Yarcé	V	1922	A	3 ans CI	... pour article l'agric			O	0	+	+				'

D E P A R T

N°	Date	Lieu	Motif et observations
10	19/1	CI	N°. (recherche travail)
22	mois (tous...)	CI	recherche travail.

DECES

N°	Date	N°	Date	Lieu

Cercle : Tougan
Canton : ...
Village : Namathg
Quartier : Nab Saka
Zaka N° 2

Date : 28/12/74
Enquêteur : Ouattara Abel

Nom C.Z : Bijan, Niceana   Nbre. d'Exploitations : 1

N°	NOM & PRENOM	Parenté	S	A	SM	R	Ethnie	Né à	Arrivée en	SR	Durée	Lieu	Motif (Absents)	École	Activité I	Activité 2	Migra-tion	Projet	Observations
24	Ouidrasp Abinata	Ep 23	F	1849	M	A	Moss	V	1849	A	3 ans	Abidjan CI	Pas la gare de m lieu	0	0	0	+	0	0
25	B. Soumeila	fils 23 x 24	M	1912	C	A	Yacé	Abidjan CI	Repos	A									
26	B. Fatimata	fille 23 x 24	F	1910	C	A	Yacé	Abidjan CI	Repos	A									
27	B. Abdoulaye	fils 23 x 24	F	1962	C	A	Yacé	V	1962	A	3 ans	Bouncy	École courdy C3	C3	0		0	0	

NAISSANCES

Date	N°	Nom	S	Parenté

DÉCÈS

N°	Date	Nom

DÉPART

Date	N°	Lieu	Motif et Observations
			0

ARRIVÉES

Date	N° ou V	Parenté	S	A	Lieu

FICHE RECETTE PERIODIQUE MONETAIRE
----

ge : *Sissile*

Ouedraogo Wind-Naba

Journées du ⟨22⟩ ⟨21⟩ ⟨20⟩ — Mois : *Décembre*

Date : 22/12/73

Enquêteur : O. Abel

..NOMS	Date	Nature de la recette	Q.	= S.	Origne du produit	Argent - Bénéficiaire	Lieu	A QUI	Observations
			Néant						

Autres recéttes de la période : Préciser pour qui, quoi, de qui. (Cadeau reçu en argent, salaire, migrant, recouvrement de créance, etc...)

FICHE DEPENSE PERIODIQUE MONETAIRE
----

ge : *Sissile*

Ouedraogo Wind-Naba

Journées du ⟨22⟩ ⟨21⟩ ⟨20⟩ — Mois : *Décembre*

Date : 22/11/73

Enquêteur : O. Abel

NOMS	Date	Nature de la dépense	Q.	S.	Argent - Origine	Produit - Destinatai	Lieu	Type de Commerce	Observations
Wend-Naba	22	Cola	3	10F	sien CE	CE lui-m	V	c	CE 5
"	22	sucre	24	15F	" CE	zaka	Boucl	T	ʃ 10
Pawende	22	Cola	2	10F	sien TT	lui-m TT	V	c	EC 3
Wend-Naba	21	Cola	2	5F	" CE	" CE	V	C	TT 40
" "	21	viande	1 tas	50F	" CE	zaka	V	"	Autr 22
O. Pawende	21	tabac	1	20F	sien TT	lui-m TT	V	"	Autr 40
O. Soum-Noma	21	tabac	1	15F	" Autr	" Autr	V	q	
O. Wend-Naba	20	cola	3	10F	" CE	lui-m CE	"	"	T 65
. Pawende	20	Cola	2	5F	sien CE	CE "	"	c	
				140					

Autres dépenses de la période : Préciser qui, quoi, montant, (voyage, taxe, impôts, culte, remboursement de dettes etc...)

VILLAGE : *Sirsilé* - FICHE TRANSACTIONS EN NATURE - DATE : 22/12/73
ZAKA Nº : 1   - PÉRIODIQUES -   ENQUET. : O. Abel

Journées du   22   21   20   - Mois : Décembre

			PRODUITS		OFFERTS	A	QUI
Nº	NOM	DATE	PRODUITS	Q	ORIGINE DU PRODUIT	PARENTE OU RELATION	MOTIF

Néant

			PRODUITS		REÇUS	DE	QUI
Nº	NOM	DATE	PRODUITS	Q	POUR QUI	PARENTE OU RELATION	MOTIF

Néant

llage : *Alponyapo* ...   **FICHE. RECETTE RETROSPECTIVE**   Date : *2/1/74*
ka *Rakitbala Sifu*   Enquêteur : *N. Pierre*
.B....   Mois de : *1973* ...

Ventes	Produit et Q.	S.	Origine du Produit	Argent - Bénéficiaire	.Lieu	A qui	Observations (Motif) ....
Mil-sorgho	mil	4000 F	zaka	zaka	V	villageois	
Paddy - Riz							
Arachide							
Maïs							
Sésame	sesame	1000 F	CZ	zaka	Gorjenli	O.R.D	
Coton - Tabac							
Fruits							
Légumes							
Bois							
Autres (préciser)							
Bovin							
Ovin-Caprin-Porc.							
Volaille	14 pintades	1800 F	CZ	zaka	V	aux colporteurs	
Artisanat ...							
Salaire							
Migration							
Cadeau reçu							
Pension							
Autres (préciser)							

llage *Alponyapo* ...   FICHE DEPENSE RETROSPECTIVE *annuel*. ...   Date : 2/1/74
aka *Rakitbala Sifu*   Enquêteur : N. Pierre
.B....   Mois de : *1973* ...

Achat	Produit et Quantité	S.	Argent - Origine	Produit Destinataire	Lieu	Type de Commerce	Observations
Céréales							
Autres prod.aliment	Kola-taba,dolo, sel	3000 F	CZ	zaka	V	C.-	
Habillement							
Articles ménagers durables							
Outillage d'exploitation							
Elevage ou viande	viande	1500 F	CZ	zaka	Gayaré	Md	
Salaire à M.O.		1500 F	CZ				
Habitat							
Impôt		1300 F	CZ				
Autres : .... (dons offerts) (prêt d'argent)	funérailles	1000 F	CZ				

Village :

Zaka N°

Exploitation

Date : . . . . . .

Mois

Enquêteur : . . . . .

FICHE ENTRAIDE ET SALARIAT - 1973

ENTRAIDE REÇUE							ENTRAIDE FOURNIE			
N°	Date	Durée	Nbre :dont:budu ou :autre re-:parti:ci :zaka(re-:pants:lations)	Travail	Bénéfi:ciaire	Dépense	Date	Durée	Parti:ci :budu ou :autre:pants:zaka(re-:lations) Bénéficiaire	Travail	Rémuné-:ration

M.O. Salariée utilisée

Embauche hors de l'Exploitation

ZAKA N° : 1
NOM de l'ACTIF : ....

- OCCUPATION PÉRIODIQUE - (Suite).

CE ....
.... PARENTE ....

Jours du.: | I | 4 | 7 | 10 | 13 | 16 | 19 | 22 | - Mois ....
Enquêté.......

J.	Act. Agricoles sur soles de 72.	Act. Agricoles sur soles de 73.	Act. domestiques et marchés	Act. socio-religieux
1	le 7h a 12h culture od 16h a 18h culture			
4	de 7h a 7h fait de logo pour chercher du médicament de 10h a 13h culture de 17h a 18h culture			
7	de 16h a 19h 30 culture	de 8h a 13h fait chez son logon dans le village de ...		
10	de 9h a 12h a culture de 16h a 17h 30 culture			
13	de 7h a 13h a une ou demie des de brousse de 14h a 16h sarclage		de 16h à 18h a aporter a des sacrifices	
16	de 7h a 16h et de 15h a 16h0 a parlé dans le fou			
19	de 7h a 13h et de 16h a 18h30 a sarclé dans le fou brous ...			
22	de 7h a 13h et de 17h a 13h a sarclé dans le fou			

	Travail fourni à l'extérieur	Travail reçu de l'extérieur
J	A qui ? T. D. Durée compensation.	De qui ? T. Travail P. Parcelle, C. Compensation. Durée
1	Néant	Néant
4	Néant	Néant D...
7	Néant	Néant D...
10	Néant	Néant D...
13	Néant	Néant D...
16	Néant	Néant D...
19	Néant	Néant D...
22	Néant	Néant D...
	A qui ? T. D. C.	De qui ? T. P. C. D...
	A qui ? T. D. C.	De qui ? T. P. C. D...

FICHE PARCELLES

Date : ___

Village : ___   MODE D'ACQUISITION   DES DROITS DE CULTURE   Enquêteur : M. Pierre

Zaka n° : ___

CE : Koumbé ___ Ba ___

N°Ch	Ziig-soba	Pour les champs dont le CE ou le CZ est ziig-soba							Pour les champs dont le CB est ziig-soba				Pour les champs dont le ziig-soba est étranger au budu													
		H.B	D.B par CE ou CZ	Date	A.T. par CE ou CZ	Date	Prix ou contrepartie	A qui	Autre mode d'acquisition	Usage P pour CE ou CZ	Usage T pour CE ou CZ	Date	Durée	a/ directement du ziig			b/ par le Budu et retransmis à CE				c/ par un étranger et retransmis à CE			
														P	T	Date	P	T	Date	Durée	P	T	Date	Durée

FICHE PARCELLES   TECHNIQUES   –   1973   –

Zaka Nº : 1
CE Belwa Penko

Nº C	Nº P	Surf= P	Culture en 73	Destinataire	Participation au travail	d zaka chan-rette	Accè chan-rette	Nature du sol	Fumure 73	Culture continue depuis	Fumure chaque année?	Avant en friche pendant	Espace libre pour deplacer le champ? Non Peu =S	Espace libre pour deplacer le champ? Bcp 2,3,4 SS...	Nature sol environnant	72	71	70	69	68	67	66
1	1	97,5	Sorgho	17-20	Elle-M	Oui		Zinkn	non	1968	non	NP		1 S	Zinkn	Sorgho	P/t	P/t	P/t	P/t	S.	S.
1	2	6,4	Mais	,,	O	,,	,,	cui	1968	Oui	NP		1 S	,,	Mais Mais			,, cu			
3	3	6,7	Arachides	,,	,,	5 cm Oui	Zinkn	non	1973	Non	NP		1 S	,,	maïs			,,	1	1	1
		95,6																				

ARBRES   FRUITIERS

Indiquer les parcelles ou se trouvent des arbres à l'état producteur :
la quantité d'arbres ; l'espèce , le bénéficiaire.

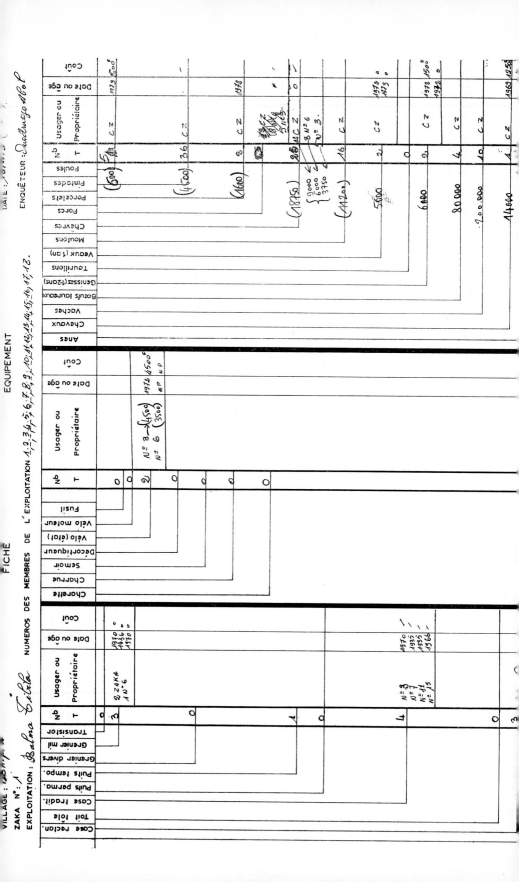

VILLAGE : [illegible]

FICHE EQUIPEMENT

DATE : [illegible]

ZAKA N° : 1

EXPLOITATION : Balma Tibla

NUMEROS DES MEMBRES DE L'EXPLOITATION 1, 2, 3, 4, 5, 6, 7, 8, 9, 10, 11, 12, 13, 14, 15, 16, 17, 18.

ENQUÊTEUR : Ouedraogo Abel

	Nb T	Usager ou Propriétaire	Date ou âge	Coût
Transistor	0			
Grenier mil	3	2 ZAKA 1 N° 6	1970 1936 1970	0 0 0
Grenier divers	0			
Puits tempo.	1			
Puits perma.	0			
Case tradit.	4	N° 3 N° 7 N° 11 N° 15	1970 1935 1935 1966	– – – –
Toit tôle	0			
Case rectan.	3			

	Nb T	Usager ou Propriétaire	Date ou âge	Coût
Fusil	0			
Vélo moteur	0			
Vélo (état)	2	N° 3 → (4500) N° 6 (3500)	1972 NP	4500 F NP
Décortiqueur	0			
Semoir	0			
Charrue	0			
Charette	0			

		Nb T	Usager ou Propriétaire	Date ou âge	Coût
Poules	(600)	5	C Z	1973	1500 F
Pintades	(4500)	36	C Z	–	–
Porcelets	(1600)	2	C Z	1972	
Porcs		[illegible]	[illegible] C Z 5 N° 3	–	–
Chèvres	(18750) 9000 6000 3750	25	C Z 8 N° 6 N° 3.	0	–
Moutons	(11200)	16	C Z		
Veaux (1 an)	5000	2	C Z	1973 1973	0 0
Taurillons		0			
Génisses (1-2 ans)	6000	2	C Z	1978 1972	1500 F 0
Bœufs laureaux	80 000	4	C Z		
Vaches	200.000	10	C Z		
Chevaux	14000	1	C Z	1969	1950
Anes					

Petit lexique des termes vernaculaires utilisés
dans le texte

Zaka (pl. zakse) (e = é): enclos familial, unité d'habitation.

Budu (u = ou): lignage patrilinéaire.

Budu-kasma: doyen de lignage.

Kiema: aîné

Biribla: fils du frère d'ego.

Babila: « petit père » (frère du père d'ego).

Pukasinga: (ou puug'singa): « grand » champ, champ collectif de l'exploitation familiale (peut être en réalité constitué de plusieurs parcelles).

Beolga (pl. beolse): « champ personnel » d'un individu ou d'un groupe de production restreint au sein de l'exploitation (mère et fille, frères etc.).

Zïïg-soba (pl. zïïg-ramba): titulaire d'un droit d'appropriation « éminent » sur un terrain.

Puug-soba: titulaire d'un droit d'usage sur un terrain, peut être en même temps zïïg-soba.

Teng-soba: maître de la terre (prêtre du tenga, la terre).

Tinse: ordalie coutumière exercée à l'encontre d'une personne reconnue coupable d'un fait grave (décoction à base de terre empoisonnée).

Rabense: (n'existe qu'au pluriel): forme d'aide réciproque traditionnelle.

Sosose (sg. sosoaga): invitations de culture.

Table des illustrations ────────────

Monnaie et structures d'exploitations en pays Mossi

Monnaie et structures d'exploitations en pays Mossi

Annexes

Table des matières ─────────────────

FABRICATION — COORDINATION
Catherine RICHARD

ACHEVÉ D'IMPRIMER
SUR LES PRESSES
DES IMPRIMERIES RÉUNIES DE CHAMBÉRY
73490 LA RAVOIRE
EN OCTOBRE MCMLXXXIII

N° 0191